Freimut Duve Der Rassenkrieg findet nicht statt

Freimut Duve

Der Rassenkrieg findet nicht statt

Entwicklungspolitik zwischen Angst und Armut

Econon Verlag GmbH
Düsseldorf · Wien

Meiner Mutter

1. Auflage 1971

Gesamtherstellung: Ebner, Ulm
Schutzumschlag: Ralf Rudolph
Printed in Germany
ISBN 3 430 12264 3

Inhalt

Freilich saht ihr
Hilfe an manchem Ort
Mancherlei Art, erzeugt durch den Zustand
Der noch nicht zu entbehrenden
Gewalt.
Dennoch raten wir euch, der grausamen
Wirklichkeit
Grausamer zu begegnen und
Mit dem Zustand, der den Anspruch erzeugt
Aufzugeben den Anspruch. Also
Nicht zu rechnen mit Hilfe:
Um Hilfe zu verweigern, ist Gewalt nötig,
Solange Gewalt herrscht, kann Hilfe verweigert werden,
Wenn keine Gewalt mehr herrscht, ist keine Hilfe mehr nötig.
Also sollt ihr nicht Hilfe verlangen, sondern die Gewalt abschaffen.
Hilfe und Gewalt geben ein Ganzes,
Und das Ganze muß verändert werden.

Bertolt Brecht
Aus dem Badener Lehrstück vom Einverständnis

Vorwort

In einem Buch über die Apartheid-Politik schrieb ich 1965 den Satz: »Verliert die Welt den Kampf gegen den Rassismus, dann nützt ihr die Fessel um das Atom soviel wie dem Kind ein Schluck Wasser im brennenden Haus.« Nur in Ansätzen sah ich damals den Rassenkonflikt als Variante des Klassenkampfes. Die Tatsachen, brennende Negerghettos in den USA, verschärfte brutalere Apartheid in Südafrika, Guerillakämpfe in Moçambique und Angola scheinen bei oberflächlicher Betrachtung gegen den Titel dieses Buches zu sprechen.

Der Mythos vom rassischen Nord-Süd-Konflikt lenkt von der Klassenkampfsituation in den Staaten der Dritten Welt ab. Übervölkerung und Hungerkatastrophen sind lokale und nationale Probleme, sie sollten bei uns keine Angstträume, sondern Hilfsbereitschaft erwecken. Die Angst schafft die Bereitschaft, den »weißen Westen« mit Napalm zu verteidigen, allenfalls einen Damm in Mocambique, ein Volkswagenwerk in Sao Paulo zu bauen, verhindert jedoch die Bereitschaft, die soziale Revolution in der Dritten Welt, den Kampf der Verdammten dieser Erde gegen ihre Beherrscher zu bejahen und durch Hilfe – Entwicklungshilfe – zu unterstützen. Die Angst vor der nach Hautfarbe zweigeteilten Welt ist, und hier muß ich mich revidieren, eine für die Emanzipation der Unterdrückten gefährliche apokalyptische Vision, mit der die realen Konflikte in den Ländern der Dritten Welt verschleiert werden. Allerdings – hier hat sich meine Meinung nicht geändert – hilft die Aufrechterhaltung der rassistischen Kolonialsysteme im südlichen Afrika und die nicht vollzogene politische und soziale Emanzipation der Afro Amerikaner, den Herrschenden, die Mar vom drohenden globalen Rassenkrieg weiterhin zu verbreiten.

Wo auch bei uns der Klassenkampf nicht zu Ende ist, vernebeln die globalen Angstmythen die realen Klassengegensätze in den Staaten der Dritten Welt: Ein Rassenkrieg findet nicht statt, der Klassenkampf – national wie international – verschärft sich unter dem dreifachen Druck von Bevölkerungsexplosion, Wirtschaftswachstum und Revolutionsfurcht des Westens. Davon handelt dieses Buch.

Es erhebt keinen Anspruch auf wissenschaftliche Hieb- und Stichfestigkeit. Es ist ein Lese-, kein Lehrbuch, nicht geschrieben für die Phalanx der Entwicklungsexperten jeglicher Richtung, sondern für die im Doppelsinn des Wortes Betroffenen.

Bei der Sammlung des Materials und bei einer Reise nach Nordindien hat mich das Ministerium für wirtschaftliche Zusammenarbeit dankenswerterweise unterstützt. Das Buch wäre jedoch nicht zustande gekommen ohne die kritischen Anregungen einiger Freunde. Allen voran sei Dr. Anthony Ngororano aus Uganda gedankt. Durch viele Wochen war er ein kluger und geduldiger Ratgeber. Dem Historiker Jörg Richter danke ich für freundschaftlich-kritisches Lesen des fertigen Manuskripts.

Hamburg, im Dezember 1970 Freimut Duve

I
Einleitung

Entwicklung, sagt der Papst, ist der neue Name für Friede. Revolution, sagt der Erzbischof von Recife und Olinda, Helder Camara, ist das neue Wort für Entwicklung. Entwicklung, sagt der Deutsche Industrie- und Handelstag, ist das neue Wort für Weltwirtschaft. Entwicklung, sagt das Pentagon, verhindert den Kommunismus. »Die aktive Teilnahme der Bundesrepublik an der Entwicklungshilfe ist ein wesentlicher Beitrag zur Erhaltung des Friedens«, sagen die Verfasser der sozialdemokratischen »Perspektiven«.

Seit zwanzig Jahren gibt es Entwicklungshilfe, Zeit genug zu fragen, welche der Aussagen zutrifft und welche falsch ist.

Den Frieden hat sie nicht gebracht. Brasilien hat fast ein Viertel aller deutschen Privatinvestitionen erhalten. Heute ist es ein unfriedlich-faschistisches Land. Hat der Papst unrecht? Der Anteil der Entwicklungsländer am Welthandel nimmt ab, nicht zu. Hat der Industrie- und Handelstag unrecht? Der Kampf um eine sozialistische Gesellschaftsordnung in der armen Welt nimmt zu, nicht ab. Hat das Pentagon unrecht?

Die Revolutionen mehren sich. Hat der Erzbischof von Recife recht?

Geld fließt und Blut. Besteht ein Zusammenhang? Ein Staudamm ist geplant in der Kolonie Mozambique. Ebenfalls geplant ist seine Zerstörung, beides im Namen von Entwicklung. Die größte Handels- und Industriemetropole Südasiens, Kalkutta, wahrlich entwickelt, stirbt in Agonie.

Diese Schrift ist keine standpunkt- und voraussetzungslose Beschreibung der Beziehungen zwischen dem Westen und den armen Staaten. Es ist gut, das gleich zu sagen. Politik läßt sich nicht beschreiben wie die Funktion des Fahrradantriebs, technisch, standpunktlos. Politik fragt nach dem Radfahrer, der strampelt, um weiterzukommen. Politische Beschreibung fragt nach dem Ziel der Radfahrt, nicht nach der Technik des Fahrrads. Vier Stationen eigener Erfahrung seien erwähnt, denn sie bestimmen meinen Standpunkt.

Nordafrika 1959. Marokko und Tunesien sind seit einigen Jahren unabhängig. In Algerien ist blutiger Krieg. Zwölf Monate lebte ich in Tunesien. Meine Nachbarn: rechts algerische FLN-Offiziere und Mitarbeiter der eben gebildeten Exilregierung Ferhat Abbas, links ein reicher französischer Colon, der mit der tunesischen Regierung nach der Enteignung seines Besitzes über die Abfindung stritt.

»Wir werden Algerien verändern, sobald wir die Franzosen besiegt haben. Wir werden eine sozialistische Gesellschaft aufbauen«, pflegte Mohamed Slim, ein schwerverwundeter FLN-Offizier, zu sagen, »es liegt an Frankreich, ob wir weiterhin gute Wirtschaftsbeziehungen zu ihm unterhalten. Wenn es mitmacht, werden wir auf alle Ewigkeit Handel mit Frankreich treiben. Nur werden wir dafür sorgen, daß uns Frankreich nicht ausbeuten kann.«

Elf Jahre später, 1970, verhält sich Algeriens Staatspräsident Boumedienne, wie Slim es vorausgesagt hatte. Er baut einen sozialistischen Entwicklungsstaat auf und treibt weiterhin Handel mit dem ehemaligen Gegner Frankreich. Nach der blutigen Revolution der fünfziger nun die »schweigende Revolution« der siebziger Jahre. Das sonnige mediterrane Algerien der französischen Colons und der teetrinkenden Araber in der Kasbah ist zum puritanischen, hart arbeitenden Entwicklungsstaat geworden. Es wird viel gearbeitet und wenig gelacht. Europäer fühlen sich dort nicht wohl, manche Algerier auch nicht.

Mein Standpunkt: Revolution und sozialistische Gesellschaftsordnung in der Armen Welt gefährden nicht ihre Wirtschaftsbeziehungen zu den westlichen Industriestaaten, sie beeinträchtigen lediglich die Einflußmöglichkeit auf ihre innere Entwicklung.

Südafrika 1961. Einige Monate lebte ich in Rhodesien und der Südafrikanischen Republik. Manchmal übernachtete ich – es ist verboten – bei afrikanischen Freunden in den Stadtreservaten, die die Weißen für die Schwarzen um ihre Großstädte gelegt haben. Da die Weißen nicht alle Schwarzen als Arbeitskräfte brauchen, haben sie sie in Reservaten zusammengepfercht, wo sie sich, unter strenger Aufsicht der Geheimpolizei, »selbst entwickeln« dürfen. Die weißen Südafrikaner fühlen sich als »Spezialisten für die Behandlung Farbiger«, sehen ihre brutale Minderheitendiktatur als »Modell für die Welt«, was ihnen Franz Josef Strauß nach einem Besuch bestätigte.

In Südafrika blüht die Wirtschaft, herrscht »Ruhe und Ordnung«. Der Widerstand der Farbigen ist gebrochen. Die afrikanischen Stämme sind – durch ein Schulsystem, das nach Stämmen gegliedert arbeitet – wieder zersplittert.

Mein Standpunkt: Südafrika stellt die Entwicklungswelt in der Nußschale dar. Wirtschaftliche Entwicklung, ausländische Investitionen finden in »ihren Wohlstandsinseln« statt. Die arbeitende Bevölkerung ist entrechtet und entmachtet. Was in anderen kapitalistischen Entwicklungsstaaten schwerer zu erkennen ist, hier ist es deutlich:

Die Wohlstandsinseln der Ballungszentren kommen wenigen Nutznießern zugute. Auch die weißen Arbeiter sind Nutznießer der Zweiteilung des Landes in reiche und arme Gebiete. In Südafrika wird durch die Rassentrennung die Klassengesellschaft sichtbar gemacht und durch die Rassenideologie zugleich verschleiert. Indem die arbeitende und ausgebeutete Mehrheit zu Menschen grundsätzlich anderer Art gestempelt wird, gibt es keine Klassenprobleme mehr. Auch die weißen Arbeitnehmer fühlen sich als Menschen höherer Art, als Garanten des Kapitals, als Verteidiger der Freiheit, als Damm gegen die Flut der Farbigen.

Brasilien 1969. »Sehen Sie sich bei uns um, sind wir ein Entwicklungsland?« fragte mich auf einem Empfang die Tochter des inzwischen gestorbenen Staatspräsidenten Costa da Silva. »Wir sind das reichste lateinamerikanische Land. Mit den kommunistischen Verbrechern werden wir fertig.« Sie erzählte, ihr Vater denke an eine südatlantische Allianz zwischen Portugal,

Südafrika und Brasilien. »Dann können uns weder die Liberalen bei euch noch die Kommunisten aus Moskau etwas anhaben.« Noch können die Bürger der rasch sich entwickelnden Wachstumszonen in Brasilien ihre Macht- und Arbeitslosen nicht in Reservate pferchen wie die Südafrikaner. Aber die Bilder gleichen sich. Wohlstandsinseln, in denen schnelle Entwicklung stattfindet, und in Elend zurückfallende Armutsgebiete, gegen deren Revolte sich, wie in Südafrika, Geheimpolizei und Anti-Guerillatruppen bislang erfolgreich behaupten.

Mein Standpunkt: Die kapitalistische Wirtschaftsform im armen Staat ist nach einem Gesetz angetreten, das unausweichlich in rechte Diktaturen führt. Was 1933 in Deutschland nicht verhindert werden konnte, der Aufstand der Mittelstände unter der Führung des Kapitals gegen die sozialistischen Forderungen, ist in jedem armen Land unabwendbar, in dem der wachsende Wohlstand einiger weniger Zentren zur Bereicherung nutznießender Bürgerschichten führt. Nicht nur der »Feudalismus« verhindert soziale Umwälzungen in Lateinamerika, sondern die modernen Wirtschaftszentren als die bislang einzigen Nutznießer der Entwicklungspolitik.

Indien 1970. Auf Einladung des Entwicklungsministeriums besuchte ich Nordindien. Die indische Regierung hatte wenige Wochen zuvor die Banken verstaatlicht, um, wie Indira Ghandi vor dem Parlament sagte, »die Kreditwürdigkeit von Personen durch die Kreditwürdigkeit von entwicklungspolitischen Zielen zu ersetzen«. Indien hat eine aus staatlichem und privatem Sektor gemischte Wirtschaft. Es ist ein Bundesstaat, in dem die einzelnen Teile um so mehr auseinanderstreben, je ungleicher ihre wirtschaftliche Entwicklung verläuft. Im Pandschab wird durch die »Grüne Revolution« Getreide erzeugt und Geld verdient wie nie zuvor in der Geschichte Indiens. Das löst die Versorgungsprobleme des Riesenlandes nicht. Auch eine geplante Marktwirtschaft verstärkt die sozialen und regionalen Unterschiede. Indien plant seine Wirtschafts- und Entwicklungspolitik länger und intensiver als irgendein anderer Entwicklungsstaat.

Und doch besetzten im Sommer 1970 landlose Bauern die Ländereien der Großgrundbesitzer, verbrannten die Naxaliten Bibliotheken und stürzten Denkmäler Ghandis, und heute steht in einigen Bundesstaaten die soziale Revolution vor der Tür.

Mein Standpunkt: Planung und Privatwirtschaft im armen Staat sind unvereinbar. Alle staatliche Planungspolitik verstärkt die sozialen Ungleichheiten und verschärft die Spannungen, weil Privatfirmen Nutznießer der staatlichen Planungsziele werden, sind sie es doch, die sie ausführen. Die beiden superreichen Familien Indiens, Tata und Birla, sind in den letzten zwanzig Jahren weit weniger durch ihren unternehmerischen Elan, durch das freie Spiel der Kräfte, als durch die staatliche Planung reich geworden. Heute können sie durch hauseigene Pressekonzerne und Einflußnahme auf Parlament und Regierung die staatlichen Entscheidungen schon im Planungsstadium beeinflussen.

Mit dieser Schrift soll versucht werden, die hier skizzierten Standpunkte zu belegen und zweierlei deutlich zu machen:

1. Sozialismus ergibt sich aus den Bedingungen der Entwicklungsstaaten selbst und aus ihren internationalen Abhängigkeiten. Nicht weil ich von vornherein den Sozialismus für das Endziel der Geschichte halte – ich halte nichts von irgendeinem Endziel –, sondern weil die nichtsozialistischen Entwicklungsstaaten mit ihren Nöten alle, die einen früher, die anderen später, vor der Alternative Sozialismus oder Faschismus (durchaus im weitesten Sinne dieses Begriffes) stehen. Der Faschismus setzt die Ungleichheit der Menschen voraus, der Sozialismus zielt auf Gleichheit. Auch ohne Berufung auf Karl Marx steht in der bislang nur durch die Kommunikationstechnik geeinten Welt des Jahres 1970 die Forderung nach Gleichheit und Gleichberechtigung an oberster Stelle aller Politik. Innere Entwicklungspolitik der armen Staaten und äußere Entwicklungshilfe der reichen Staaten, die nicht auf Gleichheit zielt, sind nicht, was zu sein sie vorgeben. Wenn alle über alle informiert werden, ist Gleichheitspolitik keine moralische Forderung mehr, sondern die einzige realistische Voraussetzung für Politik überhaupt.

2. Der westliche, kapitalistisch organisierte Industriestaat Bundesrepublik muß wissen, wie er in einer in der Mehrheit sozialistisch organisierten Welt zurechtkommt. Das Paket von Ängsten, das wir seit zwanzig Jahren mit uns herumschleppen, muß aufgeschnürt werden. Die Explosivkörper, die wir darin vermuten, erweisen sich als wertlose Baggersteine, sie gehören auf den Schotterhaufen der Geschichte.

Wir können nicht länger am Stammtisch zugeben, daß China die erfolgreichste Entwicklungspolitik betrieben hat, und am nächsten Tag in Panik geraten, wenn Chile die Banken verstaatlicht. Wir können nicht länger zugeben, das Regime in Saigon sei korrupt und die Nordvietnamesen seien tapfere Leute, und am Morgen um unsere Sicherheit fürchten, wenn der Vietcong eine amerikanische Stellung erobert. Diese Schrift will der Angst vor Alternativen begegnen. Die Alternative im Singular gibt es nicht. Algerien, Südafrika, Brasilien und Indien zeigen auch dieses: *Entwicklungspolitik kann weder als globale kapitalistische noch als globale sozialistische Politik stattfinden.* Territorial begrenzte Nationalstaaten machen Entwicklungspolitik. Die Welt ist nicht Experimentierfeld sozialistischer oder kapitalistischer Gesamtplanung. Und dies wird noch lange so bleiben. Nicht die Weltbank in Washington »entwickelt« die Welt, mag sie dies auch vorhaben, sondern die Menschen in den Entwicklungsstaaten bezahlen ihre »Entwicklung« zu 85 % selbst. »Nie zuvor hat eine Institution, die über so große finanzielle Macht verfügt, die Entwicklung der Welt so systematisch vorangetrieben wie die Weltbank. McNamaras (Präsident der Weltbank) Ziel ist es, schon 1973 ein Fünftel aller Entwicklungshilfe der Welt, etwa zweieinhalb Milliarden Dollar, durch die Weltbank fließen zu lassen[1].« Eine solche Perspektive ist ebenso düster wie die Vorstellung, der Kreml plane eine einheitliche sozialistische Weltordnung. Zwar sind die globalen Zahlen beängstigend und verführen leicht zur Flucht in globale Planung. An den Proble-

[1] Claus Jacobi, Die menschliche Springflut, Berlin 1969, S. 141 f.

men jedoch zielt globale Sicht vorbei. Politische Probleme werden durch solche Zahlen eher verdeckt als erhellt.

Ein Sechstel der Weltbevölkerung ist unterernährt, über die Hälfte ist mangelhaft oder falsch ernährt. In den Industrienationen gab es Anfang der sechziger Jahre über dreitausend Kalorien pro Kopf der Bevölkerung, in den Entwicklungsregionen nur 2150. Von den achtundfünfzig Gramm an Protein, die den Menschen der armen Welt zur Verfügung standen, war nur ca. 1/7 hochwertiges tierisches Protein, bei den Industriemenschen war es genau die Hälfte.

Die Menschen der Armen Welt vermehren sich rapide, die Nahrungsmittel werden knapp, der Mangel an Arbeitsplätzen täglich größer. All das ist bekannt, bis zum Überdruß werden die Zahlen wiederholt. Aber es sind abstrakte und somit unpolitische Zahlen. Nur in der Dimension der Politik, der Aufdeckung von Macht und Gegenmacht, von Interessen und Gegeninteressen läßt sich Entwicklungshilfe, die all dem Mangel und Elend begegnen soll, durchführen.

»Das Kernproblem der heutigen Zeit ist nicht die Frage, was möglich ist, sondern was notwendig ist.« So fordert der Philosoph und Pädagoge Georg Picht die sofortige und vollständige Umbesinnung aller, den »Mut zur Utopie«. Selten hat ein bekannter und erfolgreicher Gelehrter das »Kernproblem« seiner Zeit gründlicher mißdeutet. Was »notwendig« ist, wissen viele, im Parlament, am Stammtisch, auf Spruchbändern, in Resolutionen, auf Wochenendtagungen, im Wort zum Sonntag und in der Parlamentsdebatte am Montag.

Die Entwicklungspolitik ist das große Thema unserer Zeit. Jedes Schulkind lernt, wieviel Chinesen es im Jahre 2000 geben wird (1,7 Milliarden). Der zahlenbesessene Journalist Claus Jacobi hat, von Schreckensvisionen geplagt, gar ausgerechnet, daß »im Gänsemarsch aufgereiht« die Chinesen schon heute eine Schlange bilden würden, die sich »zehnmal um den Äquator ringeln« läßt. Wieviel Kinder in Indien zuviel geboren werden, scheint zuweilen wichtiger, als wieviel Kinder in Biafra gestorben sind.

Wenn große Politik sich durch das Pathos ihrer Darstellung auszeichnete, der Weltgegensatz zwischen armen, zumeist farbigen, und reichen, zumeist weißen, Nationen wäre die ganz große, die vorrangige Politik unserer Tage. Die konkrete Entwicklungshilfe läuft Gefahr, von der Schlagwortpolitik verdeckt zu werden. Auf der einen Seite die großen Menschenzahlen, die Schreckbilder des Elends und kommender Katastrophen, und auf der anderen Seite das Desinteresse an der praktischen Entwicklungshilfe.

Entwicklungshilfe ist, was sie nie hätte werden dürfen, das schlechthin Gute, Wahre und Schöne westlicher Politik überhaupt geworden – ein Mythos, der aus den Niederungen praktischer Verantwortung in die Höhen globaler Unverbindlichkeit führt. Und so konnte sie den Kritikern des westlichen Wirtschafts- und Gesellschaftssystems zum schlechthin Bösen werden.

Den einen Welthilfe, Rettungsaktion fünf Minuten vor zwölf, ist sie den anderen Ausbeutung, neue Form des Kolonialismus.

Aber mit Schlagwörtern und Modeformeln läßt sich schlecht konstruktive Politik machen. Sie verpufft ins Leere. Sicher ist den Menschen in unserem Lande Entwicklungshilfe ebenso uninteressant wie die Anerkennung der Oder-Neiße-Linie. Bei dem einen Thema lassen sich vor allem im Parlament große »patriotische Stunden« inszenieren, bei dem anderen, »der Kernfrage unserer Zeit«, gibt es das Zustimmungsgeplauder der zwei Dutzend zufällig anwesenden Abgeordneten. Hinter den Kulissen, beim politischen Bierabend, auf den Parties der Intellektuellen von Entwicklungspolitik keine Rede. Allenfalls wohlwollendes Lächeln. Im Spannungsfeld der wirklichen Politik, der Realpolitik also, ist das Thema so unwichtig, daß kaum jemand ernstlich dagegen ist.

Nicht was notwendig ist, steht in Rede, sondern was möglich ist, in der radikalsten Bedeutung des Wörtchens. In unzähligen Studien haben sich Fachleute seit nun bald zwanzig Jahren dazu geäußert, was zur Hilfe der armen Staaten nötig ist. Kein Wissenschaftszweig, der sich nicht schon zum Thema geäußert hätte. Eine eigene Entwicklungssprache ist entstanden. Die Experten fachsimpeln unter sich mit minutiöser Detailkenntnis, und die schrecklichen Vereinfacher verdecken das alles mit ihren großen, die ganze Welt umspannenden »Kernfragen«.

Wo die einen Handels- und Devisenbilanzen untersuchen, Staudämme entwerfen, Standortfaktoren analysieren, schaffen die anderen Weltuntergangsstimmung, ohne sich um die Folgen ihrer Kassandrarufe zu kümmern.

Wie ist diese paradoxe Situation entstanden?

Beide Gruppen, die wissenschaftlichen Fachleute und die Künder der kommenden Apokalypse, die die sofortige Umbesinnung aller fordern, bewegen sich im unpolitischen Raum, auch wenn sie selbst Politiker sind, wie die Autoren der sozialdemokratischen »Perspektiven«. Beide, die einen im Detail, die anderen global, wissen, was »notwendig« ist, keiner untersucht oder sagt, was politisch möglich ist.

Die Volkswirtschaft glaubt schon seit langem zu wissen, wie man es anstellt, daß ein wirtschaftlich armes und stagnierendes Land zu wirtschaftlicher Entwicklung kommt. Die Sozialwissenschaftler haben längst Modelle, die zeigen, wie man es anstellt, daß die Menschen Indiens, Ekuadors und Liberias neue moderne Verhaltensweisen annehmen. Die Erziehungswissenschaftler haben längst angegeben, wie man es anstellt, daß Menschen, die nie ein Buch gesehen haben, lesen und schreiben lernen. Die Agrarwissenschaftler wissen, wie man mit modernen Anbaumethoden Hektarerträge verdreifacht.

Und auch Georg Picht scheint genau zu wissen, was nun zur Rettung der Welt not tut. Und die Neue Linke, die Entwicklungshilfe als Ausbeutung pauschal ablehnt, weiß genau, daß nach der Revolution das Goldene Zeitalter für alle anbricht. Aber wenn dann Politiker der armen Staaten sich daranmachen, all diese Vorschläge durchzuführen, stellt sich bald heraus, daß es so, wie vorgeschlagen, nicht geht. Und flugs sind die Theoretiker zur Stelle und weisen Fehlverhalten nach, Mißachtung des vorgegebenen Plans. Die Volkswirtschaft untersucht in Indien, warum es trotz guter Planung nicht geklappt hat mit dem Wirtschaftswachstum, die Sozialwissenschaft ist von den Politikern enttäuscht, so die Erziehungswissenschaft, so die Agrarwissenschaft.

Und wenn es bei einer marxistisch-leninistischen Staatsführung nicht so rasch geht, dann war es eben der falsche Marxismus-Leninismus, dann werden die Politiker eines Staates zu Abweichlern erklärt. Planung und Politik sind zweierlei Dinge. Aber nirgends ist Politik so auf Planung angewiesen wie bei dem Versuch, ein Volk aus den tödlichen Fesseln der Stagnation und des Elendes zu befreien. Und Planung ist sinnlos ohne Politik.

Allzulange hat sich Entwicklungshilfe im apolitischen Raum theoretischer Wachstumsziffern, Modell- und Projektanalysen bewegt. Sie hat, mit Erfolg, die Politik beiseite geschoben. Norman Paech, ein junger Mitarbeiter des Entwicklungsministeriums, stellt resigniert fest: »Die problematische Folge (des Versagens der Entwicklungstheoretiker F. D.) ist die Entpolitisierung der Entwicklungspolitik, die Verkürzung der Diskussion auf die Projektinvestition, die Kuhstall- und Drehbankideologie[1].«

Es gibt Anzeichen des Wandels. Wenn der für Entwicklungspolitik verantwortliche Minister Erhard Eppler im Januar 1970 auf einer kirchlichen Weltkonferenz in der Schweiz erklärt: »Die Renaissance der Politischen Ökonomie in der zeitgenössischen Wissenschaft zeigt, daß ökonomisches Handeln die kulturellen, sozialen und vor allem politischen Bedingungen und Auswirkungen einkalkulieren muß«, dann ist damit die Abkehr von der entpolitisierten in mythischen Zahlenreihen sich ergehenden Entwicklungspolitik eingeleitet.

Eine politische Ökonomie wird nicht global nach Wachstumszahlen fragen, sondern nach Einkommens- und Vermögensverhältnissen aller Bevölkerungsschichten, aller Provinzen, nach

[1] Norman Paech, Entwicklungshilfe oder kollektive Hilflosigkeit. Ansichten von rechts und links, in: *Offene Welt* Nr. 99/100.

Programmen der Arbeitsplatzbeschaffung für Millionen Arbeitsloser, und sich nicht mit den Millionen für Fabriken, deren Produkte die Armen nicht kaufen können, zufriedengeben. Eine politische Ökonomie wird nach Gleichheit fragen, weiß sie doch, daß Freiheit Chimäre bleibt, wenn nur wenige Prozent der Bevölkerung die Freiheit haben, sich satt zu essen.

Eine politische Ökonomie wird zunächst und vor allem darstellen müssen, warum überhaupt Entwicklungshilfe geleistet wird, Völker sind keine Wohlfahrtsinstitutionen, was immer ihre Regierungen tun, sie haben ein Motiv. Was ist das Motiv der Entwicklungshilfe? Linderung der Armut? Angst vor der Armut?

Es gibt Entwicklungshilfe, weil die amerikanische Außenpolitik den »Kommunismus seit zwanzig Jahren abwehren« will. Ohne Antikommunismus hätte es Entwicklungspolitik nicht gegeben.

Das Motiv hat sich gewandelt, aus der Angst vor den Roten ist die Angst vor den armen Farbigen geworden. Beide Motive bekämpfen ihre eigenen Zielsetzungen, sind nicht nur verlogen, sondern falsch, nicht nur Sünden, sondern Fehler, vor denen Angst zu haben ein Gebot der Vernunft ist.

Entwicklungshilfe ist auch Karitas, Entwicklungspolitik nicht. Karitas lindert akute Not, verhindert nicht künftiges Elend. So wichtig moralisch wie materiell karitative Entwicklungshilfe der Kirchen, der Wohlfahrtsorganisationen auch sein mag, sie ist kein Ersatz für Politik. In dieser Schrift wird sie daher nur dort behandelt, wo sie sich in Politik umzusetzen vermag, im Engagement der Kirchen zur Revolution der Gesellschaft.

Deutsche Entwicklungshilfe hat sich auf amerikanisches Drängen und nach amerikanischem Vorbild seit 1952 langsam, seit 1961 sprunghaft entwickelt. Amerikanische Entwicklungshilfe nahm ihren Ausgang im Point Four Program, das Präsident Truman 1949 als Wirtschaftshilfe für unterentwickelte Länder – so hießen die armen Weltgegenden damals noch – ankündigte. Seither hat der Westen Milliarden sogenannter Entwicklungshilfe aufgebracht. Seither gibt es eine Entwicklungswissenschaft, eine Entwicklungsfachsprache, Entwicklungslaufbahnen, Entwicklungsministerien, Entwicklungshelfer, Entwicklungsruinen, Entwicklungslobbies, Entwicklungspolitik, Entwicklungsgesellschaften, Entwicklungsliteratur.

Alle sind daran beteiligt. Der Bürger durch die Regierung, der Arbeiter durch die Entwicklungsinstitute der Gewerkschaften, der Einzelhändler über die Zusammenschlüsse des Handels mit ihren Entwicklungsabteilungen, der Industrieunternehmer durch den Industrie- und Handelstag, das Parteimitglied durch die Entwicklungsstiftungen der Parteien, der Kirchensteuerzahler durch die kirchlichen Entwicklungsorganisationen, die Städte durch den Städtetag, die Jugend durch den Bundesjugendring, die Journalisten durch Presseinstitute, die sich mit Entwicklungshilfe beschäftigen. Nie hat sich die pluralistische Gesellschaft so rasch und so entschlossen auf einen einzigen Begriff geeinigt: Entwicklungshilfe.

Es gibt mehr Arbeitskreise und Institutionen in der Bundesrepublik, die sich mit ihr beschäftigen, als Länder, die es angeht, weit mehr übrigens als Institutionen für Mitbestimmung, Bildungspolitik, Verteidigungsfragen, Wirtschaftspolitik, Städtebau und Wohnfragen. Aber auf den Prioritätenlisten der Meinungsinstitute taucht Entwicklungshilfe nicht auf: Sie ist ein institutionelles Phänomen, aber – zumindest für die Bundesbürger – kein existentielles. Sie sind nicht dagegen, sie sind nicht dafür, sie sind mit ihr organisiert. Die wenigsten wissen, daß ihre Regierung, ihr Verband, ihr Verein, ihre Kirche, ihre Stadtverwaltung, ihre Länderregierung, ihre Gewerkschaft irgendwo in der Spitze einen Entwicklungshilfeableger hat. Die wenigsten wissen, daß der Bundesetat 1970 2,5 Milliarden aufweist. Wie und zu welchem Ende treiben wir Entwicklungshilfe? Warum waren die sechziger das erste, warum sind die siebziger Jahre das zweite Entwicklungsjahrzehnt?

Hier zwei Zitate, die das Dilemma der Vermischung von Weltuntergangsstimmung und Einzelinteressen verdeutlichen:

Zitat I:

»Das zweifellos hohe Niveau von ›Las Fuentes‹ (Slogan: wie für Millionäre gebaut) tobt sich weder in Geldsnobismus noch in Darbietungen der Jet-Set-Garnituren aus. Hier wird Exklusivität nicht vom wirtschaftlichen her verstanden, sondern vor allem vom menschlichen und gesellschaftlichen Niveau her. Der Käufer wird Mitglied vom Yacht & Country Club. Die sich daraus ergebenden gesellschaftlichen Verpflichtungen sind in diesem kosmopolitischen Rahmen, trotz notwendiger Respektierung gewisser Konventionen, keine Belastung, sondern durchaus reizvoll. Der Zwang zum Abenddreß ist ein oft recht willkommener Kontrapunkt zur Badehose.«

Zitat II:

»Das kommende Jahrzehnt muß die reichen den armen Völkern verpflichten, aus dem Überfluß die Hungersnot abzuwenden. Die sozialistischen Grundwerte Freiheit, Gerechtigkeit und Solidarität gelten auch für die Beziehungen zu anderen Völkern. Unsere Hilfe ist zugleich ein Gebot des Überlebens.«

Beiden Zitaten ist ein gewisses Pathos nicht abzusprechen, wenn das erste sich auch bescheiden gibt (»Weder in Geld-Snobismus«). Aber ihnen ist mehr gemein als Pathos: Sie werben beide für Entwicklungshilfe. Für deutsche Entwicklungshilfe. Das zweite mehr allgemein, das erste gezielt, das eine abstrakt, das andere konkret. Der erste Text ist einer ganzseitigen Anzeige entnommen, die im Juli 1970 in der »Welt« abgedruckt wurde. Eine Düsseldorfer Firma wirbt da für den Kauf eines Bungalows in ihrem Ferienzentrum in Spanien. Denn: »apropos Finanzamt – auch der ›Mann von der Straße‹ beginnt nun die Vorteile des Entwicklungshilfesteuergesetzes . . . zu begreifen und zu nutzen«.

Das zweite Zitat ist den Leitlinien entnommen, mit denen die Sozialdemokratische Partei Deutschlands 1969 in die siebziger Jahre übersetzte. Wie findet man sich zurecht zwischen dem »Abenddreß als Kontrapunkt zur Badehose« und der Hilfe, die »zugleich ein Gebot des Überlebens ist«? Wie Entwicklungshilfe verstehen, die einem Sommer und Lebensabend in kosmopolitischem Rahmen (bei »notwendiger Respektierung gewisser Konventionen«) und zugleich die Abwendung der Hungersnot verspricht? Spanien ist ein faschistisches Land. Gewerkschaften sind verboten, Priester und Arbeiter sitzen in Gefängnissen, Spanien ist ein kapitalfreundliches Land, deutsche Villenbauer segeln im Yacht & Country Club. Spanien ist ein Entwicklungsland. Und was für die Düngemittelfabrik in Kamerun recht sein mag, ist für die Villa in Spanien (Tourismus wird von der Entwicklungspolitik gefördert) billig: Die »Entwicklungsländer« werden über einen Kamm geschoren. Investition ist Investition, und irgendwie wird's schon allen zugute kommen.

Aber zunächst geht es noch nicht um Kapitalinvestitionen, es geht um die Frage, wie kommen diese beiden Aussagen zusammen, wie konnte es geschehen, daß der weltweite Schrei nach Hilfe der Reichen für die Armen in den kritischen Werbeworten eines pfiffigen Bauunternehmers erstickte, ja daß bei genauem Hinsehen beides die zwei Seiten ein und derselben Münze zu sein scheinen? Versuchen wir diese Frage zu beantworten, denn von ihr hängt ab, was wir beim aufrüttelnden Photo einer verhungernden Indianerin in Guatemala, mit dem für Entwicklungshilfe geworben wird, tun. Werden wir zum Scheckbuch greifen oder lieber in Erinnerung an die Ermordung des deutschen Botschafters in Guatemala, von Spreti, die Telefonnummer des Bauunternehmers wählen, um das elegante Eigenheim zu erwerben. Von ihr hängt ab, als was bislang und künftig Entwicklungshilfe anzusehen ist. Als ausgemachter Schwindel, als verschleierte Politik zur Stützung der feinen Leute in Spanien und anderswo, als unpolitische Unschuld zwischen allen Stühlen, als Rettung des Westens und seiner Lebensformen, als »Gebot des Überlebens«.

Aus den großen Worten der Entwicklungspolitik ist oft nicht zu erkennen, ob wir Entwicklungshilfe treiben, weil die anderen arm sind oder weil wir vor der Armut Angst haben. Fragen wir zunächst nach der Angst, dann nach der Armut und den Versuchen der Staaten, sie zu überwinden.

II
Die große Angst

Angst vor den Roten

Im Frühjahr 1970 hatte der Präsident der Weltbank und ehemalige amerikanische Verteidigungsminister McNamara die Vereinigten Staaten ungewöhnlich scharf angegriffen. Amerikas Entwicklungsleistungen waren, gemessen an seinem Reichtum, weit hinter fast alle Industrienationen zurückgefallen. Kurz zuvor hatte eine von Präsident Nixon eingesetzte Kommission empfohlen, bei der Auslandshilfe künftig die Militärhilfe von der Entwicklungshilfe zu trennen. Diese enge Verknüpfung von Militär- und Wirtschaftshilfe war den Amerikanern zwanzig Jahre lang so selbstverständlich wie etwa die Vorstellung, daß in Amerika jeder Bürger die gleichen Chancen habe.

Die USA mußten ihre Entwicklungshilfe einschränken, weil ihnen die Bomben auf das Entwicklungsland Vietnam und die brennenden Negergettos im eigenen Land klarmachten, daß sie selbst Entwicklungsland geblieben sind. McNamara: »Inmitten des reichsten Volkes der Erde leben 20 Millionen Menschen an der Grenze des Existenzminimums, im Jahre 1967 lebten 10 % aller weißen und 35 % aller farbigen Familien in Armut.«

Es wird leicht vergessen, daß es im Grunde die Entwicklungspolitik, zumindest die entwicklungspolitische Rechtfertigung ihrer Außenpolitik gewesen ist, die die USA in ihre tiefste außen- wie innenpolitische Krise gebracht hat. Der Vietnamkrieg – Entwicklungshilfekrieg mit Wehrdörfern und Napalmbomben – hat die Revolte der Studenten und Neger eingeleitet. Die Fragwürdigkeit des Anspruchs, der ganzen Welt die eigene Lebensform aufzuzwingen, hat die Fragwürdigkeit des amerikanischen Wohlfahrtsmärchens enthüllt. Auch in Deutschland hat sich die innere Studentenrevolte an entwicklungspolitischen Themen entzündet: Schahbesuch 1967. Der ermordete Student Benno Ohnesorg hatte ein Buch über die Diktatur des Persiendiktators gelesen, bevor er bei der Demonstration erschossen wurde. Die bisherigen Formen der Entwicklungshilfeideologie – Weltuntergangspathos,

Märkte von morgen, die schlimme Mischung von Karitas und Kapital – all das wird auch in der Bundesrepublik verstärkt zu Spannungen führen. Er scheint nützlich, der Blick zurück.

Als im Deutschen Reich die Truppen der Alliierten die ausgemergelten Überlebenden der Konzentrationslager befreiten, als im fernen Japan ein US-Major die neue Bombe ausklinkte, als die Sieger sich anschickten, die Welt neu zu ordnen, glaubte mancher an den Beginn einer neuen Weltordnung. »Nie wieder Krieg« schrieben verzweifelte Heimkehrer an die Trümmerwände deutscher Städte; »Nie wieder Krieg«, so gelobten sich die Gründerstaaten der Vereinten Nationen. »Nie wieder Krieg« bedeutete eine grundsätzliche Veränderung der Weltgeschichte, die Generationen von Historikern als Geschichte der Kriege gesehen hatten.

Die Weltgeschichte ist damals nicht zum Stillstand gekommen, sie ist trotz des imposanten UNO-Palastes in New York und der ebenso imposanten Charta der Vereinten Nationen weitergegangen. Mit ihr die Kriege.

1945 strebten die Vereinigten Staaten nicht die Weltvorherrschaft an, sie glaubten sie zu haben. Für einen kurzen Moment in der Weltgeschichte hatte ein einziger Staat das Sagen auf dem Globus. »Denn in der Zeit von 1945 bis 1949 und besonders nach der Explosion der Atombombe wurde der Machtvorteil der USA gegenüber der Sowjetunion von den meisten amerikanischen Politikern für überwältigend gehalten[1].« Dieser Moment, in dem die Sowjetunion, Großbritannien und Frankreich den Vereinigten Staaten den Sieg über das »Dritte Reich« zu verdanken hatten, in dem diese drei Großmächte an die Weltmacht hoch verschuldet waren, in dem die beiden Feindmächte, Deutschland und Japan, Militärprotektorate der USA wurden, gab der amerikanischen Außenpolitik das Gefühl, die Welt zu beherrschen. Die USA waren reich und mächtig genug, die Vereinten Nationen auf ihrem Territorium und nach ihrem Gusto zu beherbergen.

[1] David Horowitz, Kalter Krieg, Hintergründe der USA-Außenpolitik von Jalta bis Vietnam, Berlin 1969, S. 13.

Ihr Druck auf London, Paris und Den Haag leitete letztlich die Auflösung der Kolonialwelt mit der Unabhängigkeit Indiens und Indonesiens ein. Die USA waren es, die den Juden endlich zum Staat in Palästina verhalfen, sie hatten ihren Anteil an Ho Chi Minhs Aufstieg in Vietnam wie an Tschiangkaischeks falsch geplantem Fall in China.

Und wo sie den Gang der Geschichte nicht bestimmten, wie in Osteuropa, wo die Sowjetunion sich einen Sicherheitsgürtel aus Satellitenstaaten anlegte, da gaben sie sich dem Traum hin, ihr Eingreifen könnte die Rote Armee zurückrollen lassen. Amerikanische Außenpolitik und damit vieles, das seit fünfundzwanzig Jahren auf dem Globus passiert, ist zu sehen unter diesem Trauma der Vereinigten Staaten, für einen Moment nicht nur die Leitmacht der Welt zu sein, was sie technisch und wirtschaftlich tatsächlich bis heute fast uneingeschränkt geblieben sind, sondern die einzige Macht mit einem faktisch globalen Herrschaftspotential.

Aus der für einen Augenblick greifbaren Weltherrschaft wurde jedoch die Halbweltherrschaft, ausgeübt mit jener unerbittlichen Gutmütigkeit des reichen Onkels, der allen anderen die eigenen Annehmlichkeiten nicht nur zukommen lassen, sondern aufzwingen will. Also keine Kolonialherrschaft alten Stils, sondern drohende Gewährung, Export der Demokratie, Export des Dollars. Es entstand die »Freie Welt«. Sie war so frei, wie sie sich fühlte. Die freie Welt, in der wir, die 25-40jährigen, aufgewachsen sind. Schlossen wir 1955 die Augen und stellten uns Leipzig vor, es regnete, ebenso in Kiew, ebenso in Breslau, ebenso in Warschau und Prag. Auf der einen Seite die düstere Stacheldrahtlandschaft der unfreien, auf der anderen das heitere, besonnte Blumenfeld der freien Welt.

Die Amerikaner machten es sich auf dem Globus bequem, in Kaiserslautern, in Panama, in Okinawa und Tokio. Ihre Truppen lernten sich heimisch fühlen im Pazifik, in Spanien, im heißen Tripolis. Das Mittelmeer, der Indische Ozean, der Pazifik, der Atlantik, alle beherrscht von den amerikanischen Flotten, Binnenmeere der USA; Raketenstützpunkte in der Türkei, amerikanische Soldaten in Griechenland. Und als der unglückselige Oberst Powers aus seiner U-2 irgendwo über der Sowjetunion abgeschossen wurde, stellten wir fest, daß die Amerikaner sich auch im Luftraum der Sowjetunion, in respektvoller Höhe, zu Hause fühlten. Außenpolitik der USA von 1946 bis zur Kubakrise 1962 – was war das? Die Mehrheit der Staaten war nach einem einfachen Lebensschema ausgerichtet: Das Endziel gesellschaftlicher Entwicklung ist die amerikanische Gesellschaft, die als Überflußgesellschaft gesehen wurde. Einige haben sie erreicht, andere werden auf dem Weg dorthin gestört von den Kommunisten, die ein falsches Endziel haben. In Rußland, China und Osteuropa hatten diese Leute schon die staatliche Gewalt in Händen, zwar schien man sicher, daß sich auch dieser Spuk schnell überleben würde. Die amerikanischen Politiker Bernard Baruch und James Forrestal waren 1947 der Ansicht, daß die »Sowjetmacht schwach und ohne Dauer sei«. Aber man mußte wachsam sein und vor allem nicht Fehler wiederholen, die man während jenes kurzen historischen Moments der faktischen Weltherrschaft gemacht zu haben glaubte. Daß das so schnell ging, daß flugs aus einer gewählten Regierung wie 1948 in Prag eine kommunistische werden konnte, daß die Rote Armee ebensowenig daran dachte, aus Osteuropa nach Hause zu gehen, wie die eigenen GIs aus Westeuropa, daß die Russen, wohlversorgt mit deutschen Forschern und amerikanischen bzw. britischen Geheimdokumenten, auch das Spiel mit dem Atom wagen würden, daß also die Balance des Schreckens entstand, das alles war wider die Natur. Man mag in Europa die Entwicklung auf ein Zweiersystem, auf den Ost-West-Konflikt, als fast logische Folge der Weltgeschichte gesehen haben, die unhistorischen Amerikaner waren in den fünfziger Jahren einen Schritt weiter: Beim vermeintlichen Stafettenlauf der Weltgeschichte – in dem nach einiger Zeit die eine Großmacht den Stab an eine neue übergibt – Griechenland, Rom, Römisches Reich deutscher Nation, Spanien, Portugal, Holland, England, USA – hatte man einen Fehler gemacht, statt Welt- Halbweltherrschaft. Solche Fehler durften sich nicht wiederholen.

Motive für diese Herrschaft brauchen hier nicht untersucht zu werden, sie waren so lauter, wie das Gewinnstreben des Kapitals, wie Coca-Cola und freie Wahlen lauter sind. Den Glauben an die kapitalistische Zivilisation moralisierend beurteilen zu wollen, ist müßig: Nur der kann wirklich einen Eisschrank in Grönland verkaufen, der glaubt, daß den armen Eskimos mit dem Frigidaire ein besseres Leben beschert wird. Man lese nur Lehrbücher für Verkäufer von General Motors, Karstadt oder IBM. Man muß vom Produkt überzeugt sein, um es an den Mann bringen zu können. Wer wollte da den Handlungsreisenden in Sachen Demokratie, Konsumgesellschaft, freier Entfaltung der Persönlichkeit und des Kapitals moralisch kommen?

Nicht an die direkte Herrschaft vergangener Zeiten war gedacht, nicht einmal an die erfolgreich indirekte, mit der die Briten Nigeria, den Sudan und Indien solange beherrscht hatten. Die Souveränitätseinschränkungen der Staaten der westlichen Welt waren so freiwillig, wie diese Welt frei war, denn nur die große Bombe der USA schien Schutz vor den vermeintlichen Drohungen der anderen Seite zu bieten.

Die andere Seite. Sie besaß zwar auch die alleinseligmachende Lehre, sie wußte zwar auch um den glücklichen Endzustand der Weltgeschichte, sie hatte aber wesentlich mehr mit sich selbst zu tun, als die Amerikaner sehen wollten. Innere Festigung, Wirtschaftswettbewerb, Halten des Erreichten bis hin zur friedlichen Koexistenz, das war das Programm der kommunistischen Sowjetunion. Das schloß 1953 den Einsatz sowjetischer Truppen gegen Arbeiter in Bitterfeld und Ostberlin nicht aus, das hinderte 1956 die Panzer in Budapest und im August 1968 in Prag nicht, drohend durch die engen Gassen der Genossen zu rollen. Weltrevolution als zentral gelenkte, von Moskau bezahlte Hauptaktion des »Weltkommunismus« fand jedoch nicht statt. Die Geschichte der kommunistischen Parteien Italiens und Frankreichs in der Nachkriegszeit, die halbherzige Unterstützung der sozialrevolutionären Bewegungen in Lateinamerika geben davon Zeugnis. Bis 1962, als sie auf Kuba begann, Raketen zu installieren, war die Sowjetunion defensiv, mit allen Härten, die eine solche Defensive mit sich bringt, mit Berlin 1953, Ungarn 1956, Prag 1968.

Warum dieser globale Rahmen für ein enges Thema, warum Weltgeschichte bemühen, wenn es um Entwicklungshilfe geht? Die Geschichte der »Entwicklungshilfe« ist bis zum Ende der sechziger Jahre eine Geschichte der westlichen Außenpolitik, die Geschichte ihrer Motive des Selbstverständnisses westlicher Menschen, Lebens- und Wirtschaftsformen. Entwicklungshilfe, wie sie in den fünfziger Jahren im Westen – nicht im Osten – entstand, ist ein Ausfluß jener amerikanischen Vorstellung von der verpaßten und durch falsche Politik verpatzten Chance zur Weltherrschaft. Eigennützig oder uneigennützig, das Denken im globalen Rahmen, die Existenz globaler Weltinstitutionen, globale Entwicklungsstrategien, sie alle sind indirekte Konsequenz jener amerikanischen Stunde der Weltmacht. Die »Welt«-Organisationen wurden zwischen 1944 und 1947 unter amerikanischer Regie geschaffen; UNO, Weltbank, Weltwährungsinstitutionen. Dag Hammerskjöld, der unglückliche Chef der Weltorganisation, hätte seine Blauhelme nicht in den Kongo schicken, U-Thant, sein melancholischer Nachfolger, sie nicht vom Suez zurückziehen können, wenn Amerika aus dem Weltkrieg nicht als Weltführungsmacht hervorgegangen wäre. Sie sind, wenn auch inzwischen verselbständigt, Kinder der USA. Da mag den Geist, der stets das Böse will und stets das Gute schafft, zitieren wer mag – leider läßt sich das auch umkehren.

Die »Weltfamilie«, die sich in den Organisationen zusammensetzte, saß jedenfalls zu Gast bei Uncle Sam. Das Konzept der »One World« war schon während des Weltkrieges sein Konzept. Das einzige effektive Exekutivorgan, der Sicherheitsrat der Vereinten Nationen, war in der Mehrheit westlich, geschwächt nur durch jenes Vetorecht, mit dem die Menschen des Westens wenigstens ein russisches Wort lernten: »Njet«.

Und zu dieser Vorstellung der »Einen Welt« gehörte zugleich jene von der organischen Natur dieser Familie, deren Mitglieder gesund, einige wenige krank, und deren meiste krankheitsanfällig waren. Die Krankheit hieß Kommunismus, der gesunde Zustand: kapitalistisch-freie Wirtschaftsverfassung. So einfach war's, das Weltbild der amerikanischen Außenpolitik. Aus dieser einfachen Weltpolitik ist das komplizierte Geflecht der Entwicklungspolitik entstanden.

Kommunismus als Seuche, so schien es den Vereinigten Staaten, machte allenthalben Seuchenvorbeugung nötig. Das Chaos, das der Zweite Weltkrieg hinterließ, wurde empfunden als Nährboden für die Ausbreitung der Seuche, wie Überschwemmung oder Erdbeben. »Daß das Hochwasser eines Tages den Naturgesetzen folgend wieder zurückweichen muß, ist kein Anlaß, sein Erscheinen zu begrüßen,« sagte der amerikanische Diplomat George F. Kennan Ende 1947 vor Studenten der Kriegsakademie. Mit Hochwasser meinte er die allenthalben, vor allem in Griechenland offen ausgebrochene »Kommunistengefahr«. Kennan schlug darum auch eine »politisch-wirtschaftliche« Unterstützung der anti-kommunistischen Kräfte in Griechenland vor[1]. Er zählte sich zwar nicht zu den Befürwortern einer »universellen Verantwortung« der Vereinigten Staaten, konnte jedoch nicht verhindern, daß in der entscheidenden Botschaft Präsident Trumans an den amerikanischen Kongreß 1947 der Passus zu finden ist:

»Ich glaube, daß es die Politik der Vereinigten Staaten sein muß, freie Völker zu unterstützen, die in ihrer Freiheit durch bewaffnete Minderheiten oder durch Druck von außen bedroht sind. Ich glaube, wir müssen den freien Völkern helfen, ihr eigenes Geschick auf ihre Weise zu lenken.« Daß für »frei« hier und später stets »antikommunistisch« gesetzt werden darf, zeigt die Unterstützung, die die USA Diktaturen wie Batistas Kuba, Guatemala gewährten und heute Griechenland gewähren. Kennan

[1] Kennan, Memoiren eines Diplomaten, Stuttgart 1968, S. 311 ff.

bedauert in seinen Memoiren diesen universellen Anspruch der Vereinigten Staaten, jedem, der vom »Kommunismus bedroht« sei, Hilfe zu gewähren, als Mißverständnis. Dieses Mißverständnis mag tatsächlich vorgelegen haben, angesichts der naiven Ahnungslosigkeit, mit der die Amerikaner sich angewöhnt hatten, ihr eigenes Land zu sehen. Die Generallinie der amerikanischen Außenpolitik, gestützt von Senat und Repräsentantenhaus, Big Busineß und öffentlicher Meinung bis in die späten sechziger Jahre war jedoch: »Die USA muß überall in der Welt eine weitere Ausbreitung des Kommunismus verhindern.« So simpel war die Weltpolitik der Weltmacht USA. Da das globale Problem der eigenen Halbweltherrschaft auf einen einzigen Nenner gebracht war, gab es auch hier keine differenzierende Außenpolitik mehr. Sie war zur globalen Endzeitpolitik geworden. Wie für manche unstudierte Wunderärzte, gab es nur ein Leiden auf der Welt, den Kommunismus, und darum auch nur ein Kraut: die amerikanische Wirtschafts- und Gesellschaftsform. Oder besser das, wofür man sein eigenes System hielt, denn so simpel wie man die vielfältigen Probleme der Welt sah, sah man auch sich selbst, kritische Analysen der inneramerikanischen Wirklichkeit gab es erst in den sechziger Jahren.

Wer aber global operiert, muß – um seinen Erdkreis nicht durch kleinliche differenzierende Einwände stören zu lassen – alle Probleme auf simple Formeln zusammenschmelzen.

Amerikanische Außenpolitik war und ist unfähig zu differenzieren, Probleme zu unterscheiden: »Wir ziehen die allgemeinverbindliche Norm vor, die den Einzelfall miteinbegreift, damit wir nicht für jedes Problem eine individuelle Lösung suchen müssen ... Wir mußten unser Kriegsziel in das Ziel verwandeln, die Welt (darunter taten wir's nicht) für die Demokratie sicher zu machen[1].« Amerikanische Außenpolitik wurde zur Weltentwicklungspolitik und vermischte sich zunehmend mit Militärpolitik. »Hand in Hand mit der Armut ging die politische Un-

[1] Kennan, a.a.O., S. 325 f.

sicherheit. Nach dem furchtbaren Krieg brauchte die Welt, vor allem Europa, Ruhe. So entwickelte der damalige Außenminister Marshall einen Plan, der nach ihm benannt wurde und eine großzügige Unterstützung nicht nur der ehemaligen Verbündeten, sondern auch des früheren Kriegsgegners Deutschland vorsah. Dabei spielte auch die Überlegung eine Rolle, daß ein wirtschaftlich gut entwickeltes Land ein besserer Handelspartner ist als ein armes[1].«

So nahm, wie hier in einer Broschüre des Entwicklungsministeriums dargestellt, »Entwicklungshilfe« ihren Anfang. Der Sieger half dem Besiegten aus Chaos, Armut, aus Zerstörung und Hoffnungslosigkeit zu einem neuen Start. Motive, Notwendigkeit und Folgen dieser Hilfe an Europa sind nicht gleichzusetzen mit den Motiven, aus denen heraus heute Entwicklungshilfe notwendig ist. Nicht Vorbild für die künftige Entwicklungspolitik ist die Wirtschaftshilfe der USA an Westeuropa, sondern verzerrender Ausgangspunkt. Indem sowohl in der amerikanischen, aber vor allem in der deutschen Literatur der Marshallplan ungenau als Vorläufer der Entwicklungshilfe an die vorindustriellen armen Länder gesehen und dargestellt wurde, übernahm man zunächst auch die Kriterien, nach denen diese Wirtschaftshilfe gewährt wurde. Und das waren eindeutig außen- bzw. sicherheitspolitische Kriterien; sie hatten nichts zu tun mit dem, was sich heute, zwanzig Jahre später, als »Entwicklungspolitik« herauszuschälen beginnt. So wurde Entwicklungshilfe zur Außenpolitik mit neuen Mitteln.

Wenn es galt, die Staaten der »Freien Welt« vor dem Kommunismus zu schützen, dann bedurften dieses Schutzes vor allem jene Staaten, die gemäß amerikanischer Auffassung besonders »anfällig« für die Krankheit waren: die armen Länder.

Aber nicht Armut oder Hunger wurden bekämpft, sondern der Kommunismus. Wo »Ruhe und Ordnung« herrschte, wie bis 1960 in Lateinamerika, wo die Herrschenden das Ruder fest in

[1] »Wir bauen die Welt von morgen«, Broschüre des BMZ 1968, S. 1.

der Hand hielten, ging es nicht um allgemeine Hebung des Lebensstandards, sondern um die Stärkung derer, die »Ruhe und Ordnung« zu garantieren schienen. So war die Strategie der Entwicklungshilfe Bestandteil der globalen Strategie der Weltmacht.

Im Durchschnitt war die »Auslandshilfe« der USA zwischen 1952 und 1960 zu 35 % Militärhilfe[1] und diente damit direkt den außenpolitischen Zwecken der USA, zumal die militärischen Aufgaben der Empfängerländer unmittelbar in die Eindämmungsstrategie des kalten Krieges einbezogen waren. Mit dem Gesetz zur »Gegenseitigen Sicherheit« (Mutual Security Act) von 1952 wurde die Fülle der Maßnahmen des Marshall-Plans und des 1949 vom Präsidenten verkündeten »Point Four Programs« neu koordiniert. Das Gesetz diente der »Förderung der Sicherheit und der Außenpolitik der Vereinigten Staaten durch Gewährung von Unterstützung an befreundete Nationen«[2]. Die gleiche eindeutige außenpolitische Zielsetzung verfolgten alle künftigen Programme der Vereinigten Staaten. So hieß es im Gesetz zur Entwicklung und Unterstützung des Agrarhandels (Agricultural Trade Development and Assistance Act 1954): »Es soll die wirtschaftliche Stabilität und die nationale Wohlfahrt im Sinne der amerikanischen Außenpolitik gefördert werden[3].« Mit dem Kampf gegen den Kommunismus, nicht gegen den Hunger und die soziale Not, war Entwicklungshilfe Teil der globalen Geplänkel des kalten Krieges. So ist etwa in Südvietnam und auf Formosa die amerikanische Auslandshilfe nicht einmal theoretisch vom militärstrategischen Engagement der Amerikaner zu trennen.

Im Jahre 1961 besuchte der von Präsident J. F. Kennedy neu ernannte Unterstaatssekretär für Afrikanische Fragen, Mennen Williams, die damalige Zentralafrikanische Föderation, gebildet aus dem heutigen Sambia, Malawi und Rhodesien. Als er am

[1] Kurt Hesse, Das System der Entwicklungshilfen, Berl. 69, S. 282.
[2] Hesse, a.a.O., S. 281.
[3] Hesse, a.a.O., S. 286 f.

Flugplatz in Salisbury aus seiner Maschine stieg, lief ein stämmiger weißer Siedler auf ihn zu und verabreichte dem Gesandten des amerikanischen Präsidenten eine schallende Ohrfeige. Dieser Schlag ins Gesicht Amerikas galt der amerikanischen Dekolonisationspolitik.

Seit die Vereinigten Staaten sich selbst von ihrer Kolonialmacht Großbritannien befreit hatten, waren sie stets zur Stelle, wenn sich irgendwo die traditionellen Kolonialreiche auflösten, ja, waren daran zumeist selbst beteiligt. Als sich in den zwanziger Jahren des neunzehnten Jahrhunderts die lateinamerikanischen Staaten von spanischer und portugiesischer Kolonialherrschaft befreiten, identifizierten sich die Amerikaner mit diesem Vorgang und sperrten durch die »Monroe-Doktrin« die europäischen Mächte künftig von der westlichen Hemisphäre aus. Als Kuba und die Philippinen 1898 ihre Unabhängigkeit erkämpften, übernahmen die Vereinigten Staaten direkt oder indirekt die Herrschaft. Nach dem Zweiten Weltkrieg traten sie mit ihrer Militär- und Wirtschaftshilfe die Kolonialnachfolge in Südostasien an.

Kein Vorgang zeigt so deutlich wie der Schlag ins Gesicht Mennen Williams, nach welchen Kriterien die amerikanische Außenpolitik angetreten war. In der neuen Weltordnung, wie Washington sie sich vorstellte, hatte das Kolonialsystem alten Stils keinen Platz. Die Geschichte des spezifisch amerikanischen Anti-Kolonialismus ist hier nicht Gegenstand, jedoch brauchen wir einige Aspekte: Die Übernahme der Weltmachtstafette von Großbritannien, die sich durch das vom amerikanischen Präsidenten Wilson schon am Ende des Ersten Weltkrieges propagierte Selbstbestimmungsrecht andeutete, war nur möglich durch die Aufweichung des britischen und in dessen Gefolge der anderen europäischen Kolonialreiche: »Wenn es gelang, die Welt allmählich zu dekolonisieren, wo würde den USA eine immer bevorzugtere Stellung zufallen. Die Imperien würden auf den Rang mittlerer Mächte reduziert, die aus ihrer Protektion entlassenen und unabhängig gewordenen Klein- und Kleinststaaten zu Protégés der USA werden. Sie würden sich frei entfalten können, ohne Furcht und ohne Not – behütet von der großen amerikanischen Freiheitsmutter. Eine neue Welt der internationalen Kooperation würde sich herausbilden, eine offene Welt ohne Schutzwälle, ohne unüberwindliche politische Grenzen, eine domestizierte Welt, in der Menschen, Waren und Ideen ungehindert flukturieren können. The american way of life würde sich über den Globus ausbreiten, das amerikanische Jahrhundert anbrechen[1].«

So unterstützten die Vereinigten Staaten die Dekolonisation, so sahen sie sich gar als ideologische Partner der Führer der Unabhängigkeit. Sie weigerten sich, Frankreich unter die Arme zu greifen, als es zum erstenmal 1954 in Indochina einer Niederlage entgegenging. Sie verstrickten sich jedoch in Südvietnam, sobald formal ein unabhängiger südvietnamesischer Staat entstanden war, sobald es dort einen Ministerpräsidenten, feierlich unterzeichnete Verträge gab, in einer Weise, die die Geschichte des Kolonialismus der letzten hundert Jahre in den Schatten stellte. Wer wessen Hilfstruppe ist im Napalmkrieg am Mekong, ist eine müßige Frage. Die amerikanische Angst vor echten Wahlen in Süd-Vietnam zeigt, daß es weniger um Wilsons Selbstbestimmungsrecht als um amerikanische Interessen geht. Daß ein Volk in seiner Mehrheit den Sozialismus um seiner wirtschaftlichen und sozialen Entwicklung willen begrüßen könnte, eine solche Vorstellung lag den USA fern. Oder daß sie gar mit einem kommunistisch regierten Land gute Handelsbeziehungen unterhalten könnten, ja, daß ein kommunistisch regiertes Land sich außenpolitisch von Moskau fortbewegen und vielleicht sogar Schutz bei Washington suchen könnte, auch dafür war die Führung Amerikas, trotz des jugoslawischen Neutralitätsbeispiels, blind.

Der jugoslawische Staatspräsident Tito hatte sich von Moskau 1948 losgesagt und war zum Inspirator jener Bewegung geworden, mit der die schwachen Länder versuchten, sich aus den Mühlen des kalten Krieges zu befreien, in die sie zu geraten drohten:

[1] Peter Coulmas, Der Fluch der Freiheit, Wohin marschiert die farbige Welt? 1963, S. 126.

Die Bewegung zur Dritten Welt. Der großangelegte Versuch ihrer Führer, einen »Dritten Weg« zwischen der Weltmacht USA und der Weltmacht UdSSR zu gehen, verlief sich in dem Moment, in dem diese beiden Weltmächte keine eindeutigen strategischen Pole mehr darstellten, zwischen denen eine dritte Position hätte aufgebaut werden können. So mag es nur den flüchtigen Beobachter verwundern, daß die Dritte Welt mit den großen Konferenzen in Bandung (1955) und Belgrad (1963), von ihren Wortführern Tito, Nehru und Nasser, in den fünfziger Jahren als die neutrale Alternative angeboten, in dem Moment an Stoßkraft verlor, in dem der kalte Krieg mit der sowjetischen Koexistenzlehre sein Gesicht veränderte. Die Dritte Welt, 1956 scheinbar ein konkretes politisches Kräftefeld, ist anderthalb Jahrzehnte später faktisch nicht mehr vorhanden. Ihre potentiellen Mitglieder haben in der Zwischenzeit unzählige Konflikte untereinander ausgetragen. Auch dieser Versuch der armen Länder, einen eigenständigen Weg zu suchen, hat die Vereinigten Staaten nicht zu einer Änderung ihrer globalen undifferenzierten Außenpolitik verholfen. Für sie galt nach wie vor: Eindämmung des Kommunismus.

Ein besonders eindrucksvolles Beispiel dafür bietet der indisch-pakistanische Krieg 1965. Für Amerikas Außenpolitik galt der Grundsatz: Die Weltgeschichte nähert sich ihrem Ende, die Welt ist aufgeteilt zwischen den Großmächten, die Gefahr kriegerischer Auseinandersetzungen gibt es nur in den Randzonen. Pakistan grenzt an China und ist durch die Nähe zur Sowjetunion besonders gefährdet, also braucht es Militärhilfe. Pakistan nutzte nun diese militärische Auf- und Ausrüstung keineswegs für den vorgesehenen Zweck, sondern fiel in die westindischen Grenzgebiete wegen des umstrittenen Status von Kaschmir ein. Ja, es schloß mit dem amerikanischen Erzfeind China gar eine stillschweigende antiindische Allianz, so daß sich Indien heute von Pakistan mit amerikanischen, von China mit sowjetisch-chinesischen Waffen bedroht fühlt. Kenneth Galbraith, seinerzeit Botschafter in Indien, macht die amerikanischen Waffenlieferungen an Pakistan für den Krieg verantwortlich, und der schärfste Kritiker der amerikanischen Außenpolitik, Senator Fulbright, schreibt:

»Wir glaubten, jeder vernünftig denkende Mensch müßte unsere Ansichten teilen, daß es nur eine wahrhaft entscheidende Frage in der Weltpolitik gäbe: Die Drohung des Kommunismus – sei es in Indien oder Vietnam, auf Kuba oder in der Dominikanischen Republik[1].«

Aus der konkret im politischen Weltsystem vorhandenen Dritten Welt der fünfziger Jahre ist die revolutionäre Idee einer »Dritten Welt« geworden, mehr Heilslehre als politische Wirklichkeit, mehr in den Schriften der globalen Sozialrevolutionäre als in den Kanzleien der Regierungen Asiens, Afrikas und Lateinamerikas zu Hause. Aber auch diese Sozialrevolutionäre entsprechen nicht dem Bild der von Moskau gesteuerten »Weltrevolution«, zu deren Abwehr die USA ein ganzes Weltsystem aufgebaut haben.

Die Wortführer dieser »neuen Dritten Welt« identifizieren sich allenfalls mit den Staaten China, Nord-Vietnam und Kuba, drei von fast hundert. Die Regierungen der Entwicklungsstaaten haben sich – außenpolitisch – im Zwangssystem der globalen Machtstrategie der zwei Weltmächte arrangiert.

»Afrika schwarz oder rot?« hieß ein warnendes Buch über die sowjetkommunistische Bedrohung des zum großen Teil erst 1960 unabhängig gewordenen Afrikas. Ein anderer Autor sah gar »die schwarze Haut im Roten Griff«. Für Afrika scheint aber die Sowjetunion kein machtstrategisches Konzept zu haben – es sei denn das der Eindämmung von »Krisenherden«. Und da unterscheidet sie sich kaum von den Vereinigten Staaten. Weder hat sie ernsthaft im Kongochaos zwischen 1960 und 1964 eingegriffen noch sich, wie befürchtet, in Ostafrika festgesetzt. In Nigeria hat sie gar in sehr enger Zusammenarbeit mit Großbritannien durch Unterstützung der Zentralregierung den Abfall Biafras rückgängig

[1] J. W. Fulbright, Die Arroganz der Macht, Reinbek 1967, S. 224.

gemacht. Nach amerikanischer Vorstellung hätten sich die sowjetischen Waffenlieferer bei Beendigung des Krieges sofort in Putschisten zur kommunistischen Machtergreifung verwandeln müssen.

Afrika ist nicht zum »Spielball der Großmächte« geworden, sondern abhängige Entwicklungsregion geblieben, abhängig von den Afrika traditionell beherrschenden europäischen Mächten. Festgesetzt im militärpolitischen Sinne hat sich die Sowjetunion in Ägypten und Algerien, ohne jedoch in beiden etwa die Wirtschafts- und Entwicklungspolitik bestimmen zu können oder gar die Handelsströme so auf sich zu lenken, wie dies den USA in Lateinamerika gelungen ist. Algerien tätigt neunzig Prozent seines Außenhandels mit der EWG. Dies zeigt: Die Einschätzung der Entwicklungswelt durch die Vereinigten Staaten als ständig vom sowjetischen »Kommunismus« bedroht ist falsch. Nicht Staaten sind von der Sowjetunion, sondern die Wirtschafts- und Gesellschaftsordnungen sind von tiefgreifenden Umwälzungen bedroht. Die Tschechoslowakei und Ungarn waren nach dem Zweiten Weltkrieg von der Sowjetunion, die Herrschenden in Vietnam und Kolumbien sind von einer gewaltsamen sozialen Revolution »bedroht«. Allenfalls sind einige Staaten von einer engen außen- und sicherheitspolitischen Annäherung an die Sowjetunion – wie Ägypten – »bedroht«. Auch nach Lenins Vorstellungen kann kein Land von außen »kommunistisch« gemacht werden, es sei denn, es mache sich selbst dazu.

So sieht die Welt anders aus, als Globalstrategen im Pentagon es wahrhaben wollen:

1. Die Sowjetunion macht keine Weltrevolution, sondern zunehmend nach amerikanischem Vorbild Weltmachtpolitik. Dabei verhält sie sich zumeist weniger ideologisch als die Vereinigten Staaten, d. h., sie nimmt weniger Einfluß auf die innere Ordnung, auf die Waren- und Handelsströme der in ihren Einfluß geratenen Länder als Washington.
2. Die Entwicklungsstaaten Lateinamerikas sind in ihrer Mehrheit faktisch Satelliten der USA. Die Stagnation ihrer gesellschaftlichen Entwicklung wird von den USA gestützt.

3. Die entkolonisierten Staaten Afrikas befinden sich nach wie vor in wirtschaftlicher und politischer Abhängigkeit Europas.
4. Auch in Asien findet eine direkte chinesische oder sowjetische machtpolitische Bedrohung nicht statt. Die Monarchien Nepal, Afghanistan, Iran haben gute wirtschaftliche Beziehungen zu ihren sozialistischen Nachbarn. Dagegen findet in Vietnam seit zwanzig Jahren eine von China zwar unterstützte, aber nicht ›geschürte‹ sozialrevolutionäre Umwälzung statt, für die USA schlicht: chinesische Bedrohung.
5. Die als einheitliche Weltrevolution gedeuteten sozialrevolutionären Bewegungen haben jede für sich genommen nationale Zielsetzungen. Den Aspekt der Gemeinsamkeit erhalten sie durch die globale Allgegenwart der kapitalistischen Großmacht Amerika oder ihrer Verbündeten.
   Die Guerillas in Kolumbien wollen die Verbesserung der Lebensverhältnisse in Kolumbien, die Untergrundkämpfer in den Städten Brasiliens den sozialen Fortschritt Brasiliens.
   Die Guerillas in Mozambique und Angola kämpfen um die Auflösung des portugiesischen Kolonialreiches.
   In Rhodesien und Südafrika wird um die Selbstbestimmung der Mehrheit der Bevölkerung gekämpft.
   Die Al Fatah will die Rückeroberung Palästinas,
   der Vietkong ein sozialistisches Südvietnam.
6. Über das außenpolitische Verhalten der vielleicht eines Tages aus diesen Bewegungen hervorgehenden Regierung ist damit nichts ausgesagt.

Algeriens Moslems haben einen siebenjährigen blutigen Kampf gegen Frankreich gekämpft. Sie wurden von Peking unterstützt, ihre Verwundeten wurden in Moskau und Budapest gepflegt, ihre Führer hatten schon damals durchaus »sozialistische« Ideen, ihre Methoden entsprachen den Taktiken der modernen Stadt-Guerillas. Nach wie vor ist Frankreich Algeriens größter Handelspartner, nur können die französische und amerikanische Großindustrie im Lande nicht mehr uneingeschränkt Fuß fassen. Das sozialistische Algerien versucht, ebenso wie der westliche kapitalistische Iran, eine eigenständige Ölpolitik zu treiben. Das gleiche hätte, bei anderer Deutung der politischen Abläufe, mit Kuba geschehen können, das seit 1960, als die USA die Zuckereinfuhr stoppten, durch das tödliche amerikanische Handelsembargo gezwungen ist, fast jede Schraube aus den Schwarzmeerhäfen der Sowjetunion zu beziehen.

Hauptsorge eines sozialistischen Vietnam wird sicher die Stärkung seiner Wirtschaftskraft sein, um sich gegen China behaupten zu können. Es mag dabei am Handel mit den Vereinigten Staaten ebenso wie am Handel mit China interessiert sein.

Auch eine »linke« Dominikanische Republik müßte, wie Jugoslawien, wie Rumänien, mit dem Westen Handel treiben, westliche Touristen an seinen Stränden baden lassen.

Falsche Diagnose macht die Medizin zum Gift. Unfähig, sich selbst zu deuten, deutet Amerika seit zwanzig Jahren die Welt falsch. Bekämpft soziale Umwälzungen steril als Weltrevolution und macht diese so erst zu dem, als was sie nicht antreten können.

Für die Revolutionäre der armen Welt hat jedoch diese Vorstellung von der Weltrevolution einen bedeutenden politischen Aspekt, der in dem Maße abnimmt, in dem sie erfolgreich sind.

Afrikas Unabhängigkeitskämpfer waren angetreten unter der Fahne des Panafrikanismus. Eine Bewegung, dic auch die Kanzleien der europäischen Kolonialreiche zunächst als »kommunistisch« diagnostizierte. Diese panafrikanische Solidarität war auf dem Weg zur Erlangung der Unabhängigkeit zweifellos ein wichtiger Schritt. In dem Maße, in dem die panafrikanischen Führer zu Regierungschefs von Nationalstaaten wurden, verflüchtigte sich die panafrikanische Stoßkraft. Und heute hält sie sich nur am Leben in der Unterstützung der weiterhin um Unabhängigkeit kämpfenden Guerillas im Süden. Erst eine gemeinsame Wirtschaftspolitik wird sie, unter völlig anderen Zielsetzungen, wieder zusammenbringen[1].

[1] Ich habe diese These im anderen Zusammenhang eingehend erläutert in »Kap ohne Hoffnung«, Reinbek 1965, S. 69 f.

So ist Politik getrieben worden, die der politischen »Entwicklung« der armen Welt entgegen lief. Daran änderte auch nichts der Versuch der Vereinigten Staaten, neben der militärischen und wirtschaftlichen eine sozialpolitische Abwehr aufzubauen.

Im Juni 1965 wurde in Chile der amerikanische Plan bekannt, in einer weltumspannenden, vom Pentagon bezahlten sozialwissenschaftlichen Aktion (Camelot-Projekt) Voraussetzungen zu untersuchen (und zu schaffen), unter denen sozialrevolutionäre Bewegungen verhindert werden könnten. Hunderte von Wissenschaftlern in der Welt sollten angeworben werden, um eine Strategie zur Vermeidung von Revolutionen zu entwickeln. Die Forschungen sollten sich auf ausgesuchte Länder von Chile bis zu den Philippinen erstrecken, ja, selbst die Francokanadier waren davon nicht ausgenommen. Ein norwegischer Wissenschaftler bekam ein schlechtes Gewissen, und das Projekt platzte. Auch wenn einige der Planer tatsächlich ehrlich dachten, sie könnten den armen Staaten »die Revolution ersparen«, der Plan war zum Scheitern verurteilt, es sei denn, die Gutachter hätten sich in ihren Vorschlägen gegen ihre Auftraggeber gewandt und einen Rückzug der Amerikaner aus allen Entwicklungsregionen vorgeschlagen. Das Papier wäre im Aktenschrank geblieben.

In den fünfziger Jahren konzentrierte sich die amerikanische Entwicklungshilfe auf Süd- und Südostasien. Lateinamerika war Domäne amerikanischer Wirtschaftsexpansion, vom Kommunismus schien es nicht bedroht, brauchte also keine »Hilfe«. Erst Castros Revolution und die Guerillafurcht Präsident Kennedys nach 1960 änderte dies. Daß Lateinamerika »über mehr ertragreichen kultivierbaren Boden als irgendein anderer Kontinent« verfügte, daß in ihm »riesige Vorräte an Erdöl, Eisen, Kupfer, Zinn, Gold, Silber, Zink und Blei« schlummerten, wie der britische Journalist Paul Johnson 1960 schrieb, war den USA durchaus bekannt, daß es jedoch auch »einige der ärmsten und am meisten ausgebeuteten Menschen beherbergte, ein ausgeplündertes Treibgut, das auf den Fluten der rivalisierenden Habsucht

Europas und Nordamerikas dahintreibt[1]«, das entdeckte Washington erst, als Fidel Castro sich zum Sozialismus bekannte. Erst dann begann mit der »Allianz für den Fortschritt« die amerikanische Entwicklungshilfe großen Stils für Lateinamerika.

Die Haltung Titos, das Suchen Fidel Castros um Ausgleich mit den USA 1960, die Neutralitätspolitik des sozialistischen Präsidenten von Tansania Nyerere, aber auch die Wirtschaftsbeziehungen des Schah von Persien mit den sozialistischen Ländern, die enge Bindung Pakistans an China zeigen eine völlig andere Tendenz: Nationalstaaten, ob feudalistisch, kapitalistisch oder sozialistisch organisiert, versuchen, soweit ihr Spielraum ihnen dies erlaubt, eine nationalstaatliche Außenpolitik zu betreiben. Im Bereich der Sowjetunion scheinen ein für allemal davon ausgenommen die Randstaaten, die sich das sowjetische Imperium als Sicherheitspolster um seinen gewaltigen Leib geschnürt hat. Was Rumänien und Jugoslawien vermochten, war der CSSR versagt.

Als Mittel des kalten Krieges ist Entwicklungspolitik entstanden. In diesen zwanzig Jahren haben die USA und Tausende ihrer Bürger praktische Entwicklungshilfe geleistet. Während das Entwicklungsland Vietnam zerbombt wird, haben amerikanische Freiwillige in Indien Lehrer ausgebildet, an der Gesundheitsfürsorge mitgearbeitet. Die beiden großen Stiftungen des Landes (Ford und Rockefeller) haben neue Getreidesorten entwickelt, die heute allen Entwicklungsländern zugute kommen. Sie haben Alphabetisierungsprogramme durchgeführt, Schulen gebaut, Straßen entworfen. Kalkutta hätte ohne amerikanische Hilfe heute kein allumfassendes Infrastrukturprogramm. Falsche Außenpolitik ist zwar oft, aber nicht immer falsche Entwicklungspolitik gewesen. Das geht jedoch nur gut, solange diese falsche Außenpolitik nicht gefährdet scheint. Sobald außenpolitisch motivierte Entwicklungspolitik nicht erreicht, was ihr Auftraggeber von ihr verlangt, starten die Bomber mit Napalm und

[1] Zit. bei Horowitz, a.a.O., S. 173.

sengen das aus der gleichen Kasse bezahlte Saatgut. Sobald die Studenten ihre Studierstuben, die Arbeiter ihre Fabriken verlassen, um für gerechte Entwicklung zu kämpfen, treten die Ranger der Antiguerillatruppen in Aktion und bestätigen den Verdacht, der Agraringenieur sei CIA-Agent gewesen. »Ich wollte hier nie den Kommunismus bekämpfen, ich habe es ernst mit meiner Aufgabe, Indien zu helfen, gemeint«, sagte mir der scheidende Chef der Ford Foundation in Indien und setzte resigniert hinzu: »Jetzt, nach neunzehn Jahren Indien, will ich nach Hause, dort ist mehr zu tun als hier!« Der Mann meinte es ehrlich.

Aber angeblich hat der Ost-West-Konflikt angesichts einer neuen, größeren Gefahr an Bedeutung verloren. Vom Nord-Süd-Konflikt ist die Rede, von der drohenden Gefahr des Aufstands der armen nichtweißen Welt gegen die reiche weiße. Entwicklungspolitik geschieht zunehmend im Schatten eines von vielen gefürchteten weltweiten Rassenkonflikts. Bevor wir uns den Problemen der armen Länder und der nötigen Hilfe zuwenden, müssen die neuen Mythen – Gelbe Gefahr – Bevölkerungslawine der Farbigen – ein wenig näher betrachtet werden.

Angst vor den Gelben

Im vorigen Jahrhundert kehrte der französische Maler Gauguin der alten europäischen Welt den Rücken und suchte sein Paradies in der fernen Südsee auf Tahiti. Im November 1964 gerieten im Kongo weiße Siedler in Gefahr, von Aufständischen erschossen zu werden, sie wurden von amerikanischen Militärflugzeugen herausgeflogen. Die deutsche Bild-Zeitung schrieb: »Kongo: Wir kommen direkt aus der Hölle.«

Beides, das Paradies auf Erden und die Hölle auf Erden, hat sich das Abendland stets jenseits der großen Meere vorgestellt. Die Utopie des Thomas Morus, der Sonnenstaat des Campanella existierten in der Phantasie ihrer Schöpfer irgendwo im Weltmeer, fern der brutalen, brüchigen und hilflosen eigenen Gegenwart. Dort lag ein Reich, in dem alle satt wurden, in dem alle die gleichen Rechte hatten, in denen Krankheit und Pestilenz, Krieg und Aufruhr fehlten: die Inseln der Seligen, von friedfertigen Wilden bewohnt. Beide Bilder, das von den schwarzen Teufeln und das von den reinen Wilden im Zustand der Unschuld, geistern durch die abendländische Geschichte.

Die Inseln der Seligen stellte sich nicht nur Gauguin im großen Pazifischen Ozean vor, und die Hölle »primitiver Barbaren« nicht nur die Bild-Zeitung im Kongo. Dort, so schien es den Weißen, ging es stets besonders barbarisch zu. Joseph Conrad, dem polnisch-englischen Romancier, war der Kongo das »Herz der Finsternis«. Und der amerikanische Filmmacher, der den Riesenaffen King Kong aus Pappmaché im Gruselfilm das Empire State Building mit der Hand zerknicken ließ, kannte die geheimen Ängste der Weißen in New York und Düsseldorf. Daß die südvietnamesischen Sozialrevolutionäre, die gegen die Franzosen noch als Vietminh gekämpft hatten, gegen die Amerikaner als Viet-Cong antraten, hat sicher manchen weißen GI schon bei der Musterung das Gruseln gelehrt. Sagte ihm doch die Silbe ›Cong‹, wogegen er zu kämpfen hatte: gegen die sich rasch vermehrende

»Springflut« barbarischer Farbiger. Denn seit zehn Jahren hat sich, zunächst unbemerkt, dann immer stärker, das Bild von den »Dämmen gegen die Flut« des Kommunismus (John F. Kennedy) verwandelt in die Dämme gegen die Flut der Farbigen.

Ängste gründen selten in sehr genauen Analysen der Gegebenheiten. Und so gehören auch die Vorstellungen von den gefährlichen, weil immer mehr werdenden Farbigen in das gleiche Angstraster. 1962 hatte ich eine Diskussion mit einem Offiziersehepaar über den Verteidigungsauftrag der Bundeswehr. Als ich die »kommunistische Aggression« etwas anzweifelte, fuhr mir die junge Frau ins Wort: »Sie würden also tatenlos zusehen, wenn Ihre Frau von einem Chinesen vergewaltigt würde!« Da war sie plötzlich an einem stillen Herbstabend in der friedlichen Heidestadt Lüneburg, die »Gelbe Gefahr«. Wie kam die junge Frau auf China?

Im gleichen Jahr 1962 veröffentlichte der deutsche Historiker Heinz Gollwitzer ein wenig beachtetes Buch mit dem Titel: »Die Gelbe Gefahr, Geschichte eines Schlagwortes«. Darin untersuchte er, wie vor der Jahrhundertwende in der Blüte des Imperialismus das Schlagwort von der angeblichen Gelben Gefahr in den Staaten des Westens die Runde machte. Vielen war dies damals eine schreckliche Vorstellung, daß »die gelben Rassen sich anschicken könnten, große Teile der Welt mit ihren Massen zu überfluten«. Gollwitzer hat in seiner Studie aber vor allem nachgewiesen, wie dieses Schlagwort dazu diente, die Aktionen imperialer Ausbreitung der Vereinigten Staaten, des zaristischen Rußland, Frankreichs und Großbritanniens zu rechtfertigen und im eigenen Land vor Kritik abzusichern. Der sonst sehr redegewandte ehemalige Bundeskanzler Kurt Georg Kiesinger führte seinen Wahlkampf 1969 mit einem seltsamen Kurzsatz: »Ich sage nur China, China, China!« Wer nickte da nicht bedeutungsvoll. Denn Chinesen stellt man sich in Europa stets als besonders heimtükkisch, gefährlich intelligent, ausdauernd und zu allen Missetaten fähig vor. Das unselige Schlagwort von der »Gelben Gefahr« bürgert sich langsam wieder ein.

Claus Jacobi, einer der modernen Propheten der Angst vor den gelben Asiaten, stellt sehr eindringlich die Bevölkerungsexplosion dar. Nur ist sie ihm vornehmlich Explosion der Farbigen. Er wird nicht müde, uns vorzurechnen, daß der Anteil der Nichtweißen an der Bevölkerung immer rascher wächst, daß die Weißen immer stärker in die Minderheit gedrängt würden. Für ihn ist Entwicklungspolitik vor allem nötig, um den Gefahren dieser farbigen Bevölkerungslawine zu begegnen. Bei einer solchen Motivierung von Entwicklungshilfe sind die Parallelen zur von den Imperialisten der Jahrhundertwende hochgespielten »Gelben Gefahr« zur Rückendeckung für die weitere Kolonialeroberung sehr deutlich. Entwicklungspolitik würde damit ebenso wie in der Zeit des Kalten Krieges zur Eindämmungspolitik gegenüber den »Farbigen« werden. Nun ist das, genau besehen, nicht nur unlogisch, sondern auch falsch. Die Tatbestände: Im Jahr 1650 machte die Bevölkerung Asiens 54,7 % der Weltbevölkerung aus. (Es wurden 257 Millionen Asiaten und 103 Millionen Europäer geschätzt.) Auf jeden Europäer kamen also schon damals 2½ Asiaten. Eine große Mehrheit, die Europa nicht daran hinderte, auszuziehen, die ganze Welt zu beherrschen, die Weltgeschichte als eigene europäische Geschichte zu sehen. Asien schien Europa immer bedrohlich. Selbst die islamisierten Türken, heute europäische Gastarbeiter in Augsburg und Flensburg, wurden als »Ansturm Asiens« abgewehrt.

Bevölkerungswachstum 1650–2000

	Afrika	Nordamerika Europa einschl. UdSSR	Asien	Ozeanien Südamerika
1650	*100 Millionen*	*103 Millionen*	*257 Millionen*	*9 Millionen*
	21,3 %	21,9 %	54,7 %	1,9 %
1900	*120 Millionen*	*504 Millionen*	*857 Millionen*	*87 Millionen*
	7,7 %	32,5 %	55,3 %	4,5 %
1960	*273 Millionen*	*838 Millionen*	*1 659 Millionen*	*228 Millionen*
	9,1 %	27,9 %	55,3 %	7,6 %
2000	*768 Millionen*	*1 234 Millionen*	*3 458 Millionen*	*670 Millionen*
	12,5 %	20,2 %	56,4 %	10,9 %

Für das Jahr 1900, Höhepunkt der »weißen Herrschaft« über die Welt, werden 854 Millionen Asiaten und 423 Millionen Europäer (ohne Nordamerika, mit Rußland) geschätzt. Auf einen Europäer kamen immerhin noch zwei Asiaten. 1960 war das Verhältnis noch nicht wieder 3:2 (1659 Millionen Asiaten zu 639 Millionen Europäern). Zählt man die seit 1650 von einer Million auf 199 Millionen im Jahre 1960 angewachsenen »Weißen« Nordamerikas hinzu, so gab es vor zehn Jahren, als die Angst vor den »Gelben« wieder zunahm, auf jeden Weißen nur zwei Asiaten.

Und im Angstjahr zweitausend wird das Verhältnis zwischen »Weißen« und Asiaten etwa dem des Jahres 1650 entsprechen (knapp unter 2:3).

Zum Schluß des Zahlenspiels noch einmal den Prozentanteil: im Jahre 2000 werden die Asiaten 56,4 % der Weltbevölkerung ausmachen. Zunahme gegenüber 1650 1,7 %![1]

Zweifellos wächst gegenwärtig die Bevölkerung Chinas wie die aller Entwicklungsländer schneller als die Europas; im vorigen Jahrhundert haben sich im Zuge der Industrialisierung die Europäer schneller vermehrt. Simple Zahlenmystik, mit der die »Gelbe Gefahr« belegt werden soll (jeder Dritte wird Chinese sein), vertuscht wie schon um die Jahrhundertwende die in Wahrheit befürchtete Entwicklung: die wirtschaftliche Entwicklung Chinas und anderer »farbiger« Völker. Die Überzahl der Asiaten schien Europa nicht gefährlich, solange es ihnen mit Kanonen und Kriegsschiffen seine Bedingungen aufzwingen konnte. Nun, da immer mehr Asiaten, Japaner und Chinesen, ihre Länder zu wirtschaftlichen Großmächten entwickeln, wird wieder Angst verbreitet. Seit Beginn der modernen Geschichte gab es mehr Asiaten als Europäer. Es findet eine Verschiebung der Wirtschaftspotentiale, keine der Bevölkerungszahlen statt.

Hier steckt die Unlogik der Gelbmalerei. Die überseeischen Länder entwickeln sich wirtschaftlich, suchen die Fesseln ökono-

[1] Zahlen nach H. Schubnell, Das Wachstum der Weltbevölkerung, in: *Naturwissenschaft und Medizin*, Nr. 18, 49. 1967, S. 48/49.

mischer Bevormundung abzustreifen, zugleich verzeichnen sie ein Bevölkerungswachstum. Das läuft nicht auf einen weltweiten »Rassenkonflikt« hinaus, wie Claus Jacobi und andere voraussagen, sondern auf eine Neuordnung der Weltwirtschaft. Die sich ebenso rasch vermehrenden Afrikaner haben mit den Chinesen »rassisch« nichts gemein, ebensowenig die Südamerikaner. Jene bei den Farbigen befürchtete Rassensolidarität ist bislang in der Geschichte nur von den Weißen praktiziert worden. Weiße sind überall in der Welt von Weißen zu schützen, wehe dem Afrikaner, der sie gefährdet. Wenn Schwarze von Weißen umgebracht werden, dann wird das dem »rauhen Leben« in Übersee zugeschrieben. Als weiße Söldner den Belgiern im Kongo zu Hilfe kamen, war es »die reine Hasenjagd auf Rebellen. Es gibt Streit, wem jeweils der tote Rebell gehört«, wie in einem die weißen Söldner verherrlichenden Buch Hans Germani, Korrespondent der Tageszeitung »Die Welt«, berichtet[1].

Ein Jahr später, 1967, sind in Indonesien nach Schätzung etwa 100 000 Chinesen umgebracht worden. China ist damals seinen Landsleuten nicht zu Hilfe gekommen. Wenn es einen chinesischen Rassenmythos gäbe, wie es einen weißen gibt, und chinesische Flugzeuge auf Java gelandet wären, dann hätte dies zum großen Krieg zwischen den Vereinigten Staaten, die die neue indonesische Regierung stützten, und China geführt. Eine »Gelbe Gefahr« im Sinne einer gemeinsamen Aktion aller »Gelben« gegen die Weißen gibt es nicht. Sie ist Produkt der Rassenangst der Weißen, die Jahrhunderte als »Weiße Gefahr« die Länder der Nichtweißen beherrschten.

Es gibt das nationalstaatlich organisierte China, das rasch, entsprechend seiner Riesenbevölkerung, zu einer Großmacht wird.

Damit erzeugt es bei einigen Angst und bei vielen Hoffnung. Beides ist für einige berechtigt, für viele nicht. Die Sowjetunion mag Grenzängste haben, so wie Dänemark sie vor dem Deutschen

[1] H. Germani, Weiße Söldner im schwarzen Land, Berlin 1966, S. 108.

Reich hatte. Die Sowjetunion wird damit fertig werden müssen, wie Indien, wie Vietnam. Die Vereinigten Staaten werden damit fertig werden müssen. Eine »Gelbe Gefahr« für alle »Weißen« stellt der chinesische Druck auf einige genau bezeichnete sowjetische Grenzgebiete, die zudem seit Jahrhunderten zwischen beiden Staaten strittig sind, nicht dar. Wer vom Einfall der »Heuschreckenmenschen«, »vom unaufhaltsamen Vorquellen von Mann, Weib, Kind und Vieh[1]« spricht, verbreitet Ängste, die in historische Zeiten gehören, als nicht die Chinesen, sondern die Mongolen ihr Leben als nomadische Reiterstämme fristeten. Die Großmacht China ist seßhaft seit mehr als zweitausend Jahren, die Chinesen bauen Raketen, sie haben Atom- und Wasserstoffbomben, sie verhungern nicht. Man wird mit ihnen Politik machen müssen. Politik, nicht Angst, verhindert den Abschuß von Raketen. Es ist nicht einzusehen, daß der Tod durch eine chinesische Rakete unangenehmer sein soll als der durch eine sowjetische oder amerikanische. Es ist nicht einzusehen, daß etwa das »weiße« Deutschland oder Norwegen oder Ungarn vor der Großmacht China mehr Angst haben sollten als früher die Holländer vor Deutschland, die Algerier vor Frankreich, die Rumänen vor den Russen. Aber auch diejenigen, denen China mehr Hoffnung als Angst macht, sollten sich nicht täuschen. Wie die Weltangst vor China ist auch die Welthoffnung auf das Reich der Mitte als Entwicklungsmodell oder als weltweiter Förderer der Sozialrevolution wenig begründet. Es gibt keinen Entwicklungsstaat der Erde mit einer so einheitlichen Bevölkerung, kein Volk hat eine so lange, von Fremden kaum beeinflußte Geschichte, nirgends sprechen so viele Menschen die gleiche Sprache. China mag in einzelnen Aspekten seiner Wirtschaftsentwicklung Modell sein, einen streng »chinesischen Weg« gab es nicht einmal für Nordvietnam oder Nordkorea. Auch kann weder China noch irgendeine andere Großmacht die ganze Welt gezielt »revolutionieren«. Die Welt ist keine weite unpolitische Steppe mehr, durch

[1] Claus Jacobi, a.a.O., S. 60.

die die Reiterheere ziehen. Amerika gelingt es nicht, die eigenen Farbigen in »Ruhe und Ordnung« zu halten, und behauptet zugleich, Angst davor zu haben, China könnte eines Tages Uruguay beherrschen.

Vermischt wird die Angst vor den Gelben mit der Angst vor einer Übervölkerung der Erde. Denn zur Zeit vermehren sich die Menschen in den Entwicklungsländern wesentlich rascher als in den Industriestaaten. Kein Zweifel, noch nie in der Weltgeschichte haben sich die Menschen so rasch vermehrt wie heute. Lateinamerikas Bevölkerung wächst um jährlich über 2,4 %, die Afrikas um 2,9 %, die Asiens um 2,5 %. 1960 lebten dreidreiviertel Milliarden auf der Erde, im Jahr zweitausend werden es etwa sechs Milliarden sein. Mit diesen Zahlen läßt sich viel spielen, wenig konkret anfangen. Schon die Nachricht, hunderttausend Menschen hätten sich auf einem Platz versammelt, löst außer Menschengewimmel keine konkrete Vorstellung aus. Die vierhundertsiebzig Millionen Menschen, die 1650 gelebt haben, sind genausowenig vorstellbar wie sechs Milliarden. Allenfalls könnte man sagen, diese seien zwölfmal so unvorstellbar. Auch das ist wenig sinnvoll. Die Globalzahlen haben immer wieder dazu geführt, auszurechnen, wie viele Menschen die »Erde ernähren kann«. Bis zu zwölf Milliarden, sagen einige Wissenschaftler, mehr sagen andere, weniger manche. Mir scheint dies ein akademisches Problem. Denn solche Globalzahlen sind absolut unsinnig und verschleiern die echten Probleme: In einem Keller sind hundert Menschen eingeschlossen. Draußen weiß man, unten sind Vorräte, von denen die hundert Menschen hundert Tage leben können. Nach den hundert Tagen dringt man zu den Eingeschlossenen vor: 25 erfreuen sich bester Gesundheit, 50 sind total entkräftet, und 25 sind tot. Die abstrakte Zahl »hundert Menschen« sagt nichts aus. Denn unter den hundert befand sich eine kleine Gruppe gut organisierter Bewaffneter, die alle Nahrungsmittel in Beschlag nahm: Das meiste aßen sie selber auf. Den Rest verkauften sie an alle jene, die Geld oder Wertgegenstände bei sich hatten oder zu Dienstleistungen bereit waren. Die fünfundzwanzig Toten hatten nichts bei sich und wurden nicht gebraucht. Die Statistiker wundern sich, »es hätte eigentlich reichen müssen«. Berechnungen also, wieviel Menschen die Erde ernähren kann, sind absurd, sie setzen voraus, was nicht durchführbar ist, eine gleichmäßige Minimalversorgung aller unter Ausschaltung des Marktes und der Macht.

Die Gewinnung von Nahrungsmitteln aus Mineralien, aus dem Meer, die Intensivierung der Erträge, an allen diesen Aufgaben arbeitet die Wissenschaft mit Erfolg. Die Zahl von zwölf Milliarden wurde unter Zugrundelegung der heute bekannten oder vorausschaubaren Anbaumethoden errechnet. Neue Methoden werden hinzukommen. Die Erde vermag mehr Menschen zu ernähren, als – bei gegenwärtigem Bevölkerungswachstum – in hundert Jahren auf ihr wohnen werden.

Immer hätte die Erde mehr Menschen zu ernähren vermocht, als auf ihr lebten, das wird noch eine Weile so bleiben.

Dies ist nicht das Problem. Nie in der Geschichte hat die Erde alle so ausreichend ernährt, wie sie es vermocht hätte. Nicht die Erde, der Mensch ernährt den Menschen. Daß sich auf der Erde gegenwärtig mehr als dreimal so viele Menschen ernähren könnten, wie auf ihr leben, verhindert nicht, daß alljährlich Millionen nicht nur hungern, sondern verhungern. Millionen sind in den letzten Jahrhunderten verhungert. Die für die Zukunft prophezeite Hungerkatastrophe ist längst da, seit Jahrhunderten. Wenn vor 10 Jahren in einer Welt, die alle zu ernähren vermag, zwei Millionen Menschen an Hunger starben, so ist das nicht weniger grauenerregend, als wenn in zehn Jahren zwanzig Millionen an Hunger sterben. Manchmal gab es Aufschreie in den reichen Ländern: »Als pro Tag 3000 in Biafra starben, haben wir noch geschrien, um uns als Menschen auszuweisen. Als pro Tag 10 000 starben, hielten wir den Zustand für normal«, schrieb der Journalist Rudolf Augstein. Die angstvoll in die Zukunft projizierten Hungersnöte »unvorstellbaren Ausmaßes« finden längst statt. Menschliche Katastrophen sind leider nicht, wie Erdbeben oder Dammbruch, vom dramatischen Theaterknall begleitet, der uns erschüttert und uns noch auf der Heimfahrt im geheizten Taxi frösteln macht. Katastrophen finden statt, wie das alltägliche Elend stattfindet. Man sieht es an, vielleicht wird einem schlecht, man geht vorbei, gehört Gott sei Dank nicht dazu. Der ausgemergelte Bettler, der mir vor zehn Jahren in Kairo jeden Morgen seine Hand hinstreckte, war ebenso die »große Katastrophe«, das »unvorstellbare Elend« wie die bettelnde, kranke Familie, auf einem alten Sack zusammengekauert, die ich Anfang 1970 in Kalkutta sah. Die Bevölkerungsvermehrung ist keine »Lawine«, die eines bestimmten Tages über unseren Wohlstand hinwegrollen wird wie die Schneelawine über das elegante Berghotel.

Wir haben den Hunger in Indien nicht »am eigenen Leibe« erfahren, wir werden den Hunger in Indien nicht erfahren können. Er war gestern, ist jetzt und wird morgen unvorstellbar sein. »Ich habe Photographien von der Hungersnot in Bengalen 1943 gesehen, Photographien von Hunden, die ungestört menschliche Leichen fraßen, und von noch lebenden Menschen, die so heruntergekommen waren, daß es schien, als würden sie nur noch von ihren Lumpen zusammengehalten.« Kaum jemand in Europa und Amerika hat von dem, was hier der britische Publizist Ronald Segal beschreibt, etwas wahrgenommen. Damals war die weiße Welt mit Weltkrieg beschäftigt. Kein Journalist sah in diesen Hungertoten die Vorboten eines künftigen Aufstandes der Farbigen gegen die Weißen. Und wenn im Sommer 1970 Hunderttausende im Nordosten Brasiliens hungern und verhungern, dann bedroht das vielleicht die Nachtruhe weniger Christen und die fest verschlossenen Lebensmittelgeschäfte in Fortaleza, aber selbst die Soldaten der Militärdiktatur, die dort nicht für Essen, sondern für Ruhe und Ordnung zu sorgen haben, leiden keinen Mangel und bleiben verschont.

Die Bevölkerungsexplosion findet seit langem statt. Elend begleitet sie heute, hat sie gestern begleitet. Das Elend ist nicht Folge dieser Vermehrung der Menschen, sie steigert es. Aber sie gefährdet nicht auf neue Weise die »weißen«, die reichen Industrienationen. Täte sie dies, viele wären eher geneigt, Entwicklungshilfe zu stoppen, als sie zu forcieren. Auch die chinesische Bevölkerung, die sich ebenso rasch vermehrt hat wie die anderer Entwicklungsstaaten, ist in diesem Jahrhundert von furchtbaren Hungersnöten heimgesucht worden, weder ist China »über seine Grenzen gequollen«, wie es für die Zukunft befürchtet wird, noch haben diese Hungersnöte Europa allzuviel Kopfzerbrechen gemacht. China hat eine Revolution erfahren, das heißt, es hat eine tiefgreifende innere wirtschaftliche und soziale Strukturpolitik betrieben. Heute stirbt, nach allem, was bekannt ist, dort niemand mehr an Hunger. Und sein Bevölkerungswachstum wurde ohne Pille auf jährlich 1,5 % gedrosselt.

Hier wird die Vermengung der »Gelben Gefahr« mit der Angst vor der Bevölkerungsexplosion unsinnig: *China wird gefürchtet, weil es seine Wirtschaftsprobleme gelöst hat, ohne über die Grenzen zu brechen.* Bei anderen Weltregionen, bei Indien und Südamerika, wird Angst davor verbreitet, daß diese Völker ihre Wirtschaftsprobleme nicht schaffen könnten.

Das Elend der indischen armen Bevölkerung besteht seit langem, hat sich dank einer verbesserten Agrarpolitik und dank großer Hilfen aller Industriestaaten zwar nicht verringert, aber bislang auch nicht vergrößert.

Leider gerät eine solche Feststellung leicht in den Verdacht, Katastrophen sollten verharmlost, Elend verniedlicht werden. Menschen, denen es gutgeht, lieben den Kitzel, am Abgrund zu stehen, jedenfalls in Gedanken. Es schaudert sie, in die Tiefe zu sehen, doch treten sie schnell zurück, um sich der Gartenpflege oder den Weihnachtseinkäufen zu widmen. Dies um so leichter, als dieser Abgrund ja in die Zukunft verlegt wird, auf irgendwann einmal, vielleicht auch auf bald, aber eben nicht auf heute. Mit dieser Flucht in die Zukunft sehen sie nicht, wie die Menschen in Brasilien und Indien, eben jetzt, während dies im Sessel oder im Bett gelesen wird, im Abgrund herumkraxeln und sich bemühen, die steilen Hänge hochzukommen. Wer sich mit Entwicklungshilfe beschäftigt, lernt schnell, daß es nicht darum geht, die Menschen das Gruseln zu lehren.

Von der Bevölkerungsexplosion werden nicht die Industriestaaten bedroht, sondern die innere Politik der betroffenen Staaten. So wie der Anstieg der japanischen Bevölkerungskurve in den zwanziger und dreißiger Jahren die japanische innere Stabilität zu bedrohen schien. Die machtpolitische Expansion Japans von 1937 bis 1945 mag bei einigen japanischen Führern, die sich mit den »Volk-ohne-Raum«-Lehren der Nationalsozialisten beschäftigt hatten, ein Mittel gewesen sein, den hundert Millionen Japanern »Raum« zu schaffen. General Araki, der die japanische Ausbreitung über Asien ideologisch und militärisch vorbereiten half, dachte jedoch wesentlich mehr an die »naturgegebene Rolle« Japans als Beherrscher Asiens als an die Zuwachsraten seiner Bevölkerung. 1945, nach Beendigung des Krieges, als die Japaner sich wieder auf das Inselreich zurückziehen mußten, begannen sie mit einem Wirtschaftswunder ohnegleichen und stoppten die Bevölkerungslawine. Die »Gelbe Gefahr«, die Anfang der dreißiger Jahre, ähnlich wie vor der Jahrhundertwende, den ganzen Globus in Bann hielt, schien plötzlich verschwunden.

Wenn Japan 100 Millionen, China 800 Millionen ernähren kann, dann kann Indien auch 700, Pakistan 200 und Brasilien auch 150 Millionen ernähren.

Nüchtern stellt Christian Heimpel in seinen 12 Thesen zum »Welternährungsproblem« fest: »Die Erde kann in den nächsten Jahrzehnten jede denkbare Bevölkerungszahl aufnehmen und ernähren. Es gibt keine Welternährungskrise als zwangsläufige Folge des Bevölkerungswachstums in den Entwicklungsländern. Es gibt regionale Hungersnöte, die sehr verschiedene Ursachen haben können. Ein Weltproblem sind diese Hungersnöte weder wegen der Globalität der möglichen Folgen, wie wir nicht kennen, noch wegen der Uniformität ihrer Ursachen, die wir zu wenig differenzieren. Diese Differenzierung ist keine Bagatellisierung. Sie ist Voraussetzung für den Ersatz der heute üblichen postulativen Prophetie durch nüchterne Problemanalyse.«

Ein »Weltproblem« stellen hingegen die Ursachen äußerer wie innerer Armut dar, sie führen erst zu jener Übervölkerung, die sich nicht selbst ernähren kann, nicht umgekehrt. Dazu Heimpel: »Die Hungersnöte des 20. Jahrhunderts sind Symptome einer gestörten gesamtgesellschaftlichen Entwicklung.«

Wie die Politik der Vereinigten Staaten gegenüber den armen Ländern gezeigt hat, fußt sie mehr auf vermeintlichen – zumindest vorgegebenen – Gefahren als auf realer Deutung der Situation.

Im Zeitalter der zweisilbigen Kurzformel Ost–West schien auch die Welt auf diese beiden Silben aufgeteilt. Die Vereinigten Staaten bauten sich ihre globale Allgegenwart – den Westen, die freie Welt – auf, um dem »Osten« zu wehren.

Seit einem Jahrzehnt wird jedoch nicht mehr so deutlich, wen die Amerikaner unter »Ost« verstehen, China, die UdSSR oder überhaupt jede Veränderung. Es scheint oft, sie wüßten selbst nicht, wen sie treffen wollen, wenn sie den Dschungel in Vietnam entlauben. Zwar hatte Präsident Kennedy gegenüber dem französischen Journalisten Jean Daniel 1963 Fidel Castro als einen »Agenten der Sowjets in Lateinamerika« bezeichnet, aber immer deutlicher wurde in der Folgezeit, daß es den USA in allen Entwicklungsregionen in erster Linie um die Abwehr der sozialrevolutionären Bewegungen geht, auch da, wo ihre Führer erwiesenermaßen längst keine »Agenten Moskaus« mehr waren, wie Che Guevara. Der Ost-West-Konflikt wurde in den »Nord-Süd-Konflikt« umbenannt. Zur Abwehr der sozialen Revolutionen in Asien und Lateinamerika. Im November 1963 konnte der Präsident verkünden: »Die Zahl unserer Kampftruppen zur Niederwerfung von Aufständen ist um sechshundert Prozent vermehrt worden[1].« Amerika hat sich zur »Führungsmacht einer weltweiten, antirevolutionären Bewegung zur Verteidigung wohlerworbener Rechte« gemacht (der britische Philosoph Arnold Toynbee).

Zwar geht es immer noch gegen den »Kommunismus«, aber mit Genugtuung wird festgestellt, daß sich die Sowjetunion

[1] Horowitz, a.a.O., S. 189.

kaum an Guerilla-Kämpfen beteilige. Die Industrienationen, die weißen Reichen in West und Ost, seien nun gemeinsam bedroht. Auch Leonid Breschnew habe Angst vor der farbigen Menschenlawine, berichtet der Präsident der Weltbank, McNamara. Das ist Wunschdenken. Die Sowjetunion mag mit Sorge die wachsende Stärke Chinas an ihrer Ostgrenze betrachten, wie das Zarenreich in Sorge nach Westen auf Deutschland schaute. Das sind historisch bekannte Vorgänge, einen neuen auf zwei Partner beschränkten »Weltkonflikt Nord–Süd« stellen sie nicht dar.

Aber er ist sehr in Mode gekommen, dieser neue Begriff. Er bezeichnet verschiedene Tatbestände, die sorgfältig getrennt werden müssen: Die angeblich die Sicherheit der Industrienationen bedrohende Bevölkerungsexplosion, den drohenden Rassenkampf zwischen »Weißen« und »Farbigen«, konkreter, die Kämpfe zwischen revolutionären Guerillas und von den USA unterstützten Regierungen, vor allem in Lateinamerika, die Eindämmung Chinas in Vietnam und Kambodscha. Selten sind so viele verschiedene Tatbestände so ungenau und so erfolgreich in einen Begriff gefaßt worden. Als Grund für diesen vielfältigen »Nord-Süd-Konflikt« wird das Wohlstandsgefälle zwischen dem Norden und dem Süden angegeben. Da dieses in der Tat für die betroffenen Völker immer bedrohlicher wird (nicht für die Menschen der Industrienationen), ist es wichtig, einige mit Nord-Süd-Konflikt bezeichnete Komplexe genauer zu betrachten.

Das Wohlstandsgefälle zwischen Norden und Süden entspricht weder eindeutigen rassischen noch geographischen Grenzlinien. Das gelbe Japan gehört zu den reichen, das weiße Uruguay zu den armen Staaten der Erde. Der weiße, arme Entwicklungsstaat Griechenland liegt im Norden, der reiche weiße Industriestaat Neuseeland im Süden. Die politischen Konflikte zwischen Indien und Pakistan, zwischen der Republik Irland und Nord-Irland, zwischen Guinea und Ghana sind fur die betreffenden Staaten brennender und gefährlicher als der Konfliktstoff zwischen jedem einzelnen dieser Staaten und irgendeinem der reichen Industriestaaten. Es gibt eine Gemeinsamkeit der Armut, sie zielt auf einen Abbau jener Weltwirtschaftsbedingungen, die diese Armut vergrößern; es gibt eine Gemeinsamkeit der Reichen, die sich von dem auf ihre Bedürfnisse zugeschnittenen Weltwirtschaftssystem nur schwer trennen. Es gibt einen weltweiten sozialen Konflikt. Die Reichen in diesem Konflikt haben weit mehr Neigung und auch Möglichkeiten, ihn zu einem politischen zu machen, als die Armen, die froh wären, mit ihren unmittelbaren Problemen fertig zu werden. Die Gemeinsamkeit der Armen wurde deutlich auf der Welthandelskonferenz in Delhi 1968, als die Entwicklungsländer von den Industriestaaten weltweite Handels- und Hilfskonzessionen forderten. Die Gemeinsamkeit der Reichen zeigte sich, als eine Reihe dieser Forderungen abgelehnt wurde. Diese handelspolitisch begründete wirtschaftliche Konfrontation ist inzwischen zunehmend zu einer politischen Konfrontation umgedeutet worden. Es gibt ein Nord-Süd-Gefälle, keinen Nord-Süd-Konflikt.

»Wenn es den weißen Völkern gelingt, die wirtschaftlichen und wissenschaftlichen Voraussetzungen zu schaffen, den Lebensstandard der farbigen Völker zu heben und ihre Geburtenrate zu senken, dann sind wir noch einmal und billig davongekommen«, schreibt Claus Jacobi. Billig davongekommen heißt doch, der Gefahr einer kriegerischen Auseinandersetzung entrinnen. Während die Angst vor China in seinem wirtschaftlichen und politischen Erstarken gründet, soll die allgemeinere Angst vor den »farbigen Rassen« gerade durch die Schaffung der »wirtschaftlichen und wissenschaftlichen Voraussetzungen«, den Lebensstandard zu heben, verschwinden. Hier erweist sich die Unlogik solcher Angstmythen. Denn Arme sind keine Gefahr, ihr Elend lastet als eine schreckliche Hypothek auf dieser Welt und auf unserem Reichtum, sie bedroht nicht Bochum, Mailand oder Liverpool. Hungernde wollen essen, Arme arbeiten, nicht fremde Länder mit Krieg überziehen. Bislang hat die Weltgeschichte eher das Gegenteil bewiesen. Stets waren die Armen von den Reichen bedroht, noch ärmer gemacht zu werden. Nicht der »Neid« der Armen, wie es der Soziologe Helmuth Schoeck nachzuweisen glaubt, eher schon die »Habgier« der Reichen hat die meisten Konflikte der Geschichte ausgelöst. Revolutionen haben stets versucht, leider nur in den wenigsten Fällen mit Erfolg, den unnormalen Zustand wieder ins Gleichgewicht zu bringen. Durch die Revolutionen in der Entwicklungswelt sind nicht die »weißen« Völker gefährdet, sondern die Positionen, die sich die westlichen Industrienationen durch die Imperial- und Kolonialherrschaft geschaffen haben. Es wird im fünften Kapitel zu zeigen sein, wie die Bedingungen des Weltmarktes nach wie vor vom Westen gestellt werden und von den armen Staaten akzeptiert werden müssen.

Positionen, an denen sich tatsächlich auch ein politischer Rassenkonflikt entzündet, mit dem sich die Nichtweißen anderer Länder identifizieren können, sind: Südafrika; die vom westlichen Ausland beherrschten Wachstums- und Industriezentren in den kapitalistisch organisierten Staaten Südamerikas, Asiens und Afrikas; Portugal mit seinem nun schon zehn Jahre dauernden Kolonialkrieg in Mozambique und Angola. Ein Konflikt »weiß–farbig« besteht in Vietnam nur so lange, als die Amerikaner Südostasien als ihre »Domäne« betrachten, in der sie die Großmacht China »eindämmen« müssen.

So kommt denn auch die Propagierung des »Nord-Süd-Konfliktes« dem weißen Südafrika, in dem als einzigem Staat die Rassentrennung Grundgesetzfunktion hat, den Kolonien Portugals, den Industriekolonien in Lateinamerika entgegen. Denn wenn erst Schweizer und Dänen Angst haben, durch die Untergrundkämpfer in Südafrika, Angola und Sao Paulo auch in ihren Vorstadthäusern in Malmö und Luzern bedroht zu sein, erst dann können Südafrika, Portugal und Brasilien auf militärische Unterstützung ihrer Politik hoffen.

Wozu die große Angstmacherei? Wozu die Furcht vor den Gelben? Vor den Farbigen, den Armen, den Vielen? Es wird argumentiert, solche Angst wecke die Menschen endlich auf, lehre sie umdenken, mache sie hilfreich, treibe sie zur Entwicklungshilfe. Das ist kein stichhaltiges Argument, wenn die Tatsachen betrachtet werden:

Eine »Gelbe Gefahr«, hervorgerufen durch die rasche Vermehrung, gibt es nicht. Nicht durch Chinas Bevölkerungsexplosion, sondern durch seine revolutionäre Innenpolitik stellt es die »Machtbalance« zwischen den Vereinigten Staaten und der Sowjetunion in Frage.

China ist manchen Sozialrevolutionären ein Vorbild. Kein einziges Entwicklungsland hat jedoch das »chinesische Modell« vollständig übernehmen können.

Wie die Sowjetunion unterstützt China nur vorsichtig die Sozialrevolutionen. Es scheint die Grenzen seiner Macht und Wirtschaftskraft zu kennen.

Die politische Gefahr des weltweiten Rassenkonflikts ist nirgends gegeben. Hingegen stellen Südafrika und Portugal mögliche Kristallisationsprodukte einer nichtweißen bzw. weißen Solidarität dar.

Ein politisch-militärischer Nord-Süd-Konflikt ist nirgends zu sehen. Wenn überall in der Welt die aktuellen Konflikte dazu gemacht werden, liegt das nicht an den Intentionen der Farbigen, sondern an der globalen Allgegenwart der USA. Dazu Frantz Fanon, Prophet der Verdammten dieser Erde: »Wer von der Dritten Welt wie von einer Sturmflut spricht, die ganz Europa zu verschlingen droht, wer durch eine solche Agitation die fortschrittlichen Kräfte in der Welt, die der Menschheit ein künftiges Glück verheißen, zu spalten hofft, der wird sich täuschen. Natürlich hat die Dritte Welt keineswegs vor, einen Kreuzzug des Hungers gegen Europa zu führen[1].«

Im neunzehnten Jahrhundert diente die künstlich aufgeputschte Angst vor der »Gelben Gefahr« zur Rechtfertigung der kolonialen Eroberungen, der Entsendung europäischer Truppen zur Bekämpfung chinesischer Aufständischer. Wozu dienen die Ängste im zwanzigsten Jahrhundert? Soll man annehmen, daß

[1] Frantz Fanon, Von der Gewalt, Kursbuch II, 1965, S. 55.

die Beamten des amerikanischen Außenministeriums, die Militärs im Pentagon naiver sind als die Imperialisten der Jahrhundertwende? Daß sie selbst die Märchen glauben, mit denen sie ihre Politik rechtfertigen?

Bei aller Borniertheit, die Beamte der Außenpolitik und Offiziere von Generalstäben in der Geschichte so oft unter Beweis gestellt haben, hieße dies doch Pentagon und State Department unterschätzen.

Nein, mit der Angst vor den allzu vielen Nichtweißen wird die Angst vor sozialistischen Staaten in der Dritten Welt vertuscht. Daß das keine Angst vor deren militärischem Potential sein kann, wird deutlich, wenn man die schlecht ausgerüsteten Armeen der Armen Welt mit der glitzernden Wehr des Westens vergleicht. Es ist die Angst vor Verlust der wirtschaftlichen Außenposten: Ein sozialistisches Südafrika würde die Währungspolitik der westlichen Industrienationen durcheinanderbringen, denn Südafrika verfügt über die größte Goldproduktion der Welt. Ein sozialistisches Brasilien (oder Argentinien, oder Mexiko) würde die Vormachtstellung der Vereinigten Staaten in Lateinamerika brechen, ein sozialistisches Indien, ja was, was würde ein sozialistisches Indien für den Westen bedeuten? Würde dieses Indien nicht ebenso versuchen, sich der Einflußversuche Chinas oder der Sowjetunion zu erwehren wie Jugoslawien, würde es nicht ebenso wie Algerien weiterhin Handel mit dem Westen treiben?

Warum dürfen die armen Staaten sich nicht jene innere Ordnung geben, die wie die Beispiele China, Kuba und Nordvietnam zeigen, am besten geeignet scheinen, das Land und seine Bevölkerung voranzubringen? Wir wollen versuchen, in den nächsten Kapiteln diese Frage zu beantworten, sie ist für die Beziehungen zwischen westlichen Industriestaaten und den »Entwicklungsländern« von entscheidender Bedeutung.

Zunächst jedoch die Ergebnisse unserer Betrachtung der Angst vor den »Farbigen«:

Die Bevölkerungsexplosion als solche bedroht niemanden

politisch, sie ist ein wirtschaftliches, allerdings weltwirtschaftliches Problem.

Mir scheinen Bevölkerungsexplosion, Nord-Süd-Gefälle, farbige Sozialrevolutionen für die Industriewelt weit weniger gefährlich als die Angst vor ihnen. Denn nur diese Angst vermag aus dem sehr theoretischen Zahlenvergleich zwischen »weißen« und »farbigen« Menschen einen realen politischen Konfliktstoff zu machen.

Nur die Angst vor den vielen Gelben läßt die Macht der Gelben gefährlich werden. Angst wird leicht zum Ersatz von Politik, auch von Entwicklungspolitik. Wer Angst hat, hilft nicht denen, die die Angst bei ihm auslösen.

Daraus folgt zweierlei: Wir in Europa und Amerika müssen lernen, mit anderen Großmächten zu leben, so wie diese jahrhundertelang mit uns leben mußten. Die Vereinigten Staaten haben in Vietnam gezeigt, daß wir keinesfalls in jener Welt leben, deren Geschichte nur noch von zwei oder drei Großmächten bestimmt wird. Wir leben nicht am Ende der Geschichte, so hübsch gruselig sich dieses Gefühl auch macht; wir leben mitten in ihr. Weder die Sowjetunion noch China, noch die Vereinigten Staaten vermögen größere Teile der Welt langfristig zu beherrschen, trotz ihres großen Machtvorsprungs.

Wer sich von der Aufteilung der Welt in nur zwei oder drei Machtzonen Ruhe und Frieden erhofft hat, der mußte in den letzten zwanzig Jahren schmerzlich das Gegenteil erfahren. Je rascher die Großmächte lernen, wie begrenzt ihre Macht außerhalb ihrer Staatsgrenzen und unmittelbaren Nachbarschaft ist, trotz CIA und KGB, um so leichter sind die Probleme der Gegenwart und der Zukunft zu lösen. Denn die einzige die Menschheit wirklich bedrohende Bombe ist nicht die Bevölkerungsbombe, sondern die Nuklearbombe, und je ängstlicher und je unrealistischer die Großmächte ihre tatsächliche Lage und ihre tatsächlichen, sehr begrenzten Möglichkeiten, Halbwelten zu beherrschen, einschätzen, um so gefährlicher ist das atomare Weltpotential. Erfolgreiche Entwicklungspolitik ist nur möglich bei realistischer Einschätzung der Gegebenheiten; Angst zerstört ihre Früchte im Ansatz, wie die amerikanische Napalmbombe den gleichfalls amerikanischen Wunderreis in Vietnam. Gefährlicher als die Zukunft ist die Angst vor ihr.

Die wirkliche Angst

Entwicklungspolitik des Westens und militärische Eindämmungsstrategie sind bislang zwei Seiten einer Münze gewesen: Dämme gegen die Flut der Roten und Gelben. Diese Politik ging davon aus, daß die sozialistische Revolution eines Staates ihn für den Westen »verloren« sein läßt. Die Geschichte kennt den Begriff des »Verlorengehens« nicht. Die Staaten werden nicht durch die Explosivkraft der Revolution auf den Mond geschleudert. Alle Staaten dieser Erde stellen ein zunehmend einheitliches System potentieller politischer und wirtschaftlicher Beziehungen dar. Das kapitalistische Frankreich hat Peking anerkannt, die sozialistische Sowjetunion treibt Handel mit Spanien.

Was also ist die reale, die wirkliche Angst, wenn vorausgesetzt wird, daß auch dem Pentagon diese Tatbestände klar sind?

Mitte 1969 lud die Handelskammer Hamburg Experten ein, um über das Problem deutscher Auslandsinvestitionen zu diskutieren. Das Wort des Bankpapstes Abs »Wir sind die größte Ohn-Macht der Welt« und seine Forderung, Deutschland müsse verstärkt im Ausland, vor allem in Übersee, investieren, waren der Anstoß zu dieser Besprechung. Klaus Prior, ein Vertreter der größten deutschen Kupferraffinerie, meldete sich zu Wort: »Ich denke vorwiegend an die Metalle Kupfer und Nickel. Kupfer, beispielsweise, wird heute für den europäischen Verbrauch faktisch nur aus zwei Gebieten geliefert, einmal aus Chile und zum anderen aus Sambia und Kongo. Das sind alles – vorsichtig ausgedrückt – Gebiete (!! F. D.) – von politischer Instabilität. Hinzu kommt, daß die Vorkommen in diesen Ländern im Besitz von fünf internationalen Konzernen sind.« Prior führte aus, daß diese fünf Konzerne den Weltmarkt und damit den Preis dieses Kupfers diktierten und daß die deutschen Verarbeiter in bestimmten Perioden doppelt soviel bezahlen mußten als die amerikanischen und kanadischen Kupferverarbeiter mit »eigenen« Produktionsstätten.

Das gleiche gelte für Nickel. Die deutsche Edelstahlindustrie müsse sich deshalb in ausländischen Rohstoffvorkommen engagieren. »Das ist ein Vorhaben, das sicherlich zuerst sehr teuer ist. Aber man gewinnt Zutritt zu einem Industriezweig, der später einmal hohe Rendite abwirft und sehr viel technisches Wissen bringt. Darüber hinaus ist dies die Voraussetzung für eine vernünftige Rohstoffsicherung Deutschlands oder sogar Europas!«

Hier haben wir einen Zipfel der realen Angst. Die sozialistischen Revolutionäre müssen die Rohstofferzeugung in ihren Ländern weitgehend verstaatlichen, wollen sie die Voraussetzung für eine eigenständige Entwicklungspolitik betreiben und nicht abhängig von privaten ausländischen Machtgruppen werden. Zwar werden sie sich zur Rohstofförderung ausländischen Wissens bedienen müssen, aber – Algerien macht dies vor – als gekaufte Dienstleistung und nicht als Unterwerfung unter den amerikanischen oder europäischen Konzern. Die Rohstoffversorgung des Westens wird von wenigen, zumeist amerikanischen, Konzernen »gewährleistet«, die sich zwar wegen ihrer totalen Monopolstellung (von der Ölquelle bis zur Zapfsäule) weitgehend internationalisiert haben, im Kern identifizieren sie sich aber mit den Interessen der Vereinigten Staaten. Oder umgekehrt, sie veranlassen die Regierung der Vereinigten Staaten, ihre Firmeninteressen als vermeintlich nationale Interessen zu schützen. Es ist dann nur folgerichtig, wenn alle anderen westlichen Industrienationen versuchen, sich durch eigene Rohstoffquellen dem Diktat der amerikanischen Giganten zu entziehen. Ein etwas fragwürdiges Unterfangen, denn eine Reihe wichtiger europäischer Konzerne sind längst in amerikanischem Besitz.

Braucht eine moderne Volkswirtschaft eigene Rohstoffquellen in Übersee wie zu Zeiten der Kolonialherrschaft?

Ist die Furcht begründet, daß das Kupfer Sambias und Chiles, das Erdöl Persiens und Lybiens in »fremde Hände« übergehen?

Hier gibt es zwei unpräzise Vorstellungen über die Zukunft der Rohstoffversorgung. Beide richten allerlei Verwirrung an.

Einige Zukunftsdeuter sind der Meinung, Europa und die USA könnten sich bald völlig von Rohstofflieferungen aus der überseeischen Welt lösen und ohne Handelsbeziehungen zu den armen Staaten als reiche Inseln im erwarteten Meer von Elend und Anarchie schwimmen: Sie würden bei ihrer Energieerzeugung immer stärker auf Atomenergie und bei nötigen Metallen und Gummi immer stärker auf künstliche (synthetische) Ersatzrohstoffe zurückgreifen. Zwar findet, zum Schaden der Entwicklungsländer, tatsächlich ein solcher Prozeß des Rohstoffersatzes statt, es gibt jedoch kaum einen Bereich, in dem nicht auch weiterhin die Metalle, vor allem Edelmetalle, unersetzbar sind. Flugzeuge und Schiffe brauchen heute zwar für ihre Innenausstattung immer weniger Holz und Metall, jedoch, Plastikflugzeuge und Plastikschiffe sind nirgends konstruiert worden. Der Austauschprozeß scheint seine natürlichen Grenzen zu haben. Vor allem aber, auch die Kunststoffe werden nicht aus der Luft, auch künstliches Gummi nicht aus Wasser, sondern aus Erdöl gemacht.

Während des Zweiten Weltkrieges war die Schweiz ein von vielen Geschäftsleuten besuchtes Land. Mitarbeiter deutscher, amerikanischer, sowjetischer und britischer Geheimdienste sonnten sich auf den Terrassen von Montreux, Kaufleute aus Berlin, Moskau und Washington verhandelten mit Schweizer Kollegen. Während Europa zertrümmert wurde, fand in der neutralen Schweiz Welthandel statt. Kuriosum dieser Geschäftigkeit: auch die gegnerischen Mächte wußten – diskret über Dritte, versteht sich – einander mit Fehlendem auszuhelfen. Dabei ging es zumeist um Rohstoffe, um die seltenen Metalle, mit denen man die blinkenden Zerstörungsmaschinen, die Bomber und Bombe, baute. Die Rohstoffversorgung war schwierig, fand jedoch auch während des Krieges statt.

Und im Sommer 1970 wurde bekannt, daß die Volksrepublik China während des zehnjährigen Vietnamkrieges das für die USA kriegswichtige Antimon über den Weltmarkt an den Erzfeind verkauft hatte. Erst zu diesem Zeitpunkt stellte sie die

Lieferung ein. Nun wird zwar der Preis in die Höhe gehen, aber die USA können Antimon weiter aus Bolivien kaufen.

Als China den Zuschlag für den Bau einer Eisenbahn zwischen Daressalam und Sambia erhielt, hieß es im Westen »China will sich die sambische Kupferproduktion sichern«. Noch denkt der Westen in militärstrategischen Kategorien des 19. Jahrhunderts.

Eine realistische Analyse der Rohstoffversorgung wird zeigen, daß es sich weit weniger um die Angst vor der bedrohten Versorgung, als vielmehr vor dem Verlust des westlichen Preisdiktats handelt. Die Äußerung des Kupfermannes aus Hamburg belegt den Sachverhalt. Wenigen, zumeist amerikanischen Großkonzernen, ist es gelungen, »die Interessen des Westens« mit ihren eigenen Firmeninteressen zu koppeln.

Im gleichen Denkschema befangen, gibt es für ihn daher nur eine Konsequenz: der bundesrepublikanischen Wirtschaft zu Rohstoffquellen zu verhelfen, um damit Markt und Preis mitbeherrschen zu können. Die handels- und entwicklungspolitisch einzige Alternative, dabei mitzuhelfen, die amerikanischen Monopole zu brechen und die Staaten der Dritten Welt selbst zu autonomen Anbietern ihrer Rohstoffe werden zu lassen, ergibt sich für ihn nicht. Noch teilt er die Angst vor dem politischen Stopp der Lieferungen nach Übernahme durch die nationalen Regierungen der Dritten Welt. Es ist die absurde Angst des Reichen, der sich selber im Garten eine Hühnerfarm anlegt, da er fürchtet, der arme Eierhändler um die Ecke könnte ihm eines Tages das Frühstücksei sperren.

Die Rohstoffangst aus militär-strategischen Gesichtspunkten ist ebenso absurd. Sollte es zum »Dritten Weltkrieg« kommen, so wird er von einer fast schon schmerzlosen Kürze sein. Alle Konflikte der letzten zwanzig Jahre, einschließlich des Koreakrieges, waren begrenzte Konflikte, neben denen der Welthandel mit wichtigen Rohstoffen sehr zum Nutzen der Erzeuger und zum Schaden der vom Krieg Betroffenen wie selten florierte. Und den Händlern stand dabei nicht nur die kleine Schweiz, sondern eine erhebliche Restwelt zur Verfügung.

Der politische Stopp von Rohstofflieferungen funktioniert – wie die gute Versorgung Rhodesiens zeigt – eigentlich nie. Nicht nur, weil es »notorisch gewissenlose« Geschäftemacher gibt, die jede politische Solidarität unterwandern, sondern vor allem, weil Erzeuger von Rohstoffen nun einmal gezwungen sind, sie zu verkaufen, um die eigene Bevölkerung zu ernähren. Und kein Staat der Welt wäre reich genug, den arabischen Staaten alles Erdöl abzunehmen, nur damit die Vereinigten Staaten, oder umgekehrt, Rußland, von der Lieferung ausgeschlossen blieben. Weder die Amerikaner noch die Sowjets können Erdöl trinken. Fazit: Unterhalb des großen Krieges sind alle Konflikte so begrenzt, daß neben ihnen der Welthandel mit steigenden Preisen und Frachtraten floriert.

Die Geschichte der letzten zwanzig Jahre hat gezeigt, daß Kriege zur »Sicherung der Rohstoffquellen« ihre Kosten noch weniger wert sind als andere. Die großen Konflikte in Afrika – in Biafra und im Kongo – sind beide zu solchen Tragödien geworden, weil Rohstoffinteressen beteiligter europäischer und amerikanischer Großfirmen im Spiele waren. Britische Erdölfirmen waren 1953 daran beteiligt, im Iran den Vertreiber des Schah Mossadegh zu stürzen. Inzwischen treibt der Schah eine eigenständige nationale Erdölpolitik, die der von Mossadegh geplanten kaum nachsteht.

Umgekehrt glauben viele aus solchen Aktionen der großen Ölfirmen und ihrer Regierungen entnehmen zu können, daß etwa die Unterstützung Israels durch die USA letztlich nur die Erdölinteressen im Nahen Osten sichern sollte. Beide Seiten sollten der jeweils anderen mehr Vernunft zutrauen.

Rohstoffe sind kein internationales strategisches Gut mehr, das es zu sichern gilt, sie sind der nationale Reichtum der Länder, in denen sie sich befinden, sind der rohe Stoff, auf dem Entwicklungspolitik aufbauen muß. Sobald andere außen- und machtpolitische vermeintliche Interessen mit dem nationalen Wirtschaftsfaktor Rohstoff in Verbindung gebracht werden, wird rasche und zügige Entwicklungspolitik gebremst.

Der Verdacht liegt nahe, daß mit einer Kontrolle der Rohstoffländer weniger die Versorgung als der Einfluß auf die Politik, und das ist immer wirtschaftliche Entwicklungspolitik, gesichert werden soll.

Da beißt sich die Katze in den Schwanz. Wenn die Rohstoffversorgung auch dann nicht gefährdet ist, sobald sich in dem betreffenden Staat eine andere Gesellschaftsordnung durchgesetzt hat, dann ist eine Verhinderung solcher gesellschaftlicher Veränderungen wenig verständlich.

Wenn jedoch befürchtet wird, die »andere Seite« könne ihre strategischen Ausgangspositionen dadurch verbessern, daß sie sich nun ihrerseits dort festsetze, dann waren alle Argumente für das atomare Gleichgewicht des Schreckens der vergangenen zwei Jahrzehnte wertlos. Auch in jenen Jahren, als die Vereinigten Staaten die Sowjetunion auf dem ganzen Globus einkreisten, also weit mehr Territorialstaaten »kontrollierten« als die Sowjetunion, ist es nicht zum großen Krieg gekommen. Weil die Sowjetunion über das atomare Vernichtungspotential verfügte, hat das von Außenminister Dulles erträumte »roll-back«, das Zurückdrängen der UdSSR aus Osteuropa, nicht stattgefunden. Es wird auch umgekehrt nicht stattfinden können, sollte sich ein sozialistisches Venezuela mit der Sowjetunion anfreunden. Venezuela wird versuchen, sein Öl an die Vereinigten Staaten zu verkaufen, wie Kuba vergeblich versucht hat, seinen Zucker dort abzusetzen.

Die Sowjetunion würde das sozialistische Venezuela um so weniger beherrschen können, je leichter dieses seine Waren auf dem internationalen Markt loswird. Es wird eine ähnlich nationalstaatliche Politik betreiben wie das sozialistische Algerien. Es ist nicht einzusehen, daß Rumänien als fortschrittlicher Staat gepriesen und Kuba als so kriminell rückständig geschmäht wird, daß Amerikaner nicht einmal seinen Zucker essen dürfen.

III
Die große Armut - international

Das Wohlstandsgefälle

Wer aus Afrika und Asien in den sechziger Jahren die Bundesrepublik besuchte, ließ Berlin nicht aus. Dort zeigte ihm der deutsche Gastgeber gern die Mauer. Die rauhe Wirklichkeit des Kommunismus, die zu Beton erstarrte deutsche Frage, die graue Warnung auch an den Besucher vor möglichen folgenschweren Fehlern zu Hause, all das sollte vom dafür errichteten Ausguck dem Zuschauer gezeigt, dem Asiaten verdeutlicht werden. Seit die Regierung Brandt–Scheel in Bonn die Politik bestimmt, sind derlei Aufmerksamkeiten seltener geworden. Man mag erkannt haben, daß es sich dabei um eine der paradoxesten Freundlichkeiten handelte, die einem gewissenhaften Gastgeber einfallen kann.

Denn, ist die Mauer auch für die Deutschen politisches Symbol ihrer Teilung, so ist sie zugleich Ausdruck einer ökonomischen Realität, die dem Überseebesucher in der Regel geläufiger und einleuchtender ist als dem deutschen Gastgeber. Grenzen sind nicht nur Grenzen staatlicher Macht, sondern auch wirtschaftlicher Geschäftigkeit. Auch die freien Grenzen innerhalb der Europäischen Wirtschaftsgemeinschaft zeugen neben ihrem politischen Symbolgehalt von einem ökonomischen Tatbestand: Die freie Grenze teilt Wirtschaftsräume mit relativ gleichen Lebensbedingungen, Preisen, Steuern und vor allem mit gleicher Wirtschaftsverfassung. Die Betongrenze zeugt vom genauen Gegenteil, trennt ungleiche Wirtschaftsordnung mit ungleichem Lebensstandard.

In bezug auf diese Annehmlichkeiten des Westens war die DDR 1961 Entwicklungsstaat. Sie hat keine harte Währung. Die DDR-Mark ist nicht frei tauschbar. Die DDR muß zum Kauf westlicher Industriegüter Devisen einnehmen, die sie durch eigenen Export erworben hat. Sie produziert Konsumgüter, deren beste Qualitäten darum nicht der eigenen Bevölkerung zugute kommen, sondern die ausgeführt werden. Sie kauft billig im Westen Konsumgüter, wie Whisky, Parfüm, Tabak, die auch die westlichen Staaten untereinander mit Zoll belegen, und gibt sie an Besucher gegen Mark, Dollar und Pfunde ab. Die eigenen Bürger dürfen sie nicht kaufen. Nur bis hierher stimmt jedoch der Vergleich mit der Entwicklungssituation. Die Ausbildung, das technische Wissen der Flüchtlinge, vor allem der jüngeren, entsprach dem der Bundesrepublik. Ja, in einigen Gebieten übertrafen die technischen Kenntnisse die der Bundesschüler.

Angenommen, ein sowjetischer Morgenthauplan hätte die DDR nicht industrialisiert, sondern in wenigen Jahren zwangsweise in ein armes Agrarland verwandelt, Ulbricht hätte nicht im Traum daran gedacht, die Mauer zu bauen. Ja, er hätte befürchten müssen, daß die Bundesrepublik den Brüdern und Schwestern die Einreise gestoppt hätte, sobald ihr Bedarf an ungelernten Arbeitern gedeckt war. Nicht nur der Unterschied im wirtschaftlichen Leistungsstand, sondern die unterschiedliche Prioritätenliste staatlicher Politik bewirkt das private Wohlstandsgefälle. Rascher, zügiger Aufbau einer wenig vorhandenen und zum Teil zerstörten Industrie, hohe Bildungsinvestitionen zwangen zum privaten Konsumverzicht. Dafür verstärkte die DDR den Ausbau öffentlicher Leistungen: niedrige Mieten, einheitliches Schulsystem, öffentliche Ferien- und Erholungszentren.

Die Verbitterung des geteilten Volkes ist verständlich, zumal der einen Seite die Konsumexplosion auf der anderen Seite sehr deutlich vor Augen geführt wurde. Unterschiedlicher Lebensstandard und unterschiedliche Wirtschaftsordnung der Staaten sind Störfaktoren der inneren Wirtschaftspolitik. Solange sie es sich leisten können, nehmen sie ihn in Kauf: Der Punkt, an dem die Grenzen für Menschen oder für Devisen geschlossen werden müssen, um die innere Entwicklung nicht weiter zu gefährden, kann – theoretisch – zwischen allen Staaten erreicht werden.

Trotz formaler Unabhängigkeit erzeugt das Wohlstandsgefälle automatische Abhängigkeitsverhältnisse der jeweils ärmeren von den reicheren Staaten unter dem die Entwicklungsregionen mehr als andere leiden:

1. in der Bezahlung von ausgebildeten Menschen,
2. im Handel von Waren.

Alle Entwicklungsstaaten führen trotz ihrer geringen Mittel mit Hilfe des Auslandes einen verzweifelten Kampf gegen die Unwissenheit ihrer Bevölkerung. Zugleich versuchen sie die Führungskräfte in Technik und Wissenschaft selbst auszubilden.

Viele Bundesbürger kennen das freundliche schwarze Gesicht, das ihnen im Krankenhaus das Stethoskop ansetzt. Es wird geschätzt, daß in der Bundesrepublik etwa zweitausend Wissenschaftler aus Entwicklungsstaaten arbeiten. Nicht alle sind hier ausgebildet, ihr Studium ist häufig vom Heimatstaat oder der Familie bezahlt worden und hat so den Devisenhaushalt belastet. In Großbritannien geht die Zahl der farbigen Ärzte und Ingenieure in die Zehntausende. Allein aus Lateinamerika sind zwischen 1958 und 1965 ca. 46 000 Wissenschaftler und Techniker in die USA ausgewandert. Ein Verlust, der in Geld ausgedrückt 917 Millionen Dollar ausmacht[1]. Empört pflegte die erste britische Entwicklungsministerin, Barbara Castle, auszurufen: »Die wahre Entwicklungshilfe läuft von Süden nach Norden.« Das Wohlstandsgefälle setzt Bewegungen in Gang, die die Entwicklungsstaaten nur durch strengere Reglementierung ihrer Intelligenz oder überhöhte Bezahlung abfangen können. Es sei denn, sie schaffen im eigenen Land eine Stimmung des Aufbauwillens, der durchaus nationalen Begeisterung, mit der sie die Arbeitsmotive der Intelligenz umlenken können. Auch hier bietet China bessere Beispiele als andere Entwicklungsstaaten. Hat es doch sogar vermocht, die teuren in Amerika arbeitenden chinesischen Atomwissenschaftler in die Heimat zurückzuholen.

Das Wohlstandsgefälle wirkt sich jedoch vor allem in den hohen Gehältern der in dem Entwicklungsstaat arbeitenden Fachleuten aus. Technisch wissenschaftliches Know-how aus dem

[1] Klaus Esser, Kreditströme und ihr Rückfluß, in: *Moderne Welt*, 1970/I, S. 66.

westlichen Ausland ist teuer, noch teurer als in den Industriestaaten selbst. Denn ein aus dem Kolonial- und diplomatischen Dienst stammender Mythos besagt, daß das Leben der Europäer in »den Tropen« teurer, daß ihr Lebensstandard höher sein muß als zu Hause. Dieses gilt auch in den afrikanischen Ländern, in denen es eine einheimische »reiche Führungsschicht« kaum gibt, an die man sich anpassen müßte. So entsteht eine Rückwirkung, die die Entwicklungsstaaten nicht verhindern können. Der ausländische Wissenschaftler oder Techniker verdient weit mehr als sein afrikanischer Kollege, es entsteht ein Lohndruck, dem nach und nach entsprochen werden muß.

Die direkt in der Technischen Hilfe arbeitenden Experten erhalten allerdings keine überhöhten Gehälter und stellen einen geringeren Druck auf die innere Gehaltsstruktur dar als Kaufleute und Manager der privaten oder staatlichen Industriebetriebe und Bergwerke. Das durch die Manager- und Aufsichtsratklüngel der europäischen Industrie selbst in schwindelnde Höhen gesteigerte Lohnniveau der amerikanisch-europäischen Führungskräfte wird auch in den Industriestaaten zu einer Belastung des Arbeitsklimas. Es ist nicht einzusehen, daß der Generaldirektor eines deutschen städtischen Elektrizitätswerkes wegen seiner »hohen Verantwortung und unternehmerischen Initiative« zweimal so viel verdienen soll – in Hamburg ca. DM 180 000,– jährlich – wie der Bürgermeister der gleichen Stadt (ca. DM 90 000,– jährlich). Europäische Führungskräfte in halbstaatlichen sambischen Bergwerksunternehmen sind mit ähnlichen Gehältern eine Belastung für das Land. Denn der afrikanische Direktor der sambischen Firma wird sein Gehalt an das seines europäischen Kollegen anzugleichen suchen, selbst wenn jener nach einigen Jahren das Land verläßt.

»Opferwille« und Arbeitsethos der afrikanischen Führungskräfte sind also schon durch das bloße Gefälle zwischen reichen und armen Staaten einer harten Probe ausgesetzt. Algerien zahlt den arabischen Direktoren seiner staatlichen Betriebe nur Monatsgehälter bis zu DM 1 600,–, die Gefahr der Abwerbung nach

Frankreich bewußt in Kauf nehmend. Bei privaten Großbetrieben ist diese Beschränkung nicht möglich. Das internationale Management der Großfirmen hält überall in der Welt seinen »internationalen Standard«, der etwa dem New Yorks entspricht. So ist denn auch Abidjan, die Hauptstadt der Elfenbeinküste, mit ihrer bewußt kapitalistischen Wirtschaftsstruktur zur teuersten Hauptstadt der Welt geworden: Die Lebenshaltungskosten waren dort 1965 um 14 % höher als in New York. Das ist die Erbschaft der Kolonialzeit, das sind die Mythen der Söhne, die in Romanen gelesen haben, wie ihre Väter das harte Leben in den Tropen ohne Golf- und Tennisklub, ohne Cocktails und Parties, ohne Jagd und Yacht einfach nicht aushalten konnten. Daran nehmen die einheimischen Führungsschichten teil.

Es geht nicht um individuelle Schuld, sondern um die realen Wirkungen des Wohlstandsgefälles auf die Entwicklungsstaaten. Solange ihnen keine Möglichkeit gegeben wird, einen Aufbauethos nach innen wirklich durchzusetzen, können auch sie sich dem Zwang zum Luxuskonsum nicht entziehen. Das ist auch keine Frage der moralischen Haltung des einzelnen, sondern des sozialen und ökonomischen Klimas, der an den Westen gebundenen wirtschaftlichen Verfassung. Hier liegt eine der wesentlichen Chancen der revolutionären Bewegungen. Der Lebensstil der Revolution steht im krassen Widerspruch zu dem des westlichen Wirtschaftszentrums. Die grüne nach chinesischem Vorbild geschneiderte Jacke des sambischen Präsidenten Kaunda hat eine reale wirtschaftliche Funktion: Sie drückt den Willen zum nötigen Konsumverzicht aus. Mit der Jacke ist es jedoch nicht getan. Ronald Segal schildert, wie die Millionärsfreunde Gandhis sein einfaches Gewand, seine kleine Mütze übernahmen, ja, wie deren Gattinnen in ihren Villen entsprechend der Lehre Gandhis – zurück zum heimischen Webstuhl – feine Linnen webten. Die Symbole der Einfachheit verändern das System noch nicht.

In Asien und Afrika ist die »Peace-Corps-Mentalität« verlacht worden. Die von Präsident Kennedy angeregten Entwicklungsdienste treten bewußt einfach auf im Entwicklungsstaat, nehmen am luxuriösen Leben der Hauptstadt nicht teil. Asiaten und Afrikaner, gewohnt, im Weißen den Reichen zu sehen, fühlen sich – so behaupten peinlich berührte Europäer, die »das Land und die Leute besser kennen« – vom einfachen Leben der Entwicklungshelfer dupiert. In Gesellschaften, die selbst eine Lehre vom »Einfachen Leben« haben, wo es eine Ideologie des »Einfachen Lebens« gibt, (Indien, Priesterkaste auf Ceylon) mag dieses zutreffen, in Afrika und Lateinamerika ist es das Argument der Wohlstandsweißen. »Solche Leute machen uns doch unglaubwürdig und lächerlich«, ärgerte sich schon vor Jahren ein aus Java eingewanderter holländischer Hotelier, den ich in Afrika hierzu befragte. Die Entwicklungsexperten auf den Staudämmen, die Helferinnen in den Anden und in den Slums wissen es anders.

Der Welthandel

Der stärkste äußere Druck auf die inneren Wirtschaftsverhältnisse des Entwicklungsstaates durch die Existenz reicher Staaten wird jedoch durch das Welthandelssystem ausgeübt. Und nur hier spielt die innere Wirtschaftsordnung eine geringere Rolle als das Wohlstandsgefälle. Nur hier können sich darum auch alle Entwicklungsstaaten zu gemeinsamen Aktionen und Forderungen treffen.

Diese Gemeinsamkeit hat zur Annahme geführt, das Nord-Südgefälle überlagere alle ideologischen Gegensätze, mache Fragen um »Wirtschaftsordnung und politische Verfassung« gegenstandslos. Unterschieden nach Staatsform, Größe, nach Religion und Entwicklungsideologie, unterschieden auch nach Geschichte und gesellschaftlichen Strukturen: alle Entwicklungsstaaten sind vom Welthandelssystem betroffen. Im Welthandel verhalten sich aber auch die reichen Staaten, die kapitalistischen wie die sozialistischen, ähnlich:

Der Direktor war stolz: »Das sind noch Leuchter aus der Zeit der sächsischen Könige. Dieses Porzellan wird in Meißen seit Generationen hergestellt. – Heute gehen sie hauptsächlich in die USA, nach Kolumbien und Ecuador.« Was der Direktor der volkseigenen Meißener Porzellanmanufaktur 1969 auf der Leipziger Messe pries, waren große, farbige Deckenlampen aus Meißener Porzellan, Stückpreis DM 6 000.–.

Der Arbeiter- und Bauernstaat exportiert sie nach Ecuador, der klassischen »Bananenrepublik« Lateinamerikas. Chiquita und Bajella machen 90 Prozent der Export-Erlöse aus. In Ecuador gehören 75 % des anbaufähigen Landes 1,7 % der Bevölkerung. Siebzig Prozent der Bevölkerung verfügen über 2,2% des Landes. Der Staatshaushalt hatte 1969 ein Defizit von 125 Millionen Dollar. Man schätzt, daß noch heute dreizehn Prozent der Landarbeiter praktisch in Halbsklaverei leben und ohne Lohn arbeiten: »Das ›huasipungo‹, die ecuadorische Form der Quasileibeigenschaft, ist bis heute nicht beseitigt. In Ecuador wird das nationale Institut für Landreform von denen kontrolliert, gegen die sich die Reform wenden soll: den Großgrundbesitzern«[1]. Die Vorteile der Wohlstandsinseln kommen, wie in Lateinamerika, ihren Bewohnern zugute. »Die Indianer (40 % der Bevölkerung) sind zu allen möglichen Tributen verpflichtet, ohne an irgendwelchen sozialen Vorteilen des modernen Staates beteiligt zu sein[2].« Steuervergünstigungen, Schulen, städtische Versorgung, all das kommt jenen zugute, die sich in der sozialistischen DDR Kronleuchter kaufen, die ihrem Feudalgeschmack entsprechen. Sächsische Schloßausstattung des achtzehnten werden von volkseigenen Betrieben der DDR ins Ecuador des zwanzigsten Jahrhunderts verkauft.

»In allem ist offenkundig keine böswillige Absicht am Werke, nichts als die zufälligen Wirkungen eines unregulierten wirklich automatischen Marktes ohne einheitliche soziologische Struktur«, so versucht der Nationalökonom Eduard Heimann das Verhalten der reichen Staaten zu objektivieren[3]. Mag dieses heute so sein, entwickelt hat sich der Weltmarkt nicht automatisch, sondern politisch. Alle Entwicklungsstaaten suchen gemeinsam seine Bedingungen zu ändern. Im Oktober 1967 fanden sich ihre Vertreter in Algier zusammen, um gemeinsam einen Forderungskatalog gegenüber den Industriestaaten – kapitalistischen wie kommunistischen – auszuarbeiten. Das Ergebnis, die Charta von Algier, wurde den Industriestaaten auf der Welthandelskonferenz in Delhi ein halbes Jahr später präsentiert.

Damit deuteten die Entwicklungsländer zum erstenmal geschlossen darauf hin, daß Entwicklungspolitik im Innern ohne Entwicklungspolitik von außen sinnlos ist, daß die Weltwirtschaft alle Anstrengungen der einzelnen Länder zunichte machen würde, wenn sie sich nicht im Wesen ändere. Obwohl die Unterorganisation der UNO, die UNCTAD in Genf unter ihrem Ge-

[1] Le Monde Diplomatique, 19. 5. 1970.
[2] a.a.O.
[3] Ed. Heimann, Soziale Theorie der Wirtschaftssysteme, Tübingen 1963, S. 222.

neralsekretär Raul Prebisch, schon seit Jahren darauf hingewiesen hatte, daß diese internationale, globale Entwicklungspolitik ebenso bedeutsam für die Regierungen der armen Länder sei wie die nationale, hatte die Entwicklungshilfe der Industrienationen diese Aspekte weitgehend mißachtet. Die Charta von Algier forderte »eine wesentliche Neuorientierung des Weltmarktes durch gezielte Maßnahmen der Industriestaaten«.

Immer wieder hatte die UNCTAD in den vergangenen Jahren darauf hingewiesen, daß die einseitige Abhängigkeit der Entwicklungsländer von der Ausfuhr ihrer Rohstoffe zwar den Industriestaaten zugute käme, Entwicklung in den armen Ländern jedoch hemme.

Welthandel ist ein Spiel, das irgendwann einmal von den Europäern mit vorgehaltener Pistole begonnen wurde. Sie haben sich die Regeln erdacht, sie haben die Karten ausgeteilt. Sie haben gesorgt, daß ihnen stets die guten und den zum Spiel Gezwungenen die schlechten Karten ausgeteilt wurden. Die gezwungenen Spieler können nun, obwohl sie das Spiel durchschauen, nicht einfach die Karten auf den Tisch werfen, da sie über das Spiel längst verlernt haben, sich zu versorgen, ja, es ist zur wichtigsten Einnahmequelle geworden. Es ist zwar ein schlechtes Spiel, wollen sie nicht verhungern, müssen sie weiterspielen. In Algier und in Delhi forderten sie eine Neuverteilung der Karten, nicht das Ende des Spieles. Auch die reichen Spieler haben inzwischen eingesehen, daß es auch ihnen schadet, wenn ihre Mitspieler verlieren und sie immer gewinnen. Denn unter diesen Bedingungen wäre das Ende der Mitspielfähigkeit der Armen abzusehen. Auch die Reichen können jedoch die Regeln des Spieles nicht mehr ohne weiteres verändern. – Es hat sich verselbständigt. So sitzen beide am Spieltisch und müssen weiterspielen, während sie zugleich über die Änderung der Regeln brüten.

Dem Handel können sich auch jene nicht entziehen, die ursprünglich ferngeblieben waren, denn wer aufhört, von der Jagd oder den Früchten des eigenen Feldes zu leben, wer Feuer nicht mit dem Feuerstein machen will, sondern mit Streichhölzern, wer Licht braucht, um nicht bei Sonnenuntergang einschlafen zu müssen, wer nicht nackt oder nur von Gräsern bekleidet sein will, treibt Handel. Aus dem Tauschhandel ist Geldhandel, aus dem Binnenhandel der Außenhandel geworden. Seit Europa sich über den Globus ausgebreitet hat, vermag kein Staat der Welt sich diesem Handel zu entziehen. Theoretisch ließen sich andere Modelle des Wirtschaftens erdenken, praktisch läßt sich, was heute Welthandel heißt, nicht mehr aufhalten oder gar zurückdrängen.

Wird vom Handel gesprochen, wird die Sprache oft lyrisch. Verzückt wird auf das so wundersam verwickelte Gebilde weltweiten Warenaustausches geschaut. Da sind alle »Partner«, da werden pokerharte Gegner zu Geschäfts»freunden«, da gibt es die freundschaftlichen Beziehungen, da lernt man einander näher kennen, ja, bisweilen steht sogar im Mittelpunkt der Mensch. Da stand er ganz unbestritten in jenen Jahrhunderten, in denen der Handel mit Menschen zu einem wichtigen Glied des sich entwickelnden Welthandelssystems wurde. Der Welthandel ist keine lyrische Frühlingszone, in der sich endlose Scharen von freundlichen Freunden helfen – und huldreich die Hände reichen. Zu Händeln hat er oft weit mehr Anlaß gegeben.

Die Entwicklungsstaaten hießen früher Rohstoffländer. Die Kolonialmächte hatten sich nicht nur die Welt, sondern auch die Weltwirtschaftsbeziehungen schön aufgeteilt und sie sogar so fein systematisch geordnet, daß man sie in der Schule mit drei, vier Strichen auf der Wandtafel darstellen konnte. Man erinnerte sich an das berühmte Dreieck: Sklaven aus Afrika nach Amerika, die bauten dort Baumwolle an, die wurde nach England geschickt, die Engländer machten daraus Wäsche, und die ging dann wieder nach Afrika. Die Entwicklungsstaaten liefern auch heute noch die Rohstoffe, die europäischen Staaten verarbeiten und veredeln sie, werten sie auf zu teuren Fertigwaren, die sie nicht nur zu Hause brauchen, sondern auch gerne wieder in alle Welt exportieren, heute jedoch in erster Linie in andere, reiche Staaten. – Denn Kuriosum der Handelsgeschichte ist die Tatsache, daß sich zwar zwischen den Industrienationen und Entwicklungsländern die alte Arbeitsteilung weitgehend erhalten hat, daß jedoch inzwischen die meisten gefertigten Produkte zwischen den entwickelten Industriestaaten gehandelt werden. Die Amerikaner lieben den Käfer, wir den Renault. An Verschiebebahnhöfen treffen sich zuweilen Autozüge: Fiat grüßt Opel. Zweidrittel des »Welthandels« findet zwischen den entwickelten Industrienationen des Westens statt. Der Anteil der Entwicklungsstaaten sinkt ständig (1969 17 %), der der Industrienationen steigt. So haben sie denn auch untereinander die Handelsschranken, hinter deren Schutz sie ihre Wirtschaft aufgebaut hatten, wieder abgebaut. Wir sahen, die Europäische Wirtschaftsgemeinschaft ist weit weniger die große Idee eines friedlichen Europas, als – zumindest bisher – in erster Linie die institutionalisierte Erkenntnis, daß relativ gleich entwickelte Staaten die Konkurrenz untereinander nicht zu fürchten haben; sehr zum Nutzen der Beteiligten, sehr zum Kummer der draußen Gebliebenen. Ähnlich steht es mit dem internationalen Handelsabkommen Gatt, das mit der Kennedy-Runde eine allgemeine Zollsenkung anstrebt. Auch sie blieb jedoch ein »Klub der Reichen« (die britische Wochenzeitschrift *Economist).* Wie und warum ist der Entwicklungsstaat vom Welthandel stärker abhängig als der Industriestaat?

Ein erfundenes Beispiel

Ein kleines Gebirgsdorf, zwei, drei Fußpfade verbinden es mit Nachbardörfern, ein alter Muliweg mit der Ebene. Seit der Jahrhundertwende gibt es eine Bergbahn. Alles, was dort oben gebraucht, aber nicht selbst hergestellt wird, muß über diese Bergbahn, und alles, was dort oben erzeugt, aber nicht selbst verbraucht wird, auch. Den Nachbardörfern geht es ähnlich, zwischen ihnen gibt es – über die Fußpfade – kaum Warenaustausch, man produziert die gleiche Milch.

Der Warenverkehr des Dorfes wird also zu fast hundert Prozent von der Bergbahn bewältigt. Die Bergbahn gehört übrigens einer großen Eisenbahngesellschaft, für die sie kaum eine Bedeutung hat, sie bringt nur ein halbes Prozent ihres Umsatzes. Sie setzt jedoch die Preise fest, sie bestimmt den Fahrplan. So geht es den anderen Dörfern auch. Bei alldem verfährt die Gesellschaft nicht sehr aufmerksam, sie hat viel mit dem immer stärker werdenden Verkehr zwischen den Städten im flachen Land zu tun. Tarif- und Fahrplanprobleme werden manchmal bei der Verwaltungszentrale der Gesellschaft in der großen Stadt besprochen. Der Bürgermeister des Bergdorfes fährt dann, von guten Wünschen und Hoffnungen der Bewohner begleitet, in die Ebene. Er muß an das gute Herz der Direktoren appellieren, denn er kann ja schließlich nicht drohen, daß seine Leute die Bahn künftig nicht mehr benutzen und ihre Milch auf dem Rücken ins Tal schleppen werden. Die Preise der Milch sind abhängig von der Marktlage im Tal. Die Bauern wissen langfristig nie, wieviel sie im Jahr verdienen werden. Da einige Bauern vom Konkurs durch die schlechten Preise bedroht sind, wollen sie ihre Produktion modernisieren. Die Geräte, die sie kaufen, sind jedoch teuer und keineswegs von Marktschwankungen abhängig. Als sie beginnen, im Dorf eine kleine Meierei aufzubauen, treffen sie auf den Widerstand der Talmeierei, die ihre eigene Käseproduktion gefährdet sieht. Die Bauern sind von der Meierei abhängig, denn sie nimmt ihnen die Milch ab.

Das ist, ein wenig extrem vielleicht, das Verhältnis der armen Länder zum Weltmarkt. Ein armes Land ist abhängig von diesem Welthandel, er jedoch nicht vom armen Land. Die Hälfte seines Außenhandels treibt Ecuador mit den Vereinigten Staaten. Seinem Außenhandel entspringen etwa 40 % seines Bruttosozialproduktes, also fast jeder zweite im Lande erzeugte Sucre (Ecuadors Geld) kommt vom Außenhandel. Für das Bruttosozialprodukt der Vereinigten Staaten macht der Handel mit Ecuador 0,01 % aus: Von zehntausend Sandkörnern eins. Oder anders: Erst viertausend Staaten von der Größe und Exportstruktur Ecuadors hätten für die Vereinigten Staaten die gleiche Bedeutung wie diese für Ecuador. So sieht der »Mechanismus internationaler Ungleichheit« (Gunnar Myrdal) aus. – »In ihrer überwiegenden Mehrheit sind die unterentwickelten Volkswirtschaften heute noch typische Exportwirtschaften, in denen ein wesentlicher Teil des Volkseinkommens aus dem Export jeweils einiger weniger Rohstoffe und Nahrungsmittel stammt, deren Absatzchancen in den industriellen Abnahmeländern Beschäftigung, Einkommen und Importkapazität in den Ausfuhrländern weitgehend mitbestimmen[1].«

Volksvermögen und Volkseinkommen eines Landes wie Kamerun hängen davon ab, wieviel man in Europa und Amerika für Schokolade zahlt. Eine bundesweite Anti-Schokolade-Kampagne zur Erhaltung deutscher Kinderzähne würde in Kamerun unzählige Kinder buchstäblich hungern und verhungern lassen. Wenn die Amerikaner jedoch wegen einer Mode- oder Konsumlaune plötzlich aufhörten, die bei ihnen so beliebten Schwarzwälder Uhren zu kaufen, würde es die Uhrenindustrie spüren, die deutsche Volkswirtschaft nicht. In Kassel wird niemand arbeitslos, wenn in Pforzheim keine Überstunden mehr gemacht werden. Der Staat Kamerun müßte Bankrott anmelden, wenn europäische Kinder nicht mehr mit Nesquick oder Toblerone zu besänftigen sind. Ecuador ist pleite, wenn Babies den Bananenbrei verweigern.

Für Ecuador wie für andere Länder gibt es auch kaum Handel mit anderen armen Staaten, um Gegengewichte zu schaffen. Nur ein Prozent seiner Einfuhren bezieht Ecuador vom Nachbarn Kolumbien: Die wenigen Bananen, die dort gegessen werden, produziert Kolumbien selbst. So ist bei aller formalen Beteuerung der Unabhängigkeit auch eine politische Abhängigkeit des Rohstoffproduzenten von seinen Käufern gegeben. Als Kuba begann, die Plantagenwirtschaft zu verstaatlichen, stoppten die Vereinigten Staaten trotz des kubanischen Entschädigungsangebotes die Zuckereinfuhr. Die Insel mußte sich, wollte sie nicht verhungern, neue Märkte suchen. Die Sowjetunion nahm ihr die süße Ware

[1] Lübbe Schnittger, Staatshaushalt und Finanzierung in Entwicklungsländern, Darmstadt 1963, S. 65.

zum guten Preis ab. Der zentralafrikanische Staat Sambia sah sich 1964 gezwungen, seinen Handel mit den beiden rassistischen Nachbarstaaten Rhodesien und Südafrika abzubrechen, als sie ihn unter politischen Druck setzten. Auch diese Entscheidung, von vielen als ökonomisch unvernünftig verurteilt, zeigte die Abhängigkeit des armen Staates. Und bevor Ghanas Präsident Kwame Nkrumah im Februar 1966 gestürzt wurde, standen die Welt-Kakao-Preise bei ca. DM 1 000.–. Im Jahre der Unabhängigkeit 1967 hatten sie jedoch bei DM 2 500.– gestanden. Die Abhängigkeit vom Welt-Kakao-Preis war einer der wesentlichen Gründe für den Sturz eines Präsidenten, der in wenigen Jahren ungeheure Anstrengungen unternommen hatte, seine Entwicklungspolitik auf eine breite und teure Basis zu stellen. 1961 hatte der Kakaopreis noch bei DM 1 800.– pro Tonne gestanden. Die Staatseinnahmen fielen nach 1965 rapide, die Preise in den Städten verdoppelten sich in wenigen Wochen. Die innere Unzufriedenheit wurde durch den äußeren Preisverfall eingeleitet. So sind alle Entwicklungsstaaten mehr oder minder in der Bergdorfsituation. Nicht alle so extrem wie Ecuador, keiner aber so mächtig gegenüber seinen Handelspartnern, wie der Industriestaat.

Es besteht natürlich eine Beziehung zwischen der Größe des Entwicklungsstaates und seiner Abhängigkeit vom Außenhandel. China und Indien haben einen ebenso großen eigenen Markt wie die Sowjetunion und die USA, beide sind darum auch weniger vom Außenhandel abhängig als die kleinen Staaten. Dabei zeigt sich übrigens die Fragwürdigkeit des Begriffes Welthandel als Summe aller Außenhandelsgeschäfte: Ein Transistorgerät, das von Freiburg nach Basel verkauft wird, taucht im »Welthandel« auf, eine Fabrikanlage, die von Chicago nach Honolulu exportiert wird, nicht, da Hawaii zu den Vereinigten Staaten gehört. Die eine Strecke ist 60 Kilometer, die andere 12 000 km. Das nordafrikanischen Libyen hat mit seinem Erdöl für Europa, besonders für die Bundesrepublik, eine weit größere Bedeutung als Ecuador für die USA. 40 % der deutschen Erdölimporte kommen aus Libyen. Als es dort 1969 zur Revolution kam, hatte die Bundesrepublik für einen Moment jenes Unsicherheitsgefühl, das das Wirtschaftsleben aller Entwicklungsstaaten tagtäglich begleitet: die Abhängigkeit von nur einem Handelspartner. Aber es macht einen großen Unterschied, ob man als Käufer oder als Verkäufer abhängig ist.

»Wenn ich ein Auto kaufe, sagt mir der Fabrikant den Preis, und ich habe ihn zu bezahlen oder auf das Auto zu verzichten, wenn hingegen ich, als afrikanischer Erzeuger, meinen Kakao verkaufe, bestimmt der Verbraucher den Preis. Alle noch so klugen volkswirtschaftlichen Theorien können diese ungerechte Anomalie nicht aus der Welt schaffen.« So deutete der Ghanaer K. B. Asante die Ohnmacht des Rohstofflieferanten. Hinzu kommt, daß auch die Erlöse, die die Entwicklungsstaaten aus ihren Verkäufen erzielen, eine fallende Tendenz haben, während die Produkte, die sie in den Industriestaaten kaufen, im Preis steigen. Es gibt das berühmte Beispiel der 14 Sack Kaffee, mit denen ein südamerikanischer Staat 1954 einen Jeep einhandeln konnte, 1962 brauchte er dafür schon 39 Sack. Für den Kaffee gibt es einen unsicheren Markt, für den Jeep einen stabilen Festpreis. Man schätzt, daß die den Entwicklungsländern entstandenen Verluste durch die verschlechterten »terms of trade« etwa 40 % aller Hilfszahlungen ausmachen. Die Industrialisierung der Landwirtschaft und die stetige Modernisierung der Technik bewirken zudem einen immer anwachsenden Markt für Industriegüter, die Abnahmefähigkeit für Kakao steigert sich nicht.

Um die so gefährlich schwankenden – und langfristig fallenden Rohstoffpreise auf einem bestimmten Niveau zu halten, bemühen sich die beteiligten Staaten seit langem darum, für bestimmte Produkte internationale Abkommen zu treffen. Durch Einführung eines Vorratslagers soll der Preis bei Gefährdung gestützt werden. In London gibt es ein internationales Kaffeebüro, ein Weizenabkommen ist zustande gekommen, um ein Kakaoabkommen verhandeln Erzeuger- und Verbraucherländer seit langem. Dieser Weg ist nicht unproblematisch, denn eine Stützung etwa des Kaffeepreises verleitet viele Länder dazu, noch mehr Kaffee zu produzieren. Sie werden so von dem einen Produkt noch abhängiger. Das Überangebot gefährdet sowohl den Preis, als auch das Abkommen. Warum verarbeiten die Entwicklungsstaaten einen Teil ihrer Rohstoffe nicht selbst, warum exportieren sie die veredelten Produkte nicht zu günstigen Bedingungen?

Mitte Juni 1970 versprach die britische Labourregierung der Textilindustrie in Lancashire einen Modernisierungskredit in Höhe von 100 Millionen Mark, einer Industrie, die wie keine zweite die Entwicklung des Welthandels als kolonialen Welthandel spiegelt. Denn sie hat ihre Existenz mehr der britischen Kolonialpolitik als ihrer eigenen Tüchtigkeit zu verdanken. Im neunzehnten Jahrhundert überfluteten billige britische Baumwollprodukte Indien und zerstörten in wenigen Jahrzehnten die heimische Baumwollindustrie. Die Kolonialmacht sorgte zwar für billigen Export der Baumwolle nach England, unterband jedoch den Export von indischen Baumwollprodukten durch Schutzzölle. So mußten die Inder fortan Hemden tragen, deren Faser in Indien gefertigt und in England verarbeitet worden war. Die Textilindustrie von Lancashire wurde zu einem der bedeutendsten Wirtschaftszentren des Landes, Indiens Industrie verkümmerte.

So ist Welthandel entstanden, als angeblich natürlicher Austausch von Rohstoffen gegen Fertigwaren. Nicht alle Kolonialgebiete hatten eine heimische Industrie wie Indien, aber alle hatten und haben den Wunsch, ihre eigenen Rohstoffe auch zu verarbeiten. Und das ist auch 1970 leichter gesagt als getan. Wenn auch heute noch die britische Regierung der Lancashire-Industrie staatliche Subventionen zukommen läßt, so verhält sie sich wirtschaftspolitisch ähnlich wie vor hundertfünfzig Jahren. Der Staat hilft der heimischen Industrie gegen die Forderungen der Entwicklungsstaaten.

Venezuela ist der größte Erdölerzeuger der Welt Lateinamerikas, der drittgrößte der Welt. 90% der Deviseneingänge und

60 % des Staatshaushaltes erbringt das Erdöl. Die amerikanische Standard Oil und die niederländische Shell sind seine wichtigsten Ölförderer. Bis Mitte der fünfziger Jahre wurde fast ausschließlich das rohe Öl exportiert. (Vom Gesamtölexport 1949: 92,2 Prozent.) Nicht einmal 10 Prozent des wichtigsten Rohstoffes wurden als Benzin, Petroleum, Diesel- oder Gasöl ausgeführt, von Chemikalien ganz zu schweigen. Nur, das Rohöl machte keine lange Reise. Sie endete schon nach kurzer Fahrt auf den beiden niederländischen, geographisch zu Venezuela gehörenden Antillen-Inseln Curacao und Aruba. Dort befinden sich zwei Raffinerien, die zu den größten der Welt gehören und die die kleine Inselgruppe (ca. 200 000 Einwohner) in eine Spitzenstelle in der Weltrangliste der Produzenten von Erdölderivaten bringen. Sie selbst fördern keinen Tropfen. Die Antillen sind nach den USA der »Haupt-Handelspartner« Venezuelas. Inzwischen raffiniert Venezuela einen etwas größeren Teil seines Rohöls selbst. Jahrzehntelang spielte sich die »Weltarbeitsteilung« unmittelbar vor seiner Küste ab, ohne daß es dieses verhindern konnte. Die beiden Ölgesellschaften besaßen die Schürfrechte, die Tanker zum Transport und die Verarbeitungsstätten in der holländischen Kolonie.

Devisen und Präferenzen

Warum müssen die Entwicklungsländer so dringend die Produktion ihrer Fertigwaren erhöhen und versuchen, sie auszuführen? Es geht nicht nur um Waren, es geht auch um Geld, und zwar um gutes, hartes Geld, um Dollars, Pfunde und Mark. Wie der Welthandel, ist auch das Weltwährungssystem eine Domäne der westlichen Industriestaaten. Was immer die Entwicklungsländer an Maschinen kaufen, sie müssen es in »harter« Währung bezahlen, und diese verdienen sie nur durch Ausfuhr in die Industrieländer.

So sind sie in ihrer Wirtschaftsplanung oft gezwungen, nicht zunächst das Nötigste – etwa die Verbesserung der landwirtschaftlichen Selbstversorgung – zu betreiben, sondern auch Unnötiges, um Devisen einzunehmen. Ein Beispiel ist der Tourismus. I. G. Patel, Staatssekretär im indischen Finanzministerium, beklagte sich bei mir: »Unser Land ist gezwungen, Klimahotels und Luxusinseln zu bauen, damit Touristen Devisen ins Land bringen. In meiner Vorstellung von Entwicklungspolitik haben die durchreisenden Amerikaner und Deutschen zunächst keinen Platz. Zur Völkerverständigung tragen sie wenig bei, eher zum Gegenteil, denn die Armut ist ihnen doch nur exotische Kulisse. Auf der anderen Seite wecken sie in unserer Bevölkerung durch ihr Auftreten Konsumwünsche, für die wir im Moment kein Geld haben.« Aber Indien ist zum Aufbau einer Fremdenindustrie gezwungen, um seine Devisenschulden zu bezahlen. Denn auch die Entwicklungshilfe muß in harter Währung zurückgezahlt werden. Von den anderthalb Milliarden Dollar, die es 1969 erhielt, muß es ein Drittel, über 500 Milliarden Dollar, zurückzahlen, so daß es gegenwärtig nur eine Nettohilfe von 1 Milliarde erhält. Indien baut zur Zeit Computerteile, die es in die Vereinigten Staaten exportiert. Es ist fraglich, ob diese Teilcomputer den indischen Entwicklungsprioritäten entsprechen. Es hat keine Wahl; um Wichtigeres in harter Währung einzukaufen, muß es herstellen, was es verkaufen kann.

Die Charta von Algier forderte darum »ein allgemeines System der Zollpräferenzen für verarbeitete Rohstoffe auf einer nicht diskriminierenden und nicht wechselseitigen Basis, die für unbeschränkten und zollfreien Zugang der Fabrikate und Halbfabrikate aller Entwicklungsländer zu den entwickelten Ländern führen; Entwicklungsländer, die schon jetzt ganz bestimmte Präferenzen genießen, sollen nicht darunter leiden, wenn diese Präferenzen auf alle anderen Völker ausgedehnt werden. Besondere Behandlung müssen die am wenigsten entwickelten der ärmeren Nationen erfahren.«

Hier steckt ein ganzes Bündel von Problemen: »Nicht wechselseitig«, diese Formel entspricht dem Schutzbedürfnis der jungen, einheimischen Industrien, die aus verschiedenen Gründen in der gegenwärtigen Entwicklungsphase gegenüber den ausländischen Produkten nicht konkurrenzfähig sind, weder im Preis noch in der Qualität. Denn kaum ein Produkt läßt sich ohne Maschinen und ohne andere Zusatzrohstoffe herstellen. Der Transport einer von London nach Kenia exportierten Werkzeugmaschine ist jedoch so kostspielig, daß die damit hergestellten Kneifzangen unweigerlich teurer sind als die in London produzierten. Selbst das Kochen von Seife ist in Europa noch billiger als in den Entwicklungsländern, die über die Rohstoffe verfügen. Denn sie müssen sich zunächst einen sehr teuren Seifensieder »importieren«, dessen Zusatzkosten, Flugreise, Auslandszulage das Produkt natürlich auch belasten.

Die Entwicklungsstaaten sind also gezwungen, bei ihrem Handel mit den Industriestaaten auf das klassische Prinzip der Gegenseitigkeit zu verzichten, soll die heimische Industrie überhaupt Entwicklungschancen haben. Manche Europäer, die es mit der eigenen Wirtschaftsgeschichte nicht so genau nehmen, sind da anderer Meinung: Als Ludwig Erhard, im Ausland als »Vater des Wirtschaftswunders« gefeiert, 1969 auf Einladung argentinischer Wirtschaftskreise Südamerika besuchte, wurde er von den örtlichen Zeitungen begeistert begrüßt. Der Wundermann aus Europa sollte erzählen, wie »er es geschafft habe, das zerschlagene

Deutschland wieder aufzubauen,« und welche Vorschläge er den lateinamerikanischen Staaten zu machen habe. Zur ersten Frage wußte er viel, zur zweiten nur wenig zu sagen. Nach den Vorträgen waren die Zeitungskommentare enttäuscht und kritisch. Erhard schlug nämlich vor, die Zölle für Industrieprodukte drastisch zu senken, Lateinamerika zu einem freien Markt zu machen, dann würden die billigen Industriegüter im Lande selbst für die nötige Konkurrenz sorgen. Kernübel stagnierender Entwicklung seien die Zollschranken. Den Hinweis auf die immer höher werdenden Zollschranken der Europäischen Wirtschaftsgemeinschaft tat er mit einer Handbewegung ab. Diese Vorstellung vom freien Warenaustausch als Garant für wirtschaftliche Entwicklung stellt die Geschichte der europäischen Industrialisierung auf den Kopf. Europas Reichtum ist nicht durch Freihandel, sondern durch Schutz für heimische Industrien entstanden.

Erst mit zunehmender Produktion setzte sich die Öffnung der Grenzen für Industrieprodukte durch. Wie bei ungleichen Gegnern Freiheit immer die Freiheit des Stärkeren ist, so ist auch Freihandel der Freihandel des Stärkeren.

Aber auch wenn die Präferenzen eingeräumt sein werden, stehen die Entwicklungsstaaten vor Schwierigkeiten. Sie kennen die europäischen Märkte nicht. Sie können ihre Waren nicht so schnell dem raschen Wandel, den Moden auf den reichen Konsum-Märkten anpassen wie die Produzenten in Europa und Amerika.

Als Peru 1969 sehr erfolgreich mit dem Verkauf von Frauen- und Kinderponchos begann, dafür einen »Markt entdeckte« und ausbaute, nahmen ihm die rasch reagierenden europäischen Produzenten schnell den Markt wieder ab. Sie stellten ihre Produktion kurzfristig auf Ponchos um und überfluteten den Markt mit »peruanischen Ponchos« aus der deutschen Textilindustrie. Eine im freien Wettbewerb durchaus berechtigte Reaktion. Einzelfirmen in einer ohnehin gefährdeten Branche können in Hessen oder Baden-Württemberg nicht privat peruanische Entwicklungspolitik treiben.

Die oben zitierte Forderung der Charter von Algier spricht

dann von einigen Ländern, die »schon jetzt ganz bestimmte Präferenzen« genießen. Die EWG ist zwar ein Klub der Reichen, sie hat aber einigen Armen eine besondere Mitgliedskarte ausgestellt, mit denen sie keineswegs überall Beifall erntete: Nach der Unabhängigkeitswelle, die in Afrika im Jahr 1960 16 Nationen in die politische Unabhängigkeit entließ, blieben die meisten von ihnen in wirtschaftlicher Abhängigkeit von Europa. Achtzehn Staaten[1] erhielten für ihre Produkte durch das Abkommen von Jaunde für den Bereich der EWG (1964) Zollpräferenzen, wodurch sie eine Vorzugsstellung gegenüber anderen Entwicklungsländern erhielten.

Dieser Vorteil trifft allerdings zumeist die »am wenigsten entwickelten der ärmeren Nationen«, für die in Algier Sondervergünstigungen gefordert werden. Die Exportchancen in die EWG sind für die anderen ebenfalls »weniger entwickelten« Länder vor allem Afrikas natürlich erheblich gesunken, so daß Kenia inzwischen ebenfalls um eine Sonderbehandlung nachkommen mußte. Hier ist im Spielsalon des Welthandels ein Sondertisch aufgestellt worden, von dem die armen Spieler nicht mehr zurück können, ohne erheblichen Schaden zu nehmen.

Die EWG hat damit ihre eigene Entwicklungsregion in Afrika, die ihr erlaubt, die Wirtschaftsentwicklung in den betroffenen Staaten ganz entscheidend zu beeinflussen. Zugleich bietet sie einen Vorwand für hohe Einfuhrzölle gegenüber anderen Entwicklungsländern. So wies Nigeria nach, daß seine verarbeiteten landwirtschaftlichen Produkte, die für die assoziierten afrikanischen Staaten zollfrei seien, mit Zöllen zwischen 15 % und 35 % belastet würden.

Im Prinzip, so haben die Industrienationen auf der Welthandelskonferenz in Delhi erklärt, würden sie die Forderung der Algiercharter annehmen. Seitdem wird verhandelt. Und die Ver-

[1] Burundi, Kamerun, Zentral-Afrik. Rep., Tschad, Kongo-Brazzaville, Kongo (Kinsansha), Dahomey, Gabun, Elfenbeinküste, Madagaskar, Mali, Mauretanien, Niger, Obervolta, Ruanda, Senegal, Somalia, Togo. Die drei Maghrebstaaten haben ein Sonderverhältnis zur EWG, Nigeria hat einen eigenen Handelsvertrag, Israel ist inzwischen der EWG assoziiert, Ägypten hat die Assoziierung beantragt.

handlungen zeigen das Dilemma: Die Warenlisten, die von der reichen Seite angeboten werden, sind zwar lang, aber treffen zumeist nicht die Produkte, an denen die Entwicklungsstaaten interessiert sind. Ihre Listen sind ebenfalls lang und stoßen auf Widerstand der Industrienationen. Alle aus dem Rohöl gewonnenen Produkte – mit Ausnahme von Benzin – fehlen in den vorgeschlagenen Präferenzlisten der reichen Staaten.

Die Weltfirmen

Einer Veränderung der derzeitigen »Weltarbeitsteilung« beim Erdöl stehen aber nicht nur Staaten, sondern vor allem die großen Kapitalgesellschaften entgegen, denn sie haben, vom Aufspüren des Vorkommens bis zur Tankstelle an der Autobahn, den gesamten Weg des Produkts über alle nationalen Grenzen hinweg in der Hand. Die Raffinerien der Standard Oil, der Shell, die von Texaco und BP zählen zu den teuersten für das wirtschaftliche Wachstum wichtigen Industrien. Die Gesellschaften haben entsprechend der klassischen »Weltarbeitsteilung« investiert: den Bohrturm im Entwicklungsland, die riesige Tankerflotte für den Transport, die Verarbeitung nahe beim Verbraucher. Bei der Diskussion um das Nord-Süd-Gefälle wird stets von reichen und armen *Staaten* gesprochen. Zwischen die beiden Staatengruppen haben sich in den letzten fünfzig Jahren die großen übernationalen Gesellschaften geschoben, die sich jedem Zugriff staatlicher Wirtschafts- und Entwicklungspolitik entziehen. Als größte potentielle Investoren auch in den Industriestaaten sind diese für ihre Strukturpolitik auf gutes Einvernehmen mit den »Transnationals«, wie die Firmen genannt werden, angewiesen. Sie treiben globale Unternehmungspolitik als Gewinnmaximierung, nicht als Entwicklungspolitik, und verhalten sich zu ihnen wie der Igel zum Hasen. Immer sind sie schon da, ihre Identität ist jedoch nicht zu greifen. Sie können ihre Gewinne zwischen den Tochterfirmen in verschiedenen Staaten hin und her schieben, um die jeweils günstigste Besteuerung zu erhalten. Sie legen ihr Geld an, nicht nach globalen, entwicklungsstrategischen, sondern nach globalen Company-Gesichtspunkten, und das nicht einmal im Interesse der Industrienation und deren eigener Wirtschaftspolitik. Diese großen Firmen stellen für die Entwicklungsstaaten die größte Hypothek dar. Auf sie angewiesen, weil nur sie Geld genug haben, Produktionsstätten anzulegen, sind sie ihnen zugleich ausgeliefert, da sie ja nicht nur die Gewinnung der Rohstoffe, sondern auch den Markt in den Industriestaaten kontrollieren. Hier interessiert nur der internationale Charakter jener Firmen und die Frage ihrer entwicklungspolitischen Wirksamkeit in bezug auf die Umwandlung der Weltarbeitsteilung. Der nationale Aspekt der Privatinvestitionen gehört zu den Kennzeichen der inneren Armut und wird später behandelt werden.

Entwicklungspolitik hat nicht den jährlichen oder mittelfristigen Gewinn im Auge, sondern, langfristig, die Wohlfahrt möglichst vieler. Die Unternehmenspolitik der Transnationalen geht umgekehrt vor, sie planen kurzfristig Gewinn, mittelfristig Gewinnmaximierung und langfristig Sicherheit der Gewinnmöglichkeiten. Sie planen nicht innerhalb staatlicher oder regionaler Grenzen, sondern global. Merkwürdigerweise ist ihr Verhältnis zum Staate und dessen Wirtschaftspolitik noch wenig untersucht. Ihr tatsächliches Verhalten nehmen Wirtschaftspolitiker zwar täglich wahr, die Wissenschaft ist diesem Phänomen bislang jedoch ausgewichen. – Nur Kenneth Galbraith beschäftigt sich in seiner Analyse der modernen Industriegesellschaft mit den »ausgereiften Großfirmen«. Aber, obgleich lange Zeit Botschafter in Indien, und ihm die Entwicklungspolitik am Herzen liegt, behandelt er das Verhältnis der Großfirmen zum Staat im nationalen amerikanischen Rahmen, ohne sich um ihre wichtigen Funktionen im internationalen Warenverkehr zu kümmern.

Internationale Firmen können jedem kapitalistischen Staat ihre Bedingungen weitgehend aufzwingen. Planen amerikanische Firmen eine neue Produktionsstätte in Europa, so spielen sie die westeuropäischen Staaten und deren staatliche Untergliederungen gegeneinander aus. Die Gründung einer Aluminiumfabrik durch eine internationale Firma wird so zur kriminalistischen Burleske. Belgien bietet unter der Hand bessere Bedingungen als die Bundesrepublik, besorgt fast das gesamte Kapital, gewährt Steuernachlässe, sorgt für niedrige staatlich gestutzte Strompreise. Gleichzeitig verhandelt die Firma mit verschiedenen Gemeinden und Bundesländern in Deutschland und handelt so die günstigsten Bedingungen ein. Und wenn dann die Gründung geklappt hat, wird der amerikanische Direktor Ehrenbürger der europäischen Gemeinde, obwohl sie ein Großteil der Kosten selbst aufgebracht hat. Solche Firmen, zumeist Erzeuger und Verarbeiter mineralischer Rohstoffe (Erdöl, Bauxit, Aluminium, Kupfer), stellen eine weit stärkere Lobby hinter den Regierungen der westlichen Industriestaaten dar als etwa die Textilarbeiter oder die Bauern. Dabei geht es nicht um eine völlige Verlagerung der komplizierten Produktionsstätten in die Entwicklungsländer, sondern um den Aufbau einer eigenen heimischen rohstoffverarbeitenden Industrie, die zunächst für den Eigenbedarf, dann aber auf dem Weltmarkt leichter als mit dem Rohstoff Devisen sparen bzw. einbringen könnte. Durch einen solchen Wandel ist nicht »die Volkswirtschaft der Industriestaaten« bedroht, sondern die von wenigen kontrollierte eigenständige Firmenpolitik.

Der britisch-niederländische Unilever-Konzern verhält sich z. B. in Afrika weit entwicklungspolitischer als die großen Mineralölfirmen. Er hat in den letzten zehn Jahren große Produktionsstätten für verarbeitete landwirtschaftliche Erzeugnisse in Ghana und Nigeria errichtet, die der staatlichen Entwicklungspolitik entgegenkamen. Aber auch bei solchen Investitionen wird der Entwicklungsstaat in die Rolle des Bergdorfbürgermeisters gedrängt: »Das ernsteste Problem solcher Verhandlungen (Gründung von Fabriken für die Verarbeitung von Rohstoffen, F. D.) ist die ungeheure wirtschaftliche Größe Unilevers. Für diese Firma ist jedes einzelne Projekt nur ein verschwindend geringer Teil ihres internationalen Gesamtprogramms[1].«

Diese übernationalen Firmen haben in die Staatenwelt eine neue Variante des Internationalismus gebracht, die den Aufbau einer »sozialen Weltwirtschaft« (Klaus Esser) verhindert. Sie selbst künden zwar gern ihre völkerverbindende friedensbescherende Aufgabe. Nur dem Gewinn verpflichtet, allen Gewaltkonflikten abhold, stellen sie sich als Künder einer neuen

[1] Reginald H. Green/Ann Seidmann, Unity or Poverty? The Economics of Pan-Africanism, S. 110, Harmondsworth 1968.

friedlichen Welt dar. »What is good for General Motors is good for the United States«; an diesen Leitsatz der amerikanischen Wirtschaftsverfassung mögen immerhin noch Leute glauben, die von den Smogwolken über New York nicht betroffen sind. Ob die Staaten ihnen jedoch die Entscheidung über Humaninvestitionen, Entwicklungsplanungen der armen Gesellschaften überlassen dürfen, ist zu bezweifeln. Ihr Erfolg basiert auf ihrer Fähigkeit, sich den Staat zunutze zu machen, wenn sie ihn brauchen, sowie, ihn gegen einen anderen ausspielen zu können, wenn er nicht gefügig ist. Mit dem alten Begriff »Monopolkapitalismus« ist es nicht getan. Das Problem ist in ein neues Stadium getreten. Als selbsternannte Sachwalter vor allem des amerikanischen politischen Interesses sorgen sie sich nicht mehr nur um Profit, sondern um weltweite Politik: »Daß eine Gesellschaft, die im Elend lebt, sich dem Kommunismus zuwendet, könnte möglich sein. Falls nicht etwas getan wird, diese Bedingungen zu ändern. – Aber die Länder haben nicht die wirtschaftlichen und technischen Hilfsmittel für diesen Wandel. Die Vereinten Nationen haben sie auch nicht, ja nicht einmal die Vereinigten Staaten. Sie brauchen die Hilfe der Weltindustrie, besonders der US-Industrie. Sie hat ideale Voraussetzungen dafür. Sie kann direkt mit den Leuten im Land zusammenkommen. Sie kann ihr Leben in einer Weise ändern, wie es keine Regierung vermag.« So wirbt die Anzeige einer amerikanischen Großfirma für ihre Aktivität in Brasilien. Eine rührende Geschichte wird in der Anzeige erzählt von der Gründung einer Fabrik und der Verwandlung eines armen Dorfes in ein kleines Paradies durch den Ankauf einer heimischen Papierfabrik. »Die Taten der Industrie«, so schließt die Anzeige, »mögen sehr wohl genauso wichtig sein, wie das Evangelium der Demokratie.«

Vor solchem missionarischen Eifer mag mancher Präsident eines Entwicklungsstaates zittern. Denn ihm kann es nicht nur um die Papierfabrik und das umliegende Dorf gehen, sondern um die Bewegungsfreiheit bei der Festsetzung seiner Entwicklungsziele. Und gerade sie wird ihm von den internationalen privaten Firmen genommen. Denn diese Firmen stellen die Abflußröhren im Armutsgefälle der Staaten dar. Gewinn, technisches Wissen, Erfindungen und Erfinder horten sie im jeweils reichsten Land ihres Einflußbereiches, zumeist den Vereinigten Staaten. (Auch aus Europa ziehen sie die Forschungs- und Entwicklungsabteilungen der von ihnen aufgekauften Firmen nach Amerika ab.) Ihr Leitbild ist die amerikanische Konsumgesellschaft. Die Entwicklungsstaaten müssen eigene Leitbilder entwickeln; private Firmen sind ihrer Natur nach dazu unfähig.

Wir sahen, es bestehen Abhängigkeiten durch

- die starke Bindung an den Außenhandel mit den Industriestaaten,
- die Einseitigkeit der Ausfuhr oft nur eines Rohstoffes,
- die geringe Ausdehnbarkeit der Märkte für diesen Rohstoff,
- seine schwankenden und langfristig sinkenden Preise,
- die festen und langfristig steigenden Preise der benötigten Industriegüter,
- den abnehmenden Bedarf an Rohstoffen in den Industriestaaten,
- den Mangel an Devisen zur Bezahlung von Schulden und zum Kauf teurer Industriegüter,
- die Macht der Transnationalen Weltfirmen.

So sehr die Entwicklungsstaaten sich bemühen, im Handel zwischen reichen und armen Staaten für alle diese Schwierigkeiten bessere Bedingungen zu erhalten, sie haben gelernt, sich nicht allzusehr auf den guten Willen der Industriestaaten zu verlassen. Sie versuchen, die Handelsbeziehungen insgesamt zu verlagern, suchen den Handel untereinander auszudehnen. Ähnlich der EWG schaffen sie Binnenhandelszonen, die sich gegen die Konkurrenz von außen absichern. Der Vorteil liegt auf der Hand. Ein Fahrrad, das Kenia in Tansania kauft, braucht nicht in harter Währung bezahlt zu werden, belastet nicht die Devisenbilanz, wenn Tansania gleichzeitig Waren in Kenia kauft. Regionalpolitik ist hier der Ausweg. Entgegen den Ansichten in Europa, die Entwicklungsstaaten pflegten einen eigenen Nationalismus alter Prägung, zeigen sie weit schneller als Europa dieses vermocht hat, die Bereitschaft zu einer interregionalen Zusammenarbeit in ihrer Entwicklungspolitik. Regionalpolitik ist daher auch eines der Ziele der neuen Entwicklungsstrategie. Nur dürfen die Bedingungen dieser Regionalpolitik nicht einseitig vom geldgebenden Westen gestellt werden. Regionalpolitik etwa zwischen den Staaten Westafrikas ist nur möglich und sinnvoll, solange der Aufbau einer nationalen Gesellschaft dadurch nicht gefährdet wird. Er muß Vorrang vor den rein ökonomischen Zielen der Wirtschaftsintegration haben.

IV
Die große Armut - national

Die statistische Armut

Vom alten Ägypten sind übriggeblieben: die Tempel der Götter und die Gräber der Pharaonen. Die Paläste der Reichen und die Hütten der Armen waren aus Lehm. Die Jahrhunderte haben sie fortgespült. Spuren des Lebens finden sich nur in den Gräbern des Todes. Die Pharaonen verschwendeten den Reichtum des Landes an ihre Leiche.

Dieser Pharaonenstaat war reich. Er hat seine Reichtümer nicht verteilt, sondern zu riesigen Todesmalen aufgetürmt, sein Gold in die Erde vergraben. So machten es unzählige Staatsordnungen nach ihm. Nicht verteilen sollte der Staat, sondern für die wenigen auftürmen zum kalten Glanz der Staatssonne, an der sich die Ärmsten wärmen sollten. Nicht überall haben sich im Laufe der Geschichte solche Staaten entwickelt: Afrika kennt und kannte sehr viele Sozialgebilde, in denen es zwar hierarchische Machtverhältnisse, aber keinen privaten Reichtum der Häuptlinge gab. Tansanias Staatspräsident Nyerere: »Keiner hungerte nach Nahrung oder menschlicher Würde, denn er hatte keinen persönlichen Reichtum; er konnte darauf zurückgreifen, was der Gemeinschaft gehörte, deren Mitglied er war[1].«

Weit mehr entsprachen etwa die Stämme der Mashonas im heutigen Rhodesien der Verteilungsidee des modernen Staates als die Staaten des Westens.

Denn nur die Armut eines Menschen ist existentieller, die eines Staates aber statistischer Tatbestand. Wie arm er ist, merkt der Bettler im feuchtheißen Dacca am täglichen Hunger, wie arm Pakistan ist, merkt seine Regierung, wenn die Zahlen des Finanzministeriums vorliegen. Das weltweite Wohlstandsgefälle zwischen reichen und armen Staaten mißt sich an zumeist nur einer einzigen statistischen Größe: Das Einkommen (Bruttosozialprodukt) eines Landes wird aufgeteilt auf die Anzahl seiner Männer,

[1] Julius Nyerere, Ujamaa, The Basis of African Socialism in the Ideologies of Developing Nations. Hg. Paul E. Sigmund, New York 1967.

Frauen und Kinder. Armut oder Reichtum eines Staates werden also ironischerweise in einer Größe angegeben, mit der – theoretisch – vorweggenommen ist, was das Ziel aller Politik sein sollte: Möglichst gleichmäßige Verteilung des Einkommens und Vermögens auf die Bevölkerung. Dasjenige Merkmal, mit dem Armut des Staates bestimmt wird, ist in der Wirklichkeit nirgends aufzufinden: Was die Statistik vortäuscht – Gesamteinkommen verteilt auf die Anzahl der Bewohner – gibt es nicht.

Das ist nun keine gedankliche Spielerei, sondern für unser Thema von eminenter Bedeutung. Die Tatsache, daß »über $^2/_3$ aller Menschen in Staaten leben, die zusammen nur über $^1/_4$ der Ernährungs- und $^1/_6$ der Industrieproduktion« verfügen, sagt über die tatsächlichen Probleme wenig aus. Daß es in Indien einige Männer gibt, die reicher sind als der deutsche Millionär Axel Springer, daß die Maharani von Baroda ihren Milliarden-Thronschatz durch Ankauf von Halsbändern und Industrieaktien im Westen gut anlegt, zeigt nicht die Statistik der Armut, daß in Harlem Negerkinder von Ratten gebissen werden, nicht die des Reichtums.

Die »reiche« Welt und die »arme« Welt als Gruppen bestimmter Staaten gibt es, bezogen auf den einzelnen, nur statistisch. Wenn Reichtum und Armut auf den Anteil der in der Landwirtschaft Beschäftigten, den Grad der Industrialisierung, den Verbrauch an Stahl und elektrischer Energie gemessen werden, ergeben sich zwar eindeutigere Zuordnungen der einzelnen Staaten zur »reichen« oder »armen« Gruppe. Aber auch hier gibt die Statistik ein verzerrtes Bild. Wenn die Industriezone um São Paulo ihren Elektrizitäts- oder Stahlverbrauch erhöht, dann verbraucht zwar nach der Landesstatistik der Verhungernde am Straßenrand von Fortaleza im Nordosten Brasiliens um Prozentbruchteile mehr Strom, er wird dies aber nie erfahren. Des Lesens und Schreibens unkundig, kann er seinen statistischen Wohlstand nicht einmal in den stolzen Erfolgsberichten seiner Regierung lesen.

Aber bleiben wir zunächst bei dem »Nord-Süd-Gefälle«. 1965

betrug das jährliche Pro-Kopf-Einkommen Pakistans 320 Mark, das Argentiniens ca. 3 000,– DM. Der Abstand Argentiniens von den Vereinigten Staaten (14 135,– DM, ca. 1:5) war also halb so groß wie der Pakistans zu Argentinien (ca. 1:10). Und diese Unterschiede kennzeichnen die gesamte Entwicklungsszenerie, Regionen wie Einzelstaaten: Zentralafrika ist ärmer als Nordafrika, der Norden Lateinamerikas ärmer als der Süden. Malawi ist noch ärmer als Tansania, Paraguay ärmer als Uruguay, Burma ärmer als Thailand. Das Wohlstandsgefälle ist über den ganzen Globus verteilt. Und innerhalb der Staaten ist es ebenso groß wie zwischen den Staaten. Der Pandschab in Indien ist unendlich viel reicher als Bihar oder Orissa; Westpakistan ist in den letzten Jahren stetig reicher, Ostpakistan stetig ärmer geworden. Südbrasilien ist reicher als Nordbrasilien. Gründe genug für Konflikte. Und wer etwa innerhalb des indischen Bundesstaates Bihar in der Großstadt Patna lebt, dem geht es weit besser als denen in den Hungergebieten im Norden Bihars. Und im reichen Pandschab, das dank der »Grünen Revolution« 1969 ein Wachstum von etwa 13 % (höher als Japan) verzeichnete, gibt es nach wie vor Hungernde und Verhungernde. Und in Delhi traf ich einen Playboy; er war Sohn eines der reichsten Männer von Orissa, einem der ärmsten Staaten Indiens. Die feinen Leute in der Elendsregion Nordbrasiliens, in Recife zum Beispiel, sind nicht weniger fein als die feinen Leute in Rio. Und das Elend der Arbeitslosen in Recife ist kaum schlimmer als das Elend der arbeitslosen Favelados in Rio de Janeiro. Das Nord-Süd-Gefälle ist zunächst ein statistisches Phänomen. Arm ist der Verhungernde im Rinnstein von Kalkutta, reich der gepflegte Plantagenbesitzer in Guatemala City.

Der Katalog der Armutsbedingungen im armen Teil der Welt liest sich zumeist wie die Beschreibung eines Mannes, dem zur Lungen- die Nierenentzündung kommt, zum Kreislaufkollaps die Trombose, obendrein die Lähmung aller Gliedmaßen. Die Entwicklungsbedingungen, die die Experten dann fordern, verlangen hingegen von diesem von aller Pein verfolgten Menschen:

Er soll ein guter Weitspringer sein, ein guter Boxer, beim Schwimmen wie im Gewichtheben soll er Vorzügliches leisten, zudem sind allerlei Qualitäten des Geistes und der Moral verlangt; ordentlich, strebsam, gebildet, zielbewußt, äußerst friedfertig, jedoch auch unternehmerisch muß er sein, ein guter Kaufmann, Professor, ein guter Christ und sozialer Kapitalist; Klagen über seinen schlechten Gesundheitszustand oder die unüberwindlich scheinenden Aufgaben werden ihm übel vermerkt, der fehlende Dank bei Hilfestellung ihm angekreidet.

Die Volkswirtschaftler zählen sie rasch auf, die Summe all der Mängel, unter denen die armen Länder so unterschiedlich leiden:

Die meisten Menschen arbeiten in der Landwirtschaft, in Indien über siebzig Prozent. Die überholten Anbaumethoden können nur durch Maschinen, Industrieprodukte also, verbessert werden. Industrie gibt es jedoch kaum. Wo es sie gibt, ist sie im wesentlichen auf einen modernen Sektor ausgerichtet, der nur wenigen zugute kommt: Brasilien stellt mehr Personenwagen her als Lastwagen und Traktoren. Für die Industrialisierung braucht man Geld. Da viele Firmen in ausländischem Besitz sind, wandern die Gewinne aus dem Land ab oder werden in den Wohlstandsinseln verbraucht.

Die Bevölkerung vermehrt sich, die Ernährungsmöglichkeiten für die Menschen auf dem Lande werden immer geringer.

Vom »Kreislauf der Armut« sprechen die Entwicklungstheoretiker: Der Verdienst der arbeitenden Menschen ist so niedrig, daß sie nicht sparen können. Ohne Sparkapital kann nicht industrialisiert werden, ohne Industrialisierung der Arbeitsertrag nicht erhöht werden. Der Arbeitsertrag ist niedrig, weil die Arbeitenden in Industrie und Landwirtschaft nicht geschult sind, weil sie unterernährt sind und weil sie auch wenig Lust zur Arbeit haben. Und sie haben wenig Lust, weil sie so niedrig bezahlt werden, usw. Seit Jahren wird dieser Teufelskreis der Armut in Broschüren und Vorträgen dargestellt, und dabei dreht sich das Karussell des Elends schneller.

Begründet wird die Armut von verschiedenen unterschiedlich.

Die marxistisch-leninistische politische Ökonomie sieht als Armutsfaktoren im wesentlichen den Kolonialismus (Afrika, Asien) und den Dollar-Imperialismus in Lateinamerika. Durch die europäischen Mächte seien jene Länder in eine Wirtschaft gezwungen worden, die nicht ihren Interessen, sondern denen der sich entwickelnden Industrienationen diene. Dieser Deutung kann niemand ernstlich widersprechen. Die durch den Kolonialismus erfolgten Modernisierungen (Straßenbau, Eisenbahnbau, Bergwerkswesen, Plantagenbau) dienten Europa, nicht dem Lande. »Betrachten wir das wesentliche Element der Entstehung Brasiliens, suchen wir die Wurzel aller künftigen Entwicklung, ergibt sich, daß Brasilien gegründet wurde, um Zucker, Tabak und andere Rohstoffe zu exportieren, später Gold und Diamanten, dann Baumwolle und zum Schluß Kaffee, alles für den europäischen Markt.« Hierin sieht der brasilianische Nationalökonom Caio Prado die Daseinsbegründung Brasiliens[1]. »Dieser koloniale Ursprung«, so fährt Prado fort, »schrieb sich den Zügen des Landes und seiner Lebensart tief und nachhaltig ein.«

Das trifft mit Abweichungen auf alle Entwicklungsländer, ja selbst auf jene zu, die nicht unter kolonialer Herrschaft standen.

Es ist müßig, Bilanz zu ziehen, zu fragen, ob die Modernisierungsimpulse nicht die Ausbeutung wettmachen würden, wie es müßig ist, eine Gewinn- und Verlustrechnung über den Kolonialismus aufzustellen. Sie ist sicher wichtig für das Selbstverständnis und Selbstvertrauen der betroffenen Länder, für deren eigene nationale Geschichtsschreibung. Entwicklungspolitik kann sich auf solche Bilanzen nicht stützen. Sie sind allerdings wichtig bei der Frage, inwieweit sich Ausbeutungsverhältnisse in die Gegenwart hinübergerettet haben. Denn die Armut der Gegenwart ist durch die Wirtschafts- und Sozialverhältnisse bestimmt. Auch heute sind die meisten Länder, wenn auch nicht kolonial abhängig, ähnlichen Wirtschaftsbedingungen unterworfen wie zur Kolonialzeit. Nicht das Gold, das die Spanier den Inkas raubten,

[1] Caio Prado jr., The colonial background of modern Brazil, Los Angeles 1967, S. 21.

kann in dieser Schrift interessieren, sondern die Art der Erdölausbeute heute.

Historische Bilanzen haben wenig Sinn. Was nützt es der modernen persischen Wirtschaftspolitik, wenn sie feststellt und errechnet, daß es ohne persische und arabische Gelehrte wohl nicht zur europäischen Wissenschaft und Philosophie gekommen wäre. (Das christliche Abendland hatte durchaus die Chance, nach dem Untergang des Römischen Reiches in einem starren Mönchchristentum zu verharren wie Äthiopien.) Was nützt es dem modernen Peru, wenn es ausrechnet, daß Spanien nie zur Hochblüte gekommen wäre, hätte es nicht neben den arabischen Wissenschaftlern auch über das peruanische Gold verfügen können. Was nützt es der indischen Wirtschaftspolitik auszurechnen, wieviel Milliarden Pfund Großbritannien aus Indien für den eigenen Reichtum herausgeholt hat. Ausbeutung gigantischen und extrem brutalen Ausmaßes haben die europäischen Kolonialmächte allüberall auf der Welt betrieben.

Die Plantagenwirtschaft der amerikanischen Südstaaten hätte sich ohne Sklavenarbeiter aus Afrika nicht entwickelt. Die alten west- und zentralafrikanischen Königreiche wären ohne die portugiesische Kolonialherrschaft und ohne den Sklavenhandel nicht so elend zugrunde gegangen. Selbst die Armut der letzten Buschmänner in der südafrikanischen Kalahariwüste ist durch das Vordringen des weißen Mannes mit verursacht worden. Aber ob der Dei von Algier, der vor Ankunft der Franzosen dort herrschte, Algerien leichter in die Moderne und auf die nötige Revolution vorbereitet hätte als die französischen Siedler, bleibt dahingestellt. So geht es nicht um Schuld, sondern um Feststellung der gegenwärtigen Armutsbedingungen.

Die westlichen Entwicklungstheoretiker sehen andere Gründe »für das Zurückbleiben« der Entwicklungswelt. Sie untersuchen vor allem die Gründe für den wirtschaftlichen Aufschwung des Westens, demgegenüber die Entwicklungsstaaten stagnierten. Was dort an Wirtschaftsentwicklung stattgefunden habe, sei dem Anstoß vom westlichen Ausland zu verdanken.

Mit einer Fülle von Begriffen wird der westliche Aufschwung und das Zurückbleiben der Entwicklungsregionen dargestellt. Alle Theorien münden zumeist im Begriffspaar vom »statischen« und »dynamischen« Wirtschaftsverhalten. Die armen Länder, so heißt es, sind vom statischen, die reichen vom dynamischen Wirtschaftsverhalten geprägt. Die einen sorgen nur vor bis zum Abend, allenfalls bis zur nächsten Ernte, die anderen verändern kontinuierlich ihre Produktionsweisen, um zu immer besseren Leistungen zu kommen. Diese Unterscheidung ist weder anschaulich noch sehr ergiebig, zudem nicht immer zutreffend. Unsere eigene Unfähigkeit, zu einer dem modernen Industriestaat entsprechenden Agrarpolitik zu kommen, das Festhalten am Bauernideal vergangener Zeiten zeigt, wie »statisch« auch bei uns das Wirtschaftsverhalten noch sein kann, wenn eine wesentliche Voraussetzung für die Änderung des Verhaltens fehlt: das Gefühl der Sicherheit auch in der neuen Situation. Die Entwicklung kapitalistischer Wirtschaftsformen in fast bruchlosem Übergang von den durch ihre Vorrechte geschützten Feudal- zu den bürgerlichen Schichten des neunzehnten Jahrhunderts hat gezeigt, daß keineswegs eine eingeborene »dynamische« Veranlagung wirtschaftlichen Aufschwung brachte, sondern die hohe Prämie, die den ohnehin Bevorzugten gewährt wurde, sobald sie sich wirtschaftlich einträglichen Beschäftigungen hingaben. Der Gründer einer Fabrik, ob nun Edelmann oder ehemaliger Handwerker, hatte schon soviel Sicherheit durch seine aus der »statischen« Zeit ererbten Vorrechte gegenüber den meisten, daß er sich ohne Gefahr auf neues Terrain wagen konnte. Der Preis war verlockend: Aufstieg in der festen, hierarchischen Ordnung der Klassengesellschaft, durch niedrige Steuern nur wenig gefährdete Gewinne. Die Arbeiter, die er einstellte, zumeist arbeitsloses Landproletariat, gingen nicht zu ihm, weil sie »dynamisches« Verhalten zeigen wollten, sondern weil sie im bestehenden Eigentumssystem nur die Wahl hatten zwischen Hunger und Hungerlohn. Die »Dynamik«, die Hunderttausende aus dem agrarischen Osten Deutschlands ins Ruhrgebiet trieb, war Ergebnis der Angst und des Hungers, der Recht- und Landlosigkeit im System des Großgrundbesitzes. Die Aussicht auf Lebens- und Daseinssicherung, die nach der hier vertretenen Auffassung einzig und allein »statisches« in »dynamisches« Verhalten verwandeln kann, haben die Arbeiter sich dann in sehr langen und zähen Kämpfen von denen erkämpft, die schon vor ihrer »Dynamik« über beträchtliche Sicherheiten verfügten. Der spöttische Satz: »Wat de Bur nich kennt, dat fret he nich«, sollte ernstgenommen werden. Wer könnte im Blick auf die Geschichte des neunzehnten Jahrhunderts wirklich ohne schlechtes Gewissen sagen, die neue Suppe, die den Bauern gekocht wurde, sei gut verdaulich gewesen.

Darum halten die Menschen der armen Gesellschaften so krampfhaft an ihren Lebensgewohnheiten fest. Das Neue bietet keine materielle, keine soziale und keine seelische Sicherheit. Als die Briten 1890 Rhodesien erobert hatten, brauchten sie schwarze Arbeitskräfte. Zunächst prügelten sie die Arbeiter aus dem Busch. Dann gab es eine aufmerksame britische Öffentlichkeit, und die Zwangsarbeit mußte gegen erbitterten Widerstand der Siedler eingeschränkt werden. Die Afrikaner wurden besteuert. Das Zahlen von Steuern war den Mashonas in Rhodesien ebenso bekannt wie den Engländern, nur waren sie gewohnt, die Steuern an den König von Matabeleland in Getreide zu zahlen. Das nahmen die Weißen jedoch nicht an. Geld sollte es sein. Und Geld gab es nur bei ihnen gegen Arbeit. Natürlich arbeiteten die Afrikaner nur so lange, bis der Steuerbetrag verdient war. Von dem weißen Farmer trugen sie ihn zum weißen Beamten und eilten nach Hause, das Feld zu bestellen. Die Sicherheit der eigenen Landwirtschaft, der Familie zu Hause war einfach unendlich viel größer, als die unsichere Welt der »Dynamik«, in der jeder Kranke und bei der Arbeit Verletzte sofort entlassen wurde. Die »Dynamik« der Siedler war abgesichert durch die Weltherrschaft Londons, durch sehr generöse Landnahme, durch Kanonen und Maschinengewehre. Dann wurde den Afrikanern mehr Land fortgenommen. Schließlich mußten sie ja zivilisiert werden. So kamen immer mehr Afrikaner »freiwillig« zu den Weißen, um zu arbeiten. Als das Land immer knapper, die Steuern immer höher und die wirtschaftlichen Aktivitäten der Weißen immer stärker wurden, mußten immer mehr Arbeit suchen. Die Missionare halfen, indem sie einige zu Handwerkern ausbildeten. Das nun paßte den weißen Siedlern gar nicht. Als schwarze Handwerker ihnen ihre Dienste anboten und damit weißen Handwerkern zur guten und billigen Konkurrenz wurden, setzten sie durch, daß solches verboten sei, sie reservierten »weiße Jobs«. Zur Rechtfertigung ihrer Verbote wandelten sie ihre Anschauungen über die Schwarzen. Mußten diese zuvor unbedingt »zivilisiert« werden, dynamisch also und den Weißen gleich, hieß es nun, Afrikaner seien ohnehin faul und dumm, sie eigneten sich nur für ungelernte Arbeit. Der Rassendünkel entwickelte sich erst, als die Afrikaner zur Arbeitskonkurrenz zu werden drohten. So festigten die Weißen ihre Herrschaft, sicherten ihre »dynamischen« Jobs und ihre philosophischen Anschauungen vom Wesen der Menschenrassen. Bis heute sind sie davon überzeugt, die Afrikaner seien faul und nicht »dynamisch«.

Vereinfacht läßt sich sagen, daß die überschaubare Entwicklung kapitalistischen Reichtums entstanden ist aus der Möglichkeit der Privilegierten, die Lebensbedingungen der Unterprivilegierten zu verunsichern, durch Besteuerung, Landnahme, Erhöhung der Pachtabgaben, daß sie erkauft wurde durch Elend und Unsicherheit.

Was für das Festhalten an der alten Familienordnung und Stammesbildung gesagt wurde, gilt auch für das Festhalten an überkommenen religiösen Vorstellungen und Regeln. Sie geben dem Dasein Sinn und dem Leben Ziel, bieten in der überschaubaren Welt Sicherheit. Das Moderne tritt auf ohne neue Sicherungen.

Experten, die in Entwicklungsländern arbeiten, berichten, wie rasch diejenigen »dynamisches« Verhalten annehmen, die unmittelbar von den Vorteilen des Neuen betroffen sind. Lange sonnten sich die Europäer in der Vorstellung, nur sie hätten den Typ des dynamischen Unternehmers hervorgebracht. Wo immer in der überseeischen Welt bestimmte Formen modernen Wirtschaftens nicht von ihnen besetzt waren, haben die Bewohner des Landes die gleichen »modernen« Fähigkeiten bewiesen wie die Weißen. Im Handel haben Afrikaner, Inder, Brasilianer und Syrer die gleiche »Dynamik« entwickelt wie ihre europäischen Konkurrenten. Modernisierung einer Gesellschaft bedeutet Verunsicherung des einzelnen. Erfolgt sie ohne das Sicherheitsnetz sozialer Maßnahmen und neuer Lebenserfüllung, erzeugt sie Widerwillen und Angst. Josef Reding hat in einer kleinen Geschichte beschrieben, was hier gemeint ist: Arme Landbewohner waren vor dem alles zerfressenden Sandsturm im Norden Brasiliens in der Hoffnung, dort Wohnung und Brot zu bekommen, in die moderne Großstadt geflohen. Sie bauten sich in den Slums eine kleine Hütte, wurden zu Favelados. Die Großstadt bot ihnen weder Arbeit noch Schutz. Zweimal wurden ihre Favelas von der Stadtverwaltung niedergewalzt. Denn die Landbewohner konnten sich ja nicht anpassen, hausten in ihren häßlichen Holzhütten, gehörten nicht in die Moderne. Beim drittenmal bauten sie mit Hilfe von jungen Entwicklungshelfern eine Wasserleitung, lernten ein Handwerk. So schnell und so rasch wie Europäer ... Nun erst war die Stadt bereit, sie zu akzeptieren, ihnen eine gewisse Sicherheit zu bieten[1].

Was hier Sicherheit und Schutz genannt wird, meint nicht nur Altersversorgung, Berufsausbildung, Schulbesuch, sondern zunächst ein neues Lebensmotiv. Der Schutzbereich der Religion oder der Großfamilie wird durch jede Lebensveränderung beeinträchtigt. Auch die neuen Maschinen verlangen ein Verhalten, durch das die alten Glaubenssätze der Religion in Frage gestellt werden. Auch die Auflösung der Großfamilie oder der Stämme gefährdet das Sicherheitssystem des einzelnen. Julius Nyerere hat aus diesem Grund seinen afrikanischen Sozialismus Ujamaa, »Familie« genannt: »Die Grundlage und das Ziel des afrika-

[1] Josef Reding, Der letzte Favelado, in: *Kontraste*, 1970 I, 10. Jahrg., S. 32.

nischen Sozialismus ist die erweiterte Familie. Der echte afrikanische Sozialist betrachtet ... alle Menschen als seine Brüder – als Glieder seiner sich stetig erweiternden Familie.« (»Ujamaa«: The Basis of African Socialism, Tanganyika Standard, Daressalam 1962.)

Das mag nach Sozialschwärmerei klingen, ist jedoch eine exakte Beschreibung des Sicherheitsbedürfnisses einer Gesellschaft, der die Moderne ihre alten Sicherheiten zu rauben droht.

Korruption schreien wir, wenn der Stationswärter der Eisenbahn in Lahore bestechlich ist, gar seine Familienmitglieder kostenlos einsteigen läßt. In einer Welt der Armut ist er immer für mehr Personen als nur für die Kleinfamilie verantwortlich, für die das Gehalt allenfalls bemessen ist. Er zahlt vielleicht die Schule für einen Neffen, das Krankenhaus für einen Onkel. Zugleich gibt er seiner Familie alle Sondervergünstigungen, die zu geben seine Stellung ihm erlaubt. Ein Bürger zweier Welten. Das neue, moderne System gibt ihm wenig Lohn und wenig Sicherheit. Im allgemeinen gibt es weder Arbeitslosen- noch Krankenversicherung, keinen Kündigungs- oder Altersschutz. Die Hilfen an die Familie sind Schutzvorkehrungen für das eigene Alter, gegen die eigene Entlassung. So erhält er die alte Sozialstruktur, seine Großfamilie, aus Schutzbedürfnis, nicht weil er ein »statischer« Mensch ist, sondern weil er und die Seinen Sicherheit brauchen. So verhält sich aber in der Summe das ganze Land zwischen Moderne und Altem, zwischen Unsicherheit und Sicherheit, erfaßt die staatliche Verwaltung, durchdringt das Geschäftsleben, das Schulsystem.

Auch in den Entwicklungsregionen gibt es »dynamisches« Verhalten, das allerdings nicht zu einem echten Aufschwung führt, der die ganze Bevölkerung erfaßt. Der Grund? Die Entwicklungsstaaten müssen sich modernisieren und industrialisieren, ohne die gleichen Ventile zu haben, mit deren Hilfe die Industrialisierung Europas stattgefunden hat: Sie können die »soziale Frage nicht in Übersee« lösen (Cecil Rhodes), können für Unzufriedene keine Siedlungskolonien in Amerika und Afrika und

Australien anlegen, wie Europa. Sie haben keinen kontinuierlichen Kapitalzufluß aus ihren überseeischen Investitionen oder Besitzungen, wie Großbritannien im neunzehnten Jahrhundert. Sie können die eigene Industrialisierung nicht wie die Engländer steuern, die die konkurrierende Produktion ihrer überseeischen Besitzungen auf die reine Rohstoffgewinnung reduzierten. In allem ist die Situation der Entwicklungsstaaten umgekehrt. Die konkurrierenden Produzenten in Europa sind stärker als sie, beherrschen längst die Welt, auch ihre eigenen Wirtschaften. Der Senegal kann kein Kriegsschiff in den Hafen von Hamburg schicken, um die Hamburger zu zwingen, senegalesische Waren hereinzulassen, was die Amerikaner 1853 in Japan taten.

Aber der wirtschaftliche Erfolg Europas beruht nicht nur auf der ständigen Bereitschaft der Mächtigen, das Leben der Menschen zu verunsichern, sondern auch auf dem Willen der Verunsicherten, sich den Mächtigen nicht bedingungslos zu fügen, auf der Bereitschaft zur Revolution. Die europäische und amerikanische Wirtschaftsgeschichte ist ohne die ständig latente Revolutionsdrohung der Lohnabhängigen, bzw. der ständigen Revolutionsfurcht der anderen Seite nicht vorstellbar. Die Drohung hat nur in den wenigsten Fällen zur Revolution geführt, zwang jedoch zu einer Sozialpolitik, mit der das »Gröbste« an Ungleichheit ausgeglichen oder verdeckt werden konnte.

Die Herrschenden in Lateinamerika oder Südostasien brauchten bislang die Revolutionsdrohung nicht durch Reformen oder Sozialgesetzgebung zu unterlaufen: Ihnen steht die Revolutionsangst des Westens hilfreich zur Seite. Sie nennen die Sprecher ihrer Entrechteten »Agenten« Moskaus oder Pekings und können damit die USA um Hilfe bitten. Das konnten Bismarck und seine europäischen Kollegen im 19. Jahrhundert nicht.

Patna, Bihar, Indien. Die staatliche Busgesellschaft des Bundesstaates Bihar hat ihre Hauptverwaltung im ehemaligen »Sultans-Palace«. Nie habe ich ein häßlicheres, ehemals weißes Gebäude gesehen. Türmchen, Fensterchen, verschmutzte Arabesken, verdreckte Toreingänge, ein verwildeter Vorgarten. Es ist Mittag, 45 Grad im Schatten. Hinter einem Vorhang ein uniformierter Bürodiener. Er bringt mich über eine enge Treppe in den ersten Stock. Im Halbdunkel ein Bühnenbild zum »Revisor«. Zwei halbverschlafene Beamte hinterm Schreibtisch, Aktenstöße im ganzen Zimmer, sie quellen aus den Borden, liegen auf und neben Stühlen. Dazwischen die rote Pfütze des Spucksuds der Betelnuß. Jeder Kritiker der Entwicklungsländer, jeder, der die Verschlafenheit staatlicher Betriebe geißelt und die Dynamik privater Betriebe segnet, hier wäre er auf seine Kosten gekommen.

Ich lasse mir den Weg erklären und fahre zur zentralen Reparaturwerkstätte, wo ein junger Deutscher »im Projekt« als Entwicklungshelfer arbeitet. Der leitende Ingenieur ist resigniert. »Wissen Sie, ich wollte hier so viel tun, aber die Verwaltung bearbeitet meine Anträge kaum, alles, was wir hier mit eigenen Mitteln machen, bedarf der Ergänzung durch Anschaffungen, und dafür muß ich Anträge stellen. Das dauert Monate.«

Draußen steht irgendwo die berühmte »Entwicklungsruine«, ein kleiner beweglicher Kran für schwere Werkteile, irgendwann haben Amerikaner ihn geliefert, und irgend jemand hat vergessen, die zur Montage nötigen Teile zu besorgen. Nun steht sie da, verrostet, nie genutzt.

Und doch, der deutsche Automechaniker und sein indischer Chef geben sich kaum denkbare Mühe. Die Busse stellen das Verkehrsrückgrat des Bundesstaates dar. Sie haben eine, verglichen mit Europa, extrem hohe Belastung und Unfallquote. Immer wieder werden sie zusammengeflickt, neu lackiert und wieder auf die Reise geschickt. Der Ingenieur hatte Heimweh, er stammte aus Mysor im Süden. Er war ein verhinderter Literat und Philosoph. »We had our dreams too, you know! Tennyson was my favourite. But look this work here.«

Der junge Deutsche ist vom Deutschen Entwicklungsdienst hierher geschickt worden. Er ist ruhig und schlicht. Er scheint resigniert. »Ich mache meine Arbeit gern, aber ist es Entwicklungshilfe?«

Eisenbahnen und Autobusse gibt es in Indien fast so lange wie in Deutschland und England. Und solange, seit einem halben Jahrhundert, werden in Indien Busse repariert. Der junge Deutsche füllt eine wichtige Stelle in der Werkstatt aus, die Gesellschaft spart den Lohn für einen teuren, qualifizierten Fachmann.

Dieser junge Stuttgarter in der heißen Hauptstadt Bihars ist zwei Jahre lang Zeuge jener lähmenden Vermischung von Lethargie und Arbeitsunlust, die die staatliche Bürokratie vieler Entwicklungsländer kennzeichnet. Die Busgesellschaft ist staatlich. Indien hat eine »gemischte Wirtschaft«, fördert den »öffentlichen Sektor« und den »privaten«. Nicht nur Busgesellschaften sind staatlich, auch Eisenhütten und seit kurzem die Banken.

Indien ging nach seiner Unabhängigkeit 1947 davon aus, daß zur Förderung des Wachstums die Aktivität der Privatwirtschaft neben der Planung und Lenkung des Staates unentbehrlich sei. Es ist der indischen Regierungspartei nicht gelungen, eine gesamtindische Mobilisierung, einen Aufbruchwillen, ein neues Arbeitsethos zu erreichen. Zwar betreibt der Staat in diesem zweitgrößten Land der Erde die Gesamtplanung seiner Wirtschaft. Einer Phase der raschen Industrialisierung folgt nun die Verstärkung und Modernisierung der Landwirtschaft, aber die Indische Union ist 1970 zersplitterter als jemals zuvor seit ihrem Bestehen. Die Einzelstaaten streben auseinander, führen sinnlose Grenzstreitereien, das Kastenwesen hat sich nicht gelockert, die religiösen Gegensätze zwischen Moslems und Hindus haben zu neuen blutigen Auseinandersetzungen geführt. Die Bürokratie lähmt die Durchführung der zentralen Planung. Westbengalen ist von Krisen erschüttert, die landlosen Bauern besetzen gewaltsam das Land der reichen Grundbesitzer. Indien steht, trotz großer Erfolge in der Landwirtschaft, vor der Existenzkrise. Was ist fehlgelaufen beim Experiment Indien, dem Hätschel- und Sorgenkind westlicher Entwicklungshilfe? Welcher Theorie sind Indiens Wirtschaftspolitik und die anderer Staaten gefolgt?

Die Spielwiesen der Ökonomen

Wie Verdurstende hatten sie sich auf die gestellten Aufgaben geworfen. Leidgeprüft, verkannt, verlacht, nicht gehört mußten sie jahrzehntelang ansehen, wie ohne sie Politik gemacht wurde. Die reichen Staaten des Westens sind reich geworden ohne den Ratschlag der Wirtschaftsprofessoren, sondern mit dem Profit- und Herrschaftsinstinkt der Kapitalisten. Keine Wirtschaftstheorie hat Frankreich im neunzehnten Jahrhundert reich werden lassen, das steinerne Meer von Manhattan ist weder von Volks- noch von Sozialwissenschaftlern geplant gewesen, kein Akademikus hat den Spaniern den Weg zum glitzernden Gold der Inkas gewiesen, kein Wirtschaftsstatist hat den Engländern errechnet, daß sich Baumwollanbau am Mississippi nur mit Negersklaven rentiere.

Aber in den fünfziger Jahren haben Amerikas Politiker die Mißmutigen und Enttäuschten aus ihren Studierstuben in die Arena gelassen. Sie durften – endlich – ihre Theorien den Ministerien vorschlagen: Die arme Welt wurde zum Spielplatz für Volkswirtschaftler erklärt. Sie sollten sagen, wie die »unterentwickelten Länder« am besten und am schnellsten entwickelt werden könnten.

Goldrauschstimmung in den Studierstuben. Jungfräulicher Boden wurde den Wissenschaftlern übereignet.

Da lagen sie vor ihnen, die weiten Steppen Afrikas, die Dschungel Asiens, arm, übervölkert, unterentwickelt, und sie waren berufen, für Entwicklung, für Reichtum, für Wohlstand zu sorgen, sie durften – endlich – beweisen, wieviel besser, wieviel rascher Entwicklung auch zu Hause stattfinden würde, wenn man nur auf sie hören würde.

Das Zeitalter der Entwicklungsökonomie hatte begonnen. Sine ira et studio, von niemandem beeinflußt als vom Streben nach Wahrheit und Erkenntnis, machten sie sich an die Arbeit, es kam zu Vorschlägen, es kam zu Theorien. Zwar nicht in sieben Tagen, jedoch in kurzer Zeit hatten sie – in der Theorie – die Welt neu geschaffen, und sie war wohlgeraten. 1949 hatte Präsident Truman in seinem Point Four Program die Forcierung der Auslandshilfe für unterentwickelte Regionen bekanntgegeben. Ende der fünfziger Jahre glaubte die amerikanische Volkswirtschaftslehre zu wissen, wie man es am besten anstellt, die Entwicklungsländer rasch auf den Pfad der Entwicklung und des Wohlstandes zu bringen. Das Schlüsselwort übernahmen sie aus der eigenen Wirtschaft: Wachstum. Selbsttätiges Wachstum sollten die armen Staaten schnell erreichen. Wachstum des Gesamteinkommens statistisch aufgeteilt auf die Menschen, die im Lande leben: Bruttosozialprodukt pro Kopf.

Zwar gab es Meinungsverschiedenheiten unter den Wissenschaftlern, etwa darüber, welche Rolle man dem Staat zuschreiben sollte, da als Rückgrat wirtschaftlicher Entwicklung ja die Sonderrasse der privaten Unternehmer angesehen wurde, der man auch die Erfolge der westlichen Wirtschaft zuschob. Der Staat solle sich zurückhalten, meinte der Amerikaner Hirschman, zunächst solle die Privatwirtschaft nach eigenem Instinkt und Gewinngefühl dort investieren, wo am schnellsten Profite zu erwarten seien. Erst später müsse der Staat versuchen, auszugleichen, da ja das Wachstum durch die Privaten zu Ungleichgewichten führen würde. Seine Theorie vom Unbalanced Growth, vom ungleichgewichtigen Wachstum, hatte vorzügliche, wenn auch wundersame Eigenschaften: Obwohl angeblich unpolitisch, rein wissenschaftlich entwickelt, entsprach sie sowohl den politischen Zielsetzungen der amerikanischen Außenpolitik als auch den schon lange vorhandenen Interessen des amerikanischen privaten Kapitals in den Entwicklungsstaaten: Sie schützte die Privatwirtschaft, förderte das freie Unternehmertum als wichtigsten Wachstumsgaranten und verhinderte so die befürchtete Ausbreitung des Kommunismus. Ein Beweis sicher dafür, wie »wissenschaftlich« sowohl die Außenpolitik des Westens als auch die Tätigkeit des privaten Kapitals ausgerichtet waren. Denn wenn selbst die Wissenschaft nachwies, daß nur privates Unternehmertum und freier Markt zum raschen Wachstum führen würden, dann waren sowohl die Interessen des westlichen Kapitals und die Abwehr kommunistischer Gefahr gerechtfertigt. Ironie beiseite. Die Entwicklungsdiskussion ist in den letzten fünfzehn Jahren als Diskussion um wirtschaftliches Wachstum geführt worden, Entwicklungshilfe im wesentlichen nach diesem Kriterium gewährt worden. Auch der 1969 im Auftrag der Weltbank verfaßte Pearson-Bericht fordert für die Zukunft: »Das Ziel verstärkter Entwicklungshilfe sollte es eindeutig sein, den Entwicklungsländern zu helfen, das Stadium sich selbsttragenden Wachstums auf einem einigermaßen befriedigenden Niveau zu erreichen[1].«

Manche hatten schon früh gewarnt, so daß der greise Vater aller Entwicklungstheorie, der Schwede Gunnar Myrdal mit seinem Begriff der »kumulativen Prozesse«, der im Entwicklungsland – wenn ungeplant trotz generellen Wachstums in den wenigen Wohlstandszonen der armen Länder – zu einer allgemeinen Abwärtsbewegung führen müßte: »Wenn man die Dinge unbeeinflußt durch irgendwelche sozial- und wirtschaftspolitischen Eingriffe dem freien Spiel der Kräfte überließe, würden sich industrielle Produktion, Handel, Banken, Versicherungen, ja in der Tat all jene wirtschaftlichen Aktivitäten, die in einer sich entwickelnden Wirtschaft mehr als durchschnittlichen Gewinn ergeben, generell an bestimmten Orten und in einzelnen Regionen zusammenballen, während der Rest des Landes mehr oder weniger brachliegen würde[2].« Dieser Prozeß ist – vor allem in Lateinamerika und in Asien, zunehmend aber auch in den afrikanischen Staaten – durch die von der Entwicklungshilfe unterstützte Wachstumspolitik eingeleitet worden. Daß Wachstumspolitik keine Entwicklungspolitik sein kann, beschreibt ein Freund des tschechoslowakischen Schriftstellers Gabriel Laub: »Wenn ich zum Mittag eine ganze Ente esse und Sie eine trok-

[1] Pearson-Bericht, Wien 1969, S. 36.
[2] Gunnar Myrdal, Ökonomische Theorie und unterentwickelte Regionen, Stuttgart 1959, S. 24.

kene Scheibe Brot, haben wir statistisch jeder eine halbe Ente und eine halbe Scheibe Brot gegessen.«

Würde er am nächsten Tag zwei Enten und würde Gabriel Laub zwei Scheiben Brot essen, dann betrüge das Wachstum absolut und pro Kopf hundert Prozent. Der Statistiker würde nachweisen, daß jeder am zweiten Tag eine ganze Ente und eine ganze Scheibe Brot verzehrte.

Das ist nicht die Schwäche der Statistik, sondern die Schwäche wirtschaftspolitischer Aussagen, solange sie sich mit globalen Zahlen begnügen. Da Entwicklungshilfe in den letzten zwanzig Jahren zum nationalen Weihrauchersatz der Industrienationen geworden ist, wird sie zumeist auch mit Globalzahlen garniert, die über die wahren Sachverhalte nicht nur nichts aussagen, sondern diese verschleiern. Zwei globale Beispiele, ein harmloses und ein gefährliches.

1965 betrug der Anteil der Fertigwaren am Export der »Entwicklungsländer« etwa 15 %. Damit wird angedeutet, wie wenig teure Fertigwaren und wie viele relativ billigere Rohstoffe die »Entwicklungsländer« exportieren. Nun ist das eine jener Binsenwahrheiten, die auch ohne genaue Prozentangabe einleuchten. Die Zahl von fünfzehn Prozent ist absurd, wenn von den »Entwicklungsländern« gesprochen wird. Denn: die Hälfte aller von »Entwicklungsländern« exportierten Fertigwaren wird von vier Ländern exportiert: Hongkong, Israel, Formosa und Indien. Drei von ihnen sind in ihrer politischen, sozialen und wirtschaftlichen Struktur mit anderen Entwicklungsländern nicht vergleichbar. Sie haben einen – nur politisch, nicht wirtschaftlich zu verstehenden – überhohen Zuschuß von außen an Geld und technischem Wissen erhalten. Und Indien ist das Mammutland unter den Ländern der Dritten Welt mit einer gut entwickelten Technik.

Die Angabe »15 % Exportanteil an Fertigwaren« sagt also gar nichts aus, da die meisten Entwicklungsländer praktisch noch überhaupt keine Fertigwaren exportieren.

So ist die Statistik zum Politikersatz der Entwicklungsdiskussion geworden. Denn je umfangreicher die von einer Zahl erfaßten Tatbestände sind, um so absurder wird die Aussage dieser Zahl. Da die »Entwicklungsländer« fast 70 Prozent der Weltbevölkerung ausmachen, ist der Wert von Globalzahlen über deren Wachstum oder deren Stagnation praktisch gleich Null. Je kleiner die von einer Zahl erfaßte Region, je weniger die betroffenen Menschen, um so sinnvoller die Angaben.

»Auch die Privatinvestitionen leisten einen wesentlichen Beitrag zur Bekämpfung des Hungers und Elends in der Dritten Welt«, heißt es. Über Sinn und Nutzen des Aufbaus einer privaten Werkzeug- oder Düngemittel-Fabrik wird später zu berichten sein, hier geht es um die Sinnlosigkeit der globalen Betrachtung. Die globale Zahl verschleiert die konkrete Investitionspolitik. Fast ein Viertel aller deutschen Privatinvestitionen in den ca. 80 Entwicklungsländern wurden in nur einem Land, in Brasilien, genauer im Industriezentrum um São Paulo, vorgenommen. Von den bis 1969 in »den Entwicklungsländern« investierten 5,4 Mrd. DM waren 2,5 Mrd. in den drei Diktaturen Brasilien, Spanien und Argentinien, fast die Hälfte, angelegt worden. Nur die konkrete Frage, ob die Mammutinvestitionen wirklich zu einer breiten Entwicklungspolitik in Brasilien führen, wäre interessant.

Die Lehre vom raschen Wachstum machte es den politischen und wirtschaftlichen Interessen des Westens nur recht. Denn sie zielt auf eine Wachstumspolitik, die auch ohne Wissenschaft durchgeführt worden wäre, wenn sie profitabel erscheint oder wenn es ein politisches Interesse daran gab, ganz bestimmten Entwicklungsstaaten wirtschaftlich zu helfen.

Schon die Sprache zeigt, wie die Entwicklungswelt zum Operationsfeld der Theoretiker und Praktiker der Industrienationen wurde. Die Begriffe »Entwicklungsländer« und »Industriestaaten« bürgerten sich ein. Länder, in die man Kommissionen schickte, Länder, deren Bodenschätze man ausfindig machte, Länder, für deren Zukunft man plante, Länder, für die man entscheide, »ob sie Industrienationen werden würden oder nicht«.

Länder, denen man vorwarf, zu klein zu sein, andere, die man für zu groß fand. Länder (wie Togo, denen einige den Hafen verweigern wollten, weil der Nachbarstaat auch einen hatte), Länder, die man schalt, daß sie ihren Präsidenten Denkmäler bauten.

»Wir bauen«, so hieß eine deutsche Broschüre zur Entwicklungspolitik, »die Welt von morgen.« Dem Heft war die Karte eines Landes beigegeben, das auf dem Globus nicht zu finden ist: »So könnte«, hieß es im Text dazu, »ein Entwicklungsland« aussehen. Auf diesem künstlichen Entwicklungsland waren Berge, Flüsse, »tsetseverseuchte Gebiete«, Plantagen, kleine Eingeborenenhütten, ein Hafen, eine kurze Eisenbahnstrecke, ein paar Palmen eingezeichnet. Auf welligen Hügeln das Wort »Erzvorkommen«, auf weißer Ebene »Tonerde«. Das synthetische Entwicklungsland der Entwicklungsplaner, wie sie es am liebsten hätten. Die Karte war zu einem Schulbeispiel bestimmt: »Für dieses Planspiel stellt sich die Frage, was können wir tun, was würden wir tun, wären wir Minister eines Entwicklungslandes?«

Das Planspiel, zur Weckung des Interesses an Entwicklungsländern bestimmt, ist sicher gut gemeint, es enthüllt jedoch die verheerende Wirkung einer angeblich unpolitischen, nur dem wirtschaftlichen Aufbau gewidmeten »angewandten Wissenschaft«. Die »Entwicklungsländer« sind in den Schriften und Diskussionsbeiträgen der wissenschaftlichen Experten zu einer gestalt- und namenlosen Planungsmaterie geworden. Material für Planspiele, mit denen Wachstum erzeugt werden soll. Auf der Karte der Broschüre ist alles so, wie der Volkswirt es braucht: Weder Menschen noch Grenzen sind eingezeichnet, weder weiß man, wem die »Plantagen«, noch wem die Schürfrechte an den Erzen gehören. Das »Land« hat keine Grenzen, ist kein Staat, das Land hat keinen Namen, ist keine Nation. Faktoren, die den Entwicklungsplaner ohnehin stören, denn er muß ja seine eigene Entwicklungspolitik machen: »*Wir* bauen die Welt von morgen.«

Die Vorstellung vom »typischen Entwicklungsland« geistert durch alle Diskussionen, sie verdichtet sich sogar in einer ernstgemeinten wissenschaftlichen Arbeit des holländischen Institutes für Sozialstudien, die J. G. M. Hilhorst 1967 unter dem Titel »Utonia« veröffentlichte (Sozial-ökonomische Untersuchung eines fiktiven Entwicklungslandes)[1].

Solche fiktiven Studien mögen für die Wissenschaft ganz interessant sein, im Bereich der Durchführung von Entwicklungshilfe sind ihre Folgen verheerend. Die Entwicklungs»länder« sind keine gestaltlosen Ländermassen, sondern sie sind Staaten, alle mehr oder weniger Entwicklungsstaaten mit unterschiedlichen Problemen, unterschiedlichem Entwicklungsstand.

Das fiktive Entwicklungsland wird zumeist aus vielen Zutaten zusammengebraut: »Die Monokultur und Plantagenwirtschaft« aus Lateinamerika, die Übervölkerung aus Asien, der Wassermangel aus Nordafrika, die Zerplitterung in Stammesgruppen aus Schwarzafrika, die Feudalherrschaft aus Persien, das Sprachengewirr aus dem Kongo, die »drückende Macht religiöser Überlieferung« aus Indien.

Mehr als ein Drittel aller Entwicklungsstaaten haben keine Sprachenprobleme, in vielen Ländern Afrikas gibt es keine Plantagenwirtschaft, eine ganze Reihe afrikanischer Länder sind eher unter- als übervölkert. »Das Entwicklungsland« gibt es nicht, und es wäre gut, wenn es »die Entwicklungsländer« auch nicht gäbe und man künftig von Staaten spräche, die eine eigene innere Entwicklungspolitik – soziale Strukturpolitik – betreiben, bei denen die reichen Staaten ihnen helfen. Wer eine solche innere Entwicklungspolitik nicht betreibt, ist kein Entwicklungsstaat, kann keine Entwicklungshilfe erhalten. Entwicklungshilfe ohne Entwicklungsplanung des Staates ist sinnlos.

Wachstumspolitik allein ist keine Entwicklungspolitik. Wachstumstheorie ist keine Entwicklungstheorie.

Was nützt es dem kräftig wachsenden Musterstaat Elfenbeinküste, der dem Privatkapital keinerlei Beschränkungen auferlegt, der auf das »freie Spiel der Kräfte« vertraut, daß sein

[1] J. G. Hilhorst, Utonia, Socio-Economic Survey of a fictitious Development Country, Den Haag 1967.

Wachstum dem seiner afrikanischen Nachbarn davongelaufen ist? Heute ist seine Hauptstadt – genau wie Gunnar Myrdal gewarnt hatte – die teuerste Stadt der Welt (die Lebenshaltungskosten sind, in Dollars, dort etwa vierzehn Prozent höher als in New York). Das Wachstum, das nur statistisch allen Bewohnern zugute kommt, konzentriert sich auf die Hauptstadtregion, die zu einem für das soziale und politische Gefüge des Landes unerträglichen Fremdkörper geworden ist. Aufgestülpt einem Land, das weiterhin in Armut verharrt. Was nützt es Brasilien, daß seine Wohlstandsinsel São Paulo zum mächtigsten Wirtschaftszentrum des lateinamerikanischen Kontinents gewachsen ist? Schon bald wird dieses Stadtungetüm alle Profite auch für sich selbst verbrauchen, das freie Spiel der Kräfte ist geblieben. Der freie Mensch wird, damit er das Spiel nicht stört, in den Folterkellern verstümmelt.

Nationalismus im Entwicklungsstaat

Die Menschen der armen Regionen leben ausnahmslos in territorialen Nationalstaaten. In Gebilden also, die sich räumlich ziemlich exakt voneinander abgrenzen. An den markierten Grenzen stehen Zöllner und Polizisten. Sie weisen ein breites Sortiment an Verfassungen und staatlicher Ordnung auf: Bundesstaaten wie Indien und Mexiko, zentral regierte wie Tansania und Argentinien, Demokratien wie Chile und Costa Rica, Militärdiktaturen wie Nigeria und Südvietnam, Kaiserreiche wie Äthiopien und der Iran, Republiken wie Uruguay oder Kongo-Brazzaville, alte Rechts-Diktaturen wie Haiti oder Paraguay – neue wie Brasilien und Guatemala, die Vielfalt ihres Entwicklungsstandes entspricht der ihrer formalen staatlichen Ordnung. Gesellschaften, die sich keine staatliche Organisation gegeben haben, wie die der Mashonas oder der Ibos vor der britischen Eroberung Nigerias, gibt es auf der Erde kaum noch. Der Nationalstaat als Organisationsform hat sich durchgesetzt. Ja selbst die Kolonialmacht Portugal wandelte – formal – ihre afrikanischen Kolonien Angola und Mozambique in »Überseeprovinzen« um, um sie in den nationalstaatlichen Verband einzuschließen.

Georg Picht, der den Mut zur Utopie von uns fordert, sieht durch diesen Nationalstaat die zügige Entwicklung nach wissenschaftlichen, der Vernunft gehorchenden Leitlinien gefährdet und warnt: »Territorialstaaten werden immer ein durch die bornierten Interessen des Nationalstaates beschränktes Nationalbewußtsein entwickeln.« Und diese engen Interessen, so Picht, würden eben vernünftige Entwicklungspolitik zunichte machen. Ihm geht es um die Durchsetzung wissenschaftlicher Erkenntnisse zum allgemeinen Wohl der Menschheit. Den durch das Abwägen von Interessen zustande gekommenen Kompromiß, Politik also im landläufigen Sinne, lehnt er ab.

Der ermordete Präsident des westafrikanischen Staates Togo, Sylvio Olympio, pflegte zu sagen: »Unser Hafen ist für uns eine

Frage auf Leben und Tod.« Gemeint war der von der Deutschen Bundesregierung mit einem Darlehen von fast 100 Millionen geförderte Bau des Hafens von Lomé, der Hauptstadt des Landes. Diese Entscheidung ist von Entwicklungsfachleuten der Bundesrepublik immer wieder als falsch und herausragendes Beispiel für schlechte Entwicklungspolitik mit dem Hinweis gerügt worden, die beiden Nachbarstaaten Dahomey und Ghana verfügten schon über funktionsfähige Häfen, die man auch für Togo hätte einsetzen können. Wenn der Hafen dem Präsidenten eine Frage »auf Leben und Tod« war, dann drückte er damit den Willen zum togolesischen Nationalstaat aus. Experten mögen diesen Staat mit nur zwei Millionen Einwohnern für zu klein halten. Experten arbeiten für Auftraggeber: Es gibt Hafensachverständige, die dem Rotterdamer Hafen bestätigen, Hamburg und Bremen seien überflüssig, es gibt Bremer Experten, die bestätigen, der Hamburger Hafen sei überflüssig und umgekehrt. Die Vorstellung, die Wirtschaftswissenschaft sei ihrerseits von Politik unberührt, ist falsch. Hamburg und Bremen stützen und fördern ihre Häfen und finden dafür wissenschaftlich »abgesicherte« Begründungen. Sie würden sie auch fördern, wenn solche Begründungen nicht einzuholen wären.

Es ist wahrscheinlich unerläßlich, daß Togo sich einer größeren westafrikanischen Wirtschaftsgemeinschaft anschließt. Ein solcher Anschluß kann jedoch nur erfolgen nach einer nationalstaatlichen Konsolidierung Togos, nicht vorher. Es sei denn, man wollte Togo von außen zur Aufgabe seiner Staatlichkeit zwingen. Staaten schließen sich erst dann – freiwillig – zu größeren Wirtschaftseinheiten zusammen, wenn sie wirklich Staaten geworden sind.

»Die praktische Ausführung von Entwicklungsprogrammen erfordert innenpolitisch unpopuläre Entscheidungen, die nur durch starke nationale Regierungen durchgesetzt werden können. Es gibt im übrigen keinen historischen Beweis dafür, daß der Nationalstaat oder das Streben nach nationaler Identität als Instrument der wirtschaftlichen Entwicklung unbrauchbar ist.

Die Beispiele China und Japan lassen auch andere Schlüsse zu.« So weist einer der klügsten, jüngeren deutschen Entwicklungsfachleute, Christian Heimpel, »den bewußten Abbau nationaler Souveränität« zurück, der von Entwicklungstheoretikern immer wieder gefordert wird.

Wo aber der Nationalstaat Entwicklungspolitik betreibt, werden Interessengegensätze wirksam, innen wie außen. Und besonders deutlich werden sie beim Prozeß der Staatswerdung, nach der Dekolonisation. In Frankreich und Großbritannien trauern viele dem friedlichen Afrika der Kolonialzeit nach. Die Kolonialzeit war aus zwei Gründen »friedlich«. Einmal saß den Kolonisierten der Schock der Eroberung, des Sklavenhandels, des Betruges und des Raubes ihrer wirtschaftlichen Ressourcen in den Knochen, und zum zweiten fand in diesen Ländern keine Innenpolitik statt, die gegensätzliche Interessen hätte deutlich werden lassen können. Es fand keine Entwicklungspolitik statt. Durch den Dornenzaun des Kolonialismus war über die Staaten Afrikas ein langer Schlaf gesenkt worden, aus dem sie erst langsam erwachen. Geschichte hatte nicht stattgefunden. Nun, da sie wieder stattfindet, empört man sich über den Unfrieden. Staatswerdung bedeutet jedoch Unfrieden. Nach außen wie nach innen muß der Staat sich definieren – seine Grenzen bestimmen. Wer und was gehört dazu und wer und was nicht? Das ist kein – von der Wissenschaft gelenkter – Osterspaziergang. In Afrika bildeten sich innerhalb der vom Kolonialismus hinterlassenen Grenzen Staaten, werden Stämme verschiedener Sprachen zusammengeschweißt. Über diese Grenzen in Afrika ist zur Zeit der Unabhängigkeitswelle, Ende der fünfziger Jahre, viel diskutiert worden, kaum jemand gab ihnen eine Chance. Sie haben sich erstaunlich gut gehalten. Der Staat und die moderne Staatsidee haben sich schon jetzt als wirksamer erwiesen als die traditionellen Stammesbindungen, die von den neuen staatlichen Grenzen durchschnitten wurden.

Sicher hat Kwame Nkrumah, Ghanas erster Präsident, neben seinen entwicklungspolitischen Leistungen auch mit den operettenhaften Monumenten, mit der Heroisierung seiner Person mehr für eine spätere vernünftige Entwicklungspolitik getan als Schaden angerichtet. »Sucht zunächst das politische Königreich«, hat er seinen Landsleuten gepredigt.

Bei der Betrachtung der armen Staaten haben sich eine Reihe von verallgemeinernden Auffassungen über die Natur des Nationalismus festgesetzt, die, aus der europäischen Geschichte abgeleitet, nun auf die ganze Entwicklungswelt übertragen werden. Der Unfrieden zwischen den europäischen Staaten, die »Jahrhundertkriege« des zerstrittenen Kontinents, die man nun für die Dritte Welt befürchtet, sind nicht übertragbar. In Lateinamerika existieren seit anderthalb Jahrhunderten Nationalstaaten, aber der Kontinent ist von Kriegen zwischen den Staaten, mit Ausnahme des mörderischen Paraguay-Krieges (1865–1870 Argentinien, Uruguay und Brasilien gegen das kleine Paraguay, wobei Dreiviertel seiner Bevölkerung ums Leben kam) verschont geblieben. Innenpolitische Unruhen, nicht außenpolitischer Streit, kennzeichnen die lateinamerikanische Staatenwelt. Nur die Luftlandetruppen der USA haben diesen relativen Frieden zuweilen gestört.

Auch in Afrika wird es zu zwischenstaatlichen Auseinandersetzungen kaum kommen, denn die Grenzen stellen das erste und oft einzig sichtbare und durch Verträge gesicherte Staatselement dar. Die Regierungen müssen alles daransetzen, die Grenzen, wie sie bei Staatsgründung bestanden haben, zu halten. Somalia und Äthiopien haben ihren Grenzstreit durch Verhandlungen und nicht durch Krieg beigelegt. Abspaltungstendenzen einzelner Regionen, um die Zentralmacht kämpfende Stammesgruppen – innenpolitische Konflikte im weitesten Sinne – kennzeichnen die afrikanische Szene. Bewahren dessen, was bei Staatsbeginn dazu gehörte, Land wie Menschen, ist oberstes Gebot der afrikanischen politischen Führungen. Wo die Bevölkerung im Innern erst für den Staat erobert werden muß, kann er sich Eroberungen nach außen nicht leisten. Eine Gefährdung des äußeren Friedens stellt der auf den Territorialstaat zielende Nationalismus in Afrika und Lateinamerika also nicht dar. Daß es 1969 zwischen San Salvador und Honduras wegen eines Fußballspiels zum »Kriege« kam, bestätigt diese Tendenz; nicht an Territorien, sondern an Wunderbeinen entzündet sich die Leidenschaft der modernen armen Gesellschaft.

Der Prozeß einer übernationalen Zusammenarbeit, Zusammenschlüsse von Staaten auf bestimmten Gebieten (zehn Jahre nach der Unabhängigkeit der meisten Staaten Schwarzafrikas gibt es schon 23 übernationale Organisationen von der Organisation für Afrikanische Einheit bis zum Abkommen über die Nutzung des Niger) läuft daher auch wesentlich rascher als im alten Europa.

Alle schwarzafrikanischen Staaten sowie Pakistan, Indonesien und Malaysia sind als Nationalstaaten erst nach dem Zweiten Weltkrieg entstanden. Von Pakistan, Indonesien, Zambia und Tansania gab es vor Beginn der Kolonialepoche nicht einmal den Namen. Sie mußten alle gleichzeitig ihren Staat aufbauen, seine Symbole entwickeln, sich für eine offizielle Sprache entscheiden – Indonesien hat gar eine aus dem Malaysischen vereinfachte Kunstsprache eingeführt –, mußten gesellschaftlichen Wandel, wirtschaftlichen Fortschritt, kurz, Entwicklungspolitik zu treiben versuchen. Fassen wir sie als »Neue Staaten« zur ersten Gruppe der Entwicklungsländer zusammen.

Zur zweiten Gruppe zählen alle jene Staaten, die sich von ihrer Kolonialmacht schon zu einer Zeit trennten, als der Kolonialismus als Grundlage des Weltwirtschaftssystems in voller Blüte stand: Die Staaten Lateinamerikas, Liberia und die Philippinen. Sie alle gerieten in den Einfluß des amerikanischen Wirtschaftsimperialismus, der ihnen zwar formal die nationale Staatlichkeit ließ, sie jedoch in wirtschaftliche und oft auch militärische Abhängigkeit brachte. Nennen wir sie »amerikanische Entwicklungsstaaten«, womit sowohl die geographische Lage der meisten als auch ihr traditionelles Abhängigkeitsverhältnis angesprochen wird.

Eine dritte Gruppe bilden all jene Staaten des Nahen Ostens

und Asiens (orientalische Staaten), die zwar unter Kolonialherrschaft standen, jedoch schon zuvor nationalstaatlichen Charakter hatten: Ägypten, Tunesien, Algerien, Marokko, die arabischen Scheichtümer. (Sie alle verstanden sich auch unter der jahrhundertelangen Oberhoheit der Türken als mehr oder weniger nationale Einheiten.) Hierhin gehören ebenfalls die asiatischen Staaten Vietnam, Laos, Kambodscha, Nepal. Auch Burma und Indien sind zu dieser Gruppe zu zählen, wobei die vorkoloniale Einheitlichkeit Indiens weit mehr dem hinduistisch geprägten Lebensstil als der wechselvollen Geschichte seiner unzähligen Feudalstaaten zuzuschreiben ist.

Die vierte Gruppe umfaßt jene alten Staaten, die ihre nationale Integrität formal nie aufgeben mußten, sie sind ohne Ausnahmen wesentlich älter als die Nationalstaaten Europas: Thailand, China, Afghanistan, Iran, Korea (ein Sonderfall, da es von 1910 bis 1945 unter japanischer Verwaltung stand) sowie in Afrika Äthiopien.

Daß in Afrika der Kongo, Dahomey, Ghana und Uganda (Königreich Buganda), Ruanda und Burundi ihre nationale Identität auf Staaten zurückführen, die vor der europäischen Herrschaft existierten, wie in Lateinamerika Mexiko (Aztekenreich) und Peru (Inkareich), blieb in dieser groben Einteilung unberücksichtigt, ist jedoch für die entwicklungspolitischen Entscheidungen dieser Staaten von Bedeutung. Mexiko war das erste lateinamerikanische Land, das sich mit einer Revolution und gegenüber den USA eigenständigen Politik durchzusetzen versuchte. Peru zeigt eine ähnliche Entwicklung seit 1968. (Nationalisierung ausländischer Unternehmen, Agrarreform.)

Es mag sinnvoll sein, darauf hinzuweisen, daß diese Einteilung nur in bezug auf die Entwicklungspolitik des Staates vorgenommen wurde. Für andere Problemkreise sind andere Zuordnungen sicher angebrachter.

Wir sahen, fast alle afrikanischen Staaten sowie Malaysia, Pakistan und Indonesien vollziehen Staatswerdung und wirtschaftliche Entwicklungspolitik in einem Schritt. Unabhängigkeit, Staatswerdung fallen, mit geringem Zeitverzug (von Sukarno zu Suharto), zusammen mit modernem wirtschaftlichen Aufbau. Politische Unabhängigkeit fällt zusammen mit dem Streben nach wirtschaftlicher Erstarrung. Trotz der in diesen Ländern relativ größten Armut verfügen sie damit über Voraussetzungen, die den anderen Ländern fehlen. Die einheimische bürgerliche Oberschicht als Inhaber der wirtschaftlichen Ressourcen ist weit schwächer als in anderen Staaten. Denn diese spielten ja die Beamten der Kolonialmacht. Die neue politische Führungsschicht wird gebildet von Intellektuellen oder Militärs. (Westafrika muß hier mit gewissen Einschränkungen gesehen werden, da es hier auch während der Kolonialzeit eine kleine Gruppe wohlhabender, zumeist Binnenhandel treibender einheimischer Bürger gab.) Feudale Oberschichten können nur schwer Träger des nationalen Selbstbewußtseins sein; wo es sie gab, gehörten sie zum Kolonialsystem. Die enge Verknüpfung der politischen und wirtschaftlichen Abhängigkeit vom Ausland kann der Bevölkerung in diesen ehemaligen Kolonialgebieten wesentlich anschaulicher verdeutlicht werden als in den amerikanischen indirekt beherrschten Einflußzonen des Imperialismus. Dort waren Träger der nationalen Unabhängigkeit die Nachfahren der kolonialen Siedler aus dem Mutterland (Südamerika) oder die sich eng an die spanische Kultur anlehnende katholische halbfeudale Bürgerklasse auf den Philippinen. Auch die nationale Frage gibt es unter der indirekten Wirtschaftsherrschaft der Amerikaner nicht. Die herrschenden Schichten fühlen sich nicht nur ungebrochen als Träger des »nationalen Erbes«, sondern auch als Nachkommen der antikolonialen Revolution. Für das Weltbild der kolumbianischen Führungsschicht hat sich Lateinamerika vor Generationen vom kolonialen Joch befreit. Wer redet da noch vom Neo-Kolonialismus im 20. Jahrhundert? Entwicklung ist ihr ein rein ökonomischer Wachstumsvorgang, keine Frage der politischen Unabhängigkeit und der gesellschaftlichen Veränderung. Den Führungsschichten dieser Staaten ist Entwicklungspolitik also keine »nationale Frage«, sondern eine ökonomische.

Die Gruppe der »orientalischen Staaten« hat in vielem der ersten verwandte Züge. Sie fühlen sich auch als »junge, neue Staatengebilde«. Sie können zwar auf alte politische und religiöse Traditionen zurückgreifen, aber sie mußten sich nach Erlangung der Unabhängigkeit das durch lange Kolonialherrschaft zerschlagene Nationalbewußtsein durch moderne Inhalte neu aufbauen. Ihnen ist die Distanzierung vom Westen am stärksten gelungen. Ihr gegen die ehemaligen Kolonialmächte gerichteter Nationalismus ist am »aggressivsten«, wurde er doch durch die Kolonialherrschaft am meisten in Frage gestellt. Sie leiden unter nationaler Demütigung mehr als die neuen Staaten, deren Nationalismus eine Sache des Heute und Morgen ist, gestern gab es ihn nicht. Die Diskussion um die Geschichte des Kolonialismus findet in den orientalischen Staaten daher als Bewältigung der Vergangenheit auf nationaler oder religiöser (Baath-Partei in Syrien, die religiöse Rechtspartei Jan Sang in Indien) weit mehr als auf entwicklungspolitischer Ebene statt.

Der Unterhalt einer unverhältnismäßig großen Armee bei den arabischen Staaten, die Israelfrage, damit die Bindung an die Sowjetunion, all das ist dem klassischen Nationalstaat entsprechendes außenpolitisches Verhalten. Die Bindung Ägyptens an Moskau ist weniger vom entwicklungspolitischen Aufbauwillen als vom äußeren Gegner, Israel, bestimmt. Die militärische Bindung vieler lateinamerikanischer Regierungen an die Vereinigten Staaten ist hingegen von der Angst vor inneren Feinden gekennzeichnet. Die Anti-Guerillaspezialisten der USA in Bolivien sollen nicht sowjetische Truppen vom Subkontinent fernhalten.

Die Gruppe der alten Staaten Äthiopien, Thailand, Afghanistan und der Iran braucht keine Staatsbildung zu betreiben. Die nationale Frage ist seit Jahrhunderten »geklärt«. Der Nachweis der Abhängigkeit vom Ausland ist schwer und nur durch komplizierte Analysen der politischen Ökonomie möglich. Die alten Herrschaftssysteme sind intakt. Der Weg in die neue Dritte Welt, die Klassifizierung als Entwicklungsland, ist auch hier den Herrschenden ein rein ökonomischer Tatbestand. Sie sehen in ihm schon deshalb keine Demütigung, weil sie ja dann einen Teil der Verantwortung für die wirtschaftliche Rückständigkeit sich selbst oder ihren Vorgängern, bzw. Vorfahren anlasten müßten, als deren Erben sie sich sehen. Da sie während der Kolonialzeit, schon um der Erhaltung ihrer »Unabhängigkeit« willen, mit den Industriestaaten zusammenarbeiteten, sahen sie in ihnen keine Gegner oder »Ausbeuter«. Kaiser Haile Selassie in Äthiopien, der Schah im Iran und König Bhumipol in Thailand können sich gegen die sozialistischen Oppositionen in ihren Ländern leichter behaupten als andere. Denn alle drei sind Symbole der – politisch ungebrochenen – nationalen Identität, damit haben sie einen Teil der Bevölkerung, vor allem das Bürgertum, hinter sich. Es ist leichter, einem ehemaligen Studenten der holländischen Universität Leiden (Sukarno) oder einem ehemaligen britischen Offizier (Ajub Khan) Veruntreuung der nationalen Sache vorzuwerfen als einem Kaiser, der sein Kaisertum auf die Königin von Saba (Haile Selassie) oder das alte Reich der Seleukiden (Schah Reza Pahlevi) zurückführt. Das erschwert Entwicklungspolitik, denn soziale Revolution als gezielte gesellschaftliche Umwandlung können sie nicht wollen. Unbekümmert lehnen sie sich eng an den Westen an, ohne sich allzusehr um wirtschaftliche Abhängigkeiten zu kümmern. Denn diese sind ihnen keine Frage der nationalen Souveränität, sondern Garanten ihrer Herrschaft. So kann nur solche wirtschaftliche Entwicklung angestrebt werden, die als Barriere gegen gesellschaftliche Veränderungen wirkt.

Bei dieser kurzen Darstellung wurden die für den Nationalstaat so wichtigen Minderheitenfragen, das Sprachen- und Religionsproblem unberücksichtigt gelassen.

Soviel nur hierzu: Unter Vielspracherei leiden nicht alle Entwicklungsstaaten, sondern in erster Linie die neuen Staaten mit Ausnahme Pakistans, ein auf religiöser und damit sprachlicher, jedoch nicht territorialer Einheit gegründeter Staat. Während sich Afrika als Verkehrs- und Verwaltungssprache des Idioms des kolonialen Mutterlandes bedient, hat Indonesien das Holländische verworfen und eine Kunstsprache eingeführt.

Die arabischen Staaten haben keine, die lateinamerikanischen nur wenige interne Sprachprobleme (Indios). In Lateinamerika stellen die ethnischen Gruppen zugleich ziemlich eindeutig bebestimmbare soziale Klassen dar, während etwa in Indien ethnische Minderheiten weniger sozial als territorial in die Gesamtgesellschaft gegliedert sind. Die indischen Bundesstaaten wurden nach Gesichtspunkten einer mehr oder weniger großen Einheitlichkeit ihrer Bewohner gegründet. Das Kastenwesen und die religiösen Minderheiten – Moslems, Christen – durchbrechen allerdings auch diese Gliederung.

Nicht »die Entwicklungsländer« haben also Sprachenprobleme, sondern eine genau bestimmbare Gruppe mit wiederum genau bestimmbaren Unterschieden des Problems. Nicht »die Entwicklungsländer« haben Minderheitenprobleme, sondern bestimmte Staaten sind mit spezifischen ethnischen und religiösen Minderheiten konfrontiert. In einigen sind die »entrechteten Minderheiten« sozial und ökonomisch am unteren Ende der Gesellschaft (Indios in Lateinamerika), in anderen an der Spitze zu finden (Inder in Kenia).

Der Nationalismus in den Entwicklungsstaaten ist also schon in dieser groben Unterteilung unterschiedlich auf die entwicklungspolitische Aufgabe gerüstet:

1. Die »Neuen Staaten« bauen Nation, Staat und neue Gesellschaft in einem Prozeß auf. Ihre Ausgangssituation entspricht also – theoretisch – der nachrevolutionären Phase Kubas oder Chinas. Zwar haben die afrikanischen Gründerpräsidenten dies gesehen, nur zwei haben daraus jedoch die Konsequenzen gezogen, auch wirklich »nachrevolutionäre« Politik zu betreiben, sich von den Kolonialmächten und anderen Machteinflüssen von außen loszusagen, Sékou Touré von Guinea und Julius Nyerere von Tansania. Sie haben bewußt die Nachteile einer radikalen Trennung von den europäischen Kolonialmächten in Kauf genommen, um die Vorteile einer eigenen inneren Wirtschafts- und Sozialpolitik nutzen zu können. Alle anderen haben schon in der Stunde ihrer Geburt ihre politische Unabhängigkeit um wirt-

schaftlicher Vorteile willen wieder eingeschränkt oder einschränken müssen. Lumumba im Kongo, der anders verfahren wollte, wurde von Tschombé ermordet. Der Kongo hat sich wieder eng an den Westen, vor allem an Belgien und die Vereinigten Staaten angelehnt. Entwicklungspolitik findet nach europäisch-amerikanischen Vorstellungen statt.

2. Die »Amerikanischen Staaten« betreiben, mit Ausnahme Kubas und vielleicht künftig Chiles, auch »amerikanische« Entwicklungspolitik. Sie lassen ausländisches Kapital in Wachstumszentren investieren, beugen sich seinen Bedingungen und bekämpfen die soziale Revolution. Entwicklungspolitik als Wachstumspolitik.

3. Die »Orientalischen Staaten« suchen – ähnlich wie die »Neuen Staaten« – eigenständige Entwicklungspolitik zu betreiben. Der diffuse Nationalismus der Araber jedoch, halb nach außen, halb nach innen gerichtet, vernichtet alle straffen inneren Aufbauarbeiten im Ansatz. Jahrelang war Ägypten das Entwicklungshilfeland par excellence, sein ungeklärter Status innerhalb der »arabischen Nation«, seine außenpolitischen Abenteuer im Yemen, die Kriege mit Israel haben die Kräfte dieses unter allen Entwicklungsstaaten am stärksten von der Bevölkerungsexpansion bedrohten Staates zersplittert. Paradoxerweise findet zwischen den arabischen »Brudernationen« weniger gemeinsame Entwicklungspolitik statt als zwischen Staatengruppen in Afrika.

4. Die alten Staaten verhalten sich zunehmend wie die amerikanischen; während die Massen im Iran verelenden, findet in den Zentren rasche Wachstumspolitik statt.

Eine Darstellung aller Einzelstaaten der Entwicklungswelt würde ergeben, daß die Strategie der Vereinigten Staaten, Kommunismus und Revolution abzuwehren, erfolgreich war. Sozialistische Revolutionen haben seit Ende des Zweiten Weltkrieges nur in vier Staaten mit Erfolg stattgefunden, in China, in Nordvietnam, Algerien und Kuba. Wobei Vietnam und Algerien in den auch von den USA gestützten Prozeß der Dekolonisation gehören. In allen anderen Staaten wurden entweder die unblutigen, parlamentarischen »linken« Machtergreifungen erfolgreich zurückgedrängt oder die Revolutionäre besiegt.

Wundervögel, weise Frauen machen die Helden vieler Märchen auf den Kreuzweg aufmerksam, an den sie auf ihrem Weg zum Glück kommen. Da führt eine breite prächtige Allee in die Hölle und der schmale beschwerliche Felspfad ins Paradies. Es ist der westlichen Entwicklungspolitik mit Erfolg gelungen, die Staaten der Dritten Welt auf die schöne breite Allee zu locken. Fast alle neuen Staaten, die die – zugegeben geringe – Chance der Wahl hatten, sind der Versuchung gefolgt und haben sich auf die breite verlockende Allee raschen Wachstums begeben. Sie führt geradewegs in die südamerikanische Hölle, deren Zeugen wir gegenwärtig sind.

Die zwei Nationen und das Wachstum

»Die Privilegierten und das Volk stellten, wie ich höre, zwei verschiedene Nationen dar[1].«

Wenn in Nordbrasilien der Sommer dürr und trocken war, hungern noch mehr Millionen, sterben noch mehr Menschen als in normalen Jahren. Der trockene heiße Sand mahlt sich zwischen die Ritzen der Hütten, durch die Lumpen der Armen. Menschen sterben am Straßenrand, am Felde, das keine Ernte mehr bringt. Solche Dürrejahre sind für die brasilianische Wirtschaft keine Katastrophen. Sie erscheinen kaum in der Wirtschaftsstatistik, ja es können statistisch gute Jahre gewesen sein, der Kaffee mag einen guten Preis erzielt, die Industrie Fortschritte gemacht, das Prokopfeinkommen sich erhöht haben. Das sind, so ein Fachmann der brasilianischen Wirtschaft, keine gesamtwirtschaftlichen, das sind menschliche Probleme.

Die Wirtschaftstheorie hat dafür das Wort von der dualistischen Wirtschaft gefunden. Ein Teil der Menschen arbeitet auf Farmen und Plantagen, die für den Markt, für Geld also, produzieren und dafür in der Stadt Düngemittel und Maschinen kaufen, arbeitet in Fabriken, in Bergwerken. Sie alle stellen einen mehr oder weniger geschlossenen Wirtschaftskreislauf dar, ein anderer Teil – in Indien etwa 70 Prozent, in Afrika 50 Prozent, in Südamerika 40 Prozent der Bevölkerung – arbeitet auf dem eigenen oder gepachteten Feld, gibt ein paar Naturalien ab, verkauft auf dem örtlichen Markt, kann davon Salz, vielleicht Petroleum und die Steuern bezahlen; seine Produktion gehört jedoch nicht zur Volkswirtschaft. Der Mensch dieser unteren »Volkswirtschaft« taucht nur in jenen zwei statistischen Größen auf, an denen die Armut gemessen wird: dem Prokopfeinkommen und der des Wachstums pro Kopf. Sobald diese Zahlen bekanntgemacht worden sind, verschwindet er wieder als

[1] Benjamin Disraeli, in: Sybil or the two Nations

menschliches, nicht als wirtschaftliches Problem. Es sei denn, er macht sich auf den langen Weg in die große Stadt. Findet er dort Arbeit, so wird er zum Glied des »modernen Wirtschaftssektors«. Findet er keine, dann gehört er, selbst wenn sein Schlafplatz auf den Marmorstufen der Bank oder des Hilton-Hotels ist, nicht zur Wirtschaft. Nur manchmal, wenn er mit anderen, die die dualistische Wirtschaft nicht anerkennen, die Fensterscheibe des Bankhauses einschlägt, verschafft er sich gewaltsamen Zutritt zum modernen Sektor. Aber auch dann ist er immer noch kein wirtschaftliches, sondern ein kriminelles Problem.

Für die kapitalistische Wirtschaftspolitik ist das ein zwar mißlicher, aber nicht allzu störender Tatbestand gewesen; mißlich, weil die staatlichen Instrumente der Besteuerung, der Zinsfestsetzung, ja nicht einmal die Inflation oder ihre Drosselung diesen zweiten Teil der »Volkswirtschaft« berühren. Nicht allzu störend, weil schon der Name der »unteren« Wirtschaft sagt, daß sie zunächst gesichert ist. Nennt man sie doch Selbstversorgungswirtschaft (Subsistenzwirtschaft).

Diese beiden Begriffe von der Selbstversorgung und von der dualistischen Wirtschaft sind für die Wissenschaft sehr brauchbar gewesen, in der Wirklichkeit verführen sie zur gefährlichen Sorglosigkeit und falschen Politik, denn da die Bevölkerung in den nationalen Statistiken geführt wird, da sich also die Armut des betreffenden Entwicklungsstaates, damit auch seine Hilfsbedürftigkeit auf alle in ihm wohnenden Menschen, so ungenau sie gezählt worden sein mögen, stützt, bilden sie auch eine Einheit. Die meisten Entwicklungsstaaten hätten im Durchschnitt ein doppelt so hohes Prokopfeinkommen, wenn sie etwa nur denjenigen Teil in den internationalen Statistiken angeben würden, dem die meiste Entwicklungshilfe und die Privatinvestitionen, die Bildungsprogramme direkt zugute kommen. Im Begriffsschema der Theorie von der dualistischen Wirtschaft stellen die nicht dazu gehörenden Menschen Karteileichen dar, mit deren Hilfe der tatsächliche Wohlstand des modernen Sektors halbiert wird.

Nur ein Staat hat bislang aus der Lehre von der dualistischen

Wirtschaft auch eine staatsrechtliche Konsequenz gezogen: Südafrika. Dieses Land hat etwa 13 Prozent seines Territoriums abgeteilt und bestimmt, daß dort der untere Teil der Bevölkerung zu wohnen habe. Diese Gebiete stellen das Arbeiterreservoir für den oberen, modernen Teil der Wirtschaft dar. Im Unterschied zu Brasilien kann in südafrikanischen Städten der Arme nicht am Marmoreingang der modernen Bank schlafen. Sein Leben ist durch ein raffiniert ausgeklügeltes System von Bestimmungen um der Ordnung willen so reglementiert, daß er sich nur noch im Wohlstandsteil des Landes aufhalten darf, wenn er durch Arbeitsvertrag nachweisen kann, zeitweilig zum modernen Sektor zu gehören. Er ist leicht erkennbar, er ist schwarz[1].

Die anderen Staaten, die nicht eine so eindeutige rassische Trennung in Moderne und Unmoderne vornehmen können oder wollen, haben eine gewisse Zeit – mit einiger Skepsis allerdings – den Versprechungen der Wirtschaftstheoretiker geglaubt, daß dies nur ein zeitlich begrenztes Problem sei. Je stärker sich der moderne Sektor entwickele, um so rascher würden sukzessiv alle Teile des Landes und der Bevölkerung von ihm ergriffen. Eine solche Entwicklungspolitik plant nicht, sondern hofft. Eine falsche Hoffnung. Zwar kommt es bei politisch genügend abgesicherten Investitionen des Auslandes zum raschen Wachstum des Wirtschaftszentrums. Die Impulse, die es aussendet, gehen aber zumeist in die verkehrte Richtung. Ja, sie können sehr wohl die reiche Volkswirtschaft in Europa und Amerika stärken, im Landesinnern jedoch verebben. Die Hoffnung der Entwicklungspolitiker, Wirtschaftspolitik ginge vor sich wie das Vollaufen der Badewanne, hat sich als falsch erwiesen. Bei der Badewanne genügt es, den Hahn aufzudrehen. Das Wasser läuft zwar nur an einer Stelle hinein, bildet aber sofort einen gleichmäßigen Wasserspiegel.

Die Ankurbelung von Wirtschaftszentren erzeugt durchaus

[1] Südafrika und seine Apartheidpolitik können hier nicht näher behandelt werden, ich habe die Probleme der Bantustanpolitik ausführlich dargestellt in *Kap ohne Hoffnung*, Reinbek 1965.

einen Prozeß selbsttragenden Wachstums, aber eben nur in diesem Zentrum. Und es wird rasch stark genug, dafür zu sorgen, daß seine Gewinne nicht verteilt werden. Einmal werden seine Anteile am Nationaleinkommen immer höher und damit auch sein Einflußvermögen, zugleich werden aber auch seine öffentlichen Kosten immer größer. Die Stadt- und Staatshaushalte von São Paulo, die des Pandschabs in Indien und der Industrie- und Handelsstadt Kalkutta müssen immer mehr Anteile der eigentlich für das ganze Land bestimmten Einnahmen aufwenden, um mit den Problemen fertig zu werden, die die extrem ungleichgewichtige Wirtschaftsentwicklung erzeugt hat. Immer mehr Menschen aus dem Land werden von der Stadt angelockt. Die sanitären Anlagen, die Straßen, der Hausbau sind dem Zustrom nicht gewachsen. Die städtische Verwaltung auch nicht; so entstehen Kosten, die die Einnahmen des Wachstumszentrums bald aufzehren.

Zweiter Zwischenbericht von der deutschen Hilfe

Das hektische São Paulo, größtes Industriezentrum Lateinamerikas, mit Kalkutta und Tokio schnellstwachsende Großstadt der Welt. Die Stahlgerippe neuer Wolkenkratzer neben Abbruchruinen aus der Jahrhundertwende. Im Zentrum ein Verkehrsgewühl, stärker als am Picadilly Circus, zähflüssiger als am Place de la Concorde. Verabredungen kann man nie einhalten, Straßen sind in der überbrodelnden Stadt nur schwer zu finden, Stadtpläne sinnlos. Eine U-Bahn ist erst im Bau. Die deutsche Firma Hochtief hat den Zuschlag erhalten. Völkergemisch, der neugewählte junge Bürgermeister ist syrischer, der alte war italienischer Abstammung. Im Staate São Paulo leben mehr Japaner als irgendwo sonst außerhalb des Inselreiches, jahrelang das höchste Gebäude der Stadt heißt Edificio Italia. Italiener, Amerikaner, Deutsche und Japaner, Engländer, Franzosen, Araber und Juden leben und arbeiten in dieser Stadt, fühlen sich als Brasilianer mit einem Wohlstandsstolz, der mehr mit den USA als mit der jahrhundertelangen verschlafenen Feudalgeschichte dieser portugiesischen Kronkolonie Brasilien zu tun hat. Wie eine Firma sich ein modernes Firmenzeichen vom Grafiker entwerfen läßt, so hat sich Brasilien ein Firmenimage, die Hauptstadt Brasilia, entwerfen lassen, 1 200 Kilometer von São Paulo entfernt. Sie ist mehr Klischee der Moderne als Wirklichkeit. São Paulo ist die Produktionsstätte der Firma. Das wirtschaftliche Herz eines übergroßen Landes, das nur seinen eigenen kleinen Umkreis mit Blut und pulsierendem Leben versorgt. Die Armut der Stadt, ihre endlosen Slums sind weniger sichtbar als in Rio de Janeiro, wo die Elendshütten, die Favelas, auf jedem freien Hügel stehen. Aber jährlich wächst die Bevölkerung um über hundertfünfzigtausend Menschen. Jährlich nimmt die Unordnung dieses riesigen Stadtbreis zu.

Über achtzig Prozent des Maschinenbaus, der Fahrzeugindustrie, der Elektrotechnik Brasiliens, 60 Prozent der Textilindustrie, die Hälfte in ausländischer Hand, findet sich in und um dieser Stadt. Über neunzig Prozent der eine Million Beschäftigten arbeiten in Betrieben mit mehr als vierzig Arbeitnehmern. In São Paulo arbeitet die Hälfte aller Industriebeschäftigten des 90-Millionen-Staates. Ca. 15 Prozent der Industriebeschäftigten (150 000) der Stadt arbeiten für die 250 deutschen Firmen, die sich hier in den letzten Jahrzehnten angesiedelt haben: Sie haben bis 1969 ca. 4,0 Milliarden DM investiert. Der deutsche Wirtschaftskonsul ist ein überarbeiteter Mann, nirgends in der Welt hat ein deutscher Diplomat soviel Geschäftsleute zu betreuen. Die Deutsch-Brasilianische Handelskammer ist eine wichtige Institution, sie hat ihre Kollegin in Rio längst überflügelt. Sie berät bei Investitionsvorhaben, sie hilft dem Generalkonsulat und der Botschaft, ihre wirtschaftspolitischen Lageanalysen zu erstellen.

Das Projekt der deutschen Bildungshilfe, die Escola Tecnica Industrial »Laures Gomes«, eine staatliche Schule zur Ausbildung von Technikern, liegt unmittelbar im »kleinen Detroit« Brasiliens, in São Bernardo do Campo, industrielle Vorstadt São

Paulos. Jeden Samstagmorgen und jeden Montagabend bietet sich dem Besucher hier an der Landstraße nach Santos, der Hafenstadt, ein Bild, das er in London an der Straße nach Brighton, in Rom an der nach Ostia, in Hamburg an der Autobahn nach Travemünde erwartet: Eine endlose Autoschlange quält sich, zuweilen im Schrittempo, an die Badestrände am Meer, wo die feinen Leute ihre Sommerhäuser haben, eine Explosion moderner Villenarchitektur wie sonst nirgends in der Welt.

In der Schule werden die Schüler nach Abschluß der Unterstufe der Sekundarschule zum Techniker ausgebildet. Dreißig solcher Schulen gibt es in ganz Brasilien. Hier kommt das Lehrpersonal aus Deutschland, wird von Deutschland bezahlt. Die Gebäude, vom Bundesstaat São Paulo finanziert, bemessen für tausend Schüler, sind 1970 zu knapp einem Drittel genutzt. Die Schüler gehen nach dem Abschlußexamen zu 80 Prozent in die unmittelbar umliegende Industrie (Volkswagen, Mercedes, Ford).

Der Standort der Schule ist in bezug auf den Bedarf optimal. Darum hat, wie das Ministerium für wirtschaftliche Zusammenarbeit in Bonn meint, kein anderes Projekt der deutschen Technischen Hilfe »einen günstigeren Standort«. Als Teil des Oberschulsystems hat die Ausbildung Mängel, die Industrie will keine technischen Oberschüler, sondern praxisnah gebildete Mitarbeiter. Der Bedarf des Industriegebietes an mittleren Fachkräften scheint ungeheuer. Während bei Akademikern Angebot und Nachfrage ausgewogen sind, können alle Fachkräfte, auch die mit geringerer Ausbildung, Arbeit finden. Die Hälfte der 32 Absolventen des ersten Lehrgangs arbeitet bei Mercedes, neun sind beim Volkswagenwerk, sechs studieren, und einer ist Lehrer. Schon in der ein- bis zweijährigen Einarbeitungszeit verdienen diese neuen Tecnicos Industriales zwischen DM 885,– und DM 1 060,–. Damit gehören sie zu den höchstbezahlten Fachkräften eines Landes, in dem die meisten Beschäftigten zum staatlich festgelegten, jedoch häufig nicht eingehaltenen Minimum-Lohn von DM 150,– arbeiten müssen. Jeder Absolvent kostet den Staat São Paulo etwa DM 20 000,–.

Gut ausgebildete Bewerber sind überreichlich vorhanden. São Paulo als reichster der 33 Bundesstaaten Brasiliens kann sich für wenige gute Schulen leisten.

Das Volkswagenwerk, das Mercedeswerk und die anderen zweihundertfünfzig deutschen Fabriken der Industrieregion gehören in den Komplex Entwicklungshilfe. Die Investitionen sind vom Bund abgesichert. Hohe Abschreibungen auf die transferierten Gelder bewirken für die heimischen Werke Steuernachlässe. Das Volkswagenwerk ist der größte Industriebetrieb Lateinamerikas.

Als am 8. Juli 1970 der millionste brasilianische VW vom Band lief, war Festtag. Alle kamen, die dort Rang haben und Namen, die Generale, der Gouverneur, der Kardinal, die Chefs der deutschen Firmen. Es war ein Mittwoch. Drei Tage später, am Samstag, schleicht sie wieder nach Santos, die Schlange der Privatfahrer, Käfer hinter Ford, Mercedes hinter Fiat.

Und während der hingereiste Volkswagen-Direktor dem Gesundheitsminister zehn Klinomobile übergibt, liegt irgendwo in einem Slum der Stadt ein Erschossener, den das Elend vom Land in die Stadt und in die Kriminalität getrieben hat. Erschossen von den Lynchkommandos der Todessquadron, jenen Polizisten Brasiliens, die ihre Urteile ohne Richterspruch vollstrecken. Und während auch der Kardinal dem deutschen Generaldirektor huldvoll dankt, schreit einer irgendwo im Polizeigefängnis der Stadt. Die staatlichen Folterbeamten hatten ihn auf die Geierschaukel gehängt und schlagen ihm die Wahrheit Brasiliens aus dem verzerrten Mund.

Die Wachstumszentren

So wie das brasilianische Sao Paulo sich heute zur westlichen Industriestadt, hat sich in den zwanziger und dreißiger Jahren die chinesische Hafenstadt Schanghai zur westlichen Handelsstadt entwickelt: wohlhabende und blühende Kolonie ausländischer Industrieller und Kaufleute. War China bis zum Einmarsch japanischer Truppen 1937 auch unabhängig, seine Wirtschaftszentren waren vom Ausland abhängig, seine Wirtschaft konnte indirekt, zuweilen auch direkt durch dieses am kurzfristigen Profit orientierte ausländische Kapital gesteuert werden. Wachstums- und Entwicklungsimpulse hat Schanghai nicht ins Landesinnere getragen. Die koloniale Welt war stets übersät mit Handels-Schanghais. Die nachkoloniale Welt scheint auf jene Industrie-São-Paulos zuzusteuern, die weder ihre eigenen Probleme lösen, noch bei denen des Inlandes helfen können.

Ein gigantisches Beispiel dafür ist Kalkutta. Jahrzehntelang das stolze Wirtschaftszentrum Indiens. Jede dritte Versicherungsgesellschaft und Handelsfirma, ein Fünftel des indischen Bankkapitals haben in und um Kalkutta ihren Sitz. Die Stadt ist das bei weitem größte Dienstleistungszentrum Südasiens. Nirgends in Indien und Pakistan sind so viele Aktiengesellschaften und Industriefirmen an einem Platz konzentriert. Heute suchen Firmen von Kalkutta neue Büros und Villen für ihre Direktoren in anderen Städten, sie ziehen um und nehmen ihr Steueraufkommen mit.

Auf einer Quadratmeile leben in Kalkutta 102 000 Menschen, gegenüber 28 000 in New York und nur 8 000 in der amerikanischen Stadthölle Los Angeles. Wo 1932 noch jeder Einwohner täglich über zweiundfünfzig Gallonen Wasser zur Verfügung hatte, bleiben ihm 1965 nur 28 Gallonen. Seine Wasserversorgung hat sich also fast halbiert. Dabei ist Kalkutta sogar langsamer gewachsen als die anderen indischen Großstädte. Von 1931 bis 1961 nämlich um nur 140 Prozent; Bombay dagegen um 218, Neu-Delhi gar um 424 Prozent. Das Wirtschaftszentrum mit seinen heute über sechs Millionen Einwohnern ist schon lange nicht mehr in der Lage, die für die Erhaltung der Stadt und ihrer Wirtschaft wichtigen Maßnahmen (Wasserversorgung, Sielsystem, Straßen- und Schnellbahnbau) selbst zu erwirtschaften. Das arme Indien muß dem ehemals reichen Kalkutta – längst ist es ärmer als sein Land – aushelfen. Das Privatkapital zieht sich angesichts der bedrohlicher werdenden Situation, angesichts der Streiks und Radikalisierung der Bevölkerung aus dem Zentrum Kalkuttas zurück und hinterläßt dem Staat die Erbschaft einer verelendeten Stadt. Anstatt Impulse auszustrahlen, hat Kalkutta in den letzten fünfzig Jahren alle Impulse abgefangen, die sich etwa in anderen, kleineren Zentren Bengalens zeigten.

1961 klagte der indische Ministerpräsident Nehru: »Kalkuttas Probleme sind die Probleme der Nation – es muß etwas Besonderes geschehen. Wenn die ganze Stadt zusammenbricht, wäre das eine ungeheure Tragödie.«

Das sind die Kosten der dualistischen Wirtschaft: Das private Kapital wird nicht nach Plan eingesetzt, sondern dort investiert, wo es kurz- und mittelfristig die höchsten Gewinne abwirft. Der Staat ist zu schwach, den Prozeß der Landflucht zu stoppen. Denn mit sehr viel geringeren Chancen als der reiche Kapitalinhaber sucht auch der arme Mensch im Zentrum des Wachstums Arbeit und Brot. Das Kapital kann sich zurückziehen, wenn es brenzlig wird, der Staat bleibt mit den Armen allein. Daß selbst der reichste Staat der Welt mit New York und Chicago vor diesem Problem steht, zeigt, wie vorsichtig er sein sollte, seine Vorstellungen von Wirtschaftspolitik und Gesellschaftsordnung in arme Länder zu exportieren. »Die Politik sollte Siedlungs- und Lebensformen der Gemeinschaft entwickeln, die unseren wirtschaftlichen und sozialen Bedingungen entsprechen. Sie dürfen nicht einfach zum raschen wirtschaftlichen Wachstum, sondern müssen die Entwicklung der menschlichen Persönlichkeit und des kulturellen Lebens voranbringen.« So begründet Professor Thacker, Mitglied einer Planungskommission für Kalkutta, die Notwendigkeit intensiver Gesamtentwicklungsplanung. Denn nach seiner Meinung ist »die kontinuierliche ungehinderte Konzentration von Industrie und Handel in großen metropolischen Zentren kein unvermeidlicher Prozeß. Er muß aufgehalten werden«[1].

[1] Basic Development Plan for the Calcutta Metropolitan District 1966–1986, S. 39.

Die nun nötige Investition, um Kalkutta zu retten und »weitere Kalkuttas zu vermeiden« (Direktor der Ford Foundation in Indien, Dr. Ensminger), übersteigt die Wirtschaftskraft Indiens und die Macht des Staates und ist zudem für ausländisches Kapital nicht sehr attraktiv, wirft sie doch erst sehr spät und sehr indirekt Gewinn ab. Straßen und Gemeindezentren in ländlichen Gebieten haben eine sehr ungünstige Kosten-Nutzen-Rechnung.

Die Vorstellung also vom automatischen Verbreitern des modernen Sektors ist höchst fragwürdig. Und alle Entwicklungsstaaten, die heute noch nicht mit Kalkutta und São Paulo konfrontiert sind, versuchen, ihre Wirtschaft zu dezentralisieren, bzw. versuchen, eine alle Regionen umfassende Wirtschaftspolitik zu betreiben.

Wirtschaftliche Aktivitäten erzeugen ihrer Natur nach Ungleichheit unabhängig vom Staats- und Wirtschaftssystem, in dem sie stattfinden. Auch in Moskau ist mehr Wohlstand als in Sibirien. Nur geht die Wachstumslehre des Westens über die Feststellung dieser Tatsache hinaus und schreibt den Ungleichheiten die Fähigkeit zu, den Wirtschaftsprozeß zugunsten aller zu beschleunigen.

»Es ist gerade die Ungleichheit der Einkommensverteilung, die die Akkumulation von Wohlstand und Kapital überhaupt ermöglicht«, sagt der Vater der modernen Volkswirtschaftslehre, Keynes. Das ist bezogen auf den Entwicklungsstaat eine falsche und damit gefährliche Folgerung. Denn jede Ungleichheit ist ein politischer, kein »nur sozialer« oder wirtschaftlicher Faktor. Die Voraussetzung der Mobilisierung der Menschen in den Entwicklungsstaaten ist Gemeinsamkeit, die auf Gleichheit zielt, nicht die Schaffung neuer Ungleichheiten.

Wie ist die natürliche Ungleichheit, die durch wirtschaftliche Aktivitäten nun einmal nicht zu umgehen ist, durch weitgehend soziale Gleichheit auszugleichen? Das ist die entscheidende Frage des Entwicklungsprozesses. Wird sie nicht beantwortet, so kommt er wieder zum Stillstand, wie heute in Kalkutta, das sich selbst totentwickelt hat, wie morgen in Brasilien, wo Staatsterror die angeblich heilbringende Ungleichheit aufrechterhalten muß. Kasernen und Gefängnisse kosten mehr Geld als Schulen und Straßen.

Der Entwicklungsstaat ist auf vielfältige Weise zersplittert und dadurch in seiner Handlungsfähigkeit gelähmt: Stammesgruppen in Afrika, religiöse Minderheiten in Indien. Die stärkste Zersplitterung erfährt er jedoch durch die kapitalistische Wachstumspolitik selbst. Überall in Lateinamerika zeigt sich das Bild der »Two Nations«, der zwei einander gegenüberstehenden Nationen: die Privilegierten auf der einen, das Volk auf der anderen Seite, wie es Benjamin Disraeli für sein England des neunzehnten Jahrhunderts konstatiert hat.

Und Helder Camara, der militante Bischof der Armen aus Recife, mahnt:

»Wir sollten nicht vergessen, daß eine große Anzahl von Abseitsstehenden und niedergedrückten Menschen es unmöglich macht, die Integration Brasiliens zu verwirklichen. Wir wollen ein einiges Gesamtbrasilien, ohne Teile, die dem eigenen Schicksal überlassen, und ohne Söhne, die im eigenen Haus vergessen sind. Wer von der Einswerdung der Menschheit träumt, muß bei der Einswerdung im eigenen Land beginnen – ohne Schatten, ohne Vergessen, ohne Verlassenheit[1].«

Indien, das Konglomerat von Fürstentümern, Kolonien und Protektoraten, das 1947 von Großbritannien in die Unabhängigkeit entlassen wurde, war das große demokratische Experiment des Westens. Zu der Zersplitterung in Kasten, Sekten, Religionen, völkische Einheiten kam die Zersplitterung in politische Parteien. Die in der Kolonialzeit entstandenen »zwei Nationen« von Privilegierten und Armen wurden in die Unabhängigkeit übernommen. Fünfhundertfünfzigtausend Dörfer gibt es in Indien, in ihnen leben achtzig Prozent der Bevölkerung. Vom Aufbauwillen des neuen Staates sind sie nicht erfaßt worden. Denn

[1] Deutsches Allgemeines Sonntagsblatt, 9. 8. 1970.

trotz Gandhi hat Indien keine neue Staats- und Gesellschaftsidee entwickelt, mit der die Bevölkerung hätte mobilisiert werden können. Die Einheit Indiens findet ihren Ausdruck in der Überlieferung hinduistischer Lebensformen, nicht im Willen zum Neubeginn. Die Moderne hat nur bestimmte Regionen, bestimmte Bundesstaaten, bestimmte Gesellschaftsschichten erfaßt, nicht das indische Volk. Die Gründer des modernen indischen Staates haben den obersten Grundsatz erfolgreicher Entwicklungspolitik mißachtet: Den Willen zur radikalen Gleichheitsdoktrin.

Der Indienkenner wird lächeln, das Kastenwesen, wird er einwenden, die uralten Ungleichheiten dieser Gesellschaft, die hinduistischen Traditionen. Sie sind in der Tat ohne Revolution nicht zu durchbrechen. Aber eine ganz Indien erfassende Revolution ist nach zwanzig Jahren sich verstärkender Zersplitterung nicht mehr denkbar. Der vom Staat sanktionierte Kapitalismus hat eine andere, schlimmere Revolutionsdrohung ermöglicht. Die rechtsradikale Jan Sang-Partei ist auf dem Vormarsch. Rassismus und religiöse Intoleranz kennzeichnen ihr Programm. Aber Jan Sang wird nie in allen Bundesstaaten Erfolg haben können, ebensowenig wie die marxistischen Parteien, die in Westbengalen an die Macht gekommen sind. Dem wirtschaftlichen wird das politische Auseinanderstreben der Bundesstaaten folgen. Die Zentrale in Delhi ist gezwungen, jede auf den einzelnen Bundesstaat beschränkte Revolution mit Gewalt zu ersticken. Sie wird zunehmend Innenpolitik als Polizeieinsatz, nicht mehr als Entwicklungspolitik betreiben müssen.

Entwicklungspolitik und Gleichheit

Die Gleichheitsforderung ist also keine »sozialistische Utopie«, sondern praktisches Werkzeug des Gelingens. Kurzfristig läßt sich auch eine Mobilisierung der Bevölkerung unter ungleichen Bedingungen erreichen, solange man den Armen weismacht, sie müßten für höhere Werte, für die Kultur der wenigen Stadtbewohner schuften und arm bleiben, oder für den Ruhm des Kaisers usw. Die kommunikative Welt und der Bevölkerungsdruck werden eine solche Heuchelei zunichte machen. Allzuschnell weiß jeder, wie es woanders aussehen kann.

Das neunzehnte Jahrhundert hat sich sehr viel Mühe gegeben, die Gleichheitsforderung der Französischen Revolution als utopisch und unrealistisch zu widerlegen. Ein Großteil der politischen Philosophie hat sich hier in den Dienst der Wirtschaftsverhältnisse der ersten industriellen Revolution gestellt und wurde nicht müde darzutun, wie schädlich das Streben nach Gleichheit für die nationale und wirtschaftliche Wohlfahrt sei. Äußere und innere Rassenmythen unterstützen diesen Feldzug gegen die sozialen Forderungen. Nach innen kündete man die Ungleichheit durch die Glorifizierung der tüchtigen »Unternehmer«, die für ihre besonderen Fähigkeiten durch wirtschaftliches Vorwärtskommen belohnt werden müßten. Selbst die Schriftsteller machten sich daran, ihr eigenes Selbstbewußtsein durch die Schaffung des Typus »Genie« zu untermauern, schließlich hielten sie sich selbst dafür. Den auf Gleichheit pochenden Arbeitern und landlosen Bauern wurde Ersatzbefriedigung geschaffen: Zwar seien sie den edlen Aristokraten, den dynamischen Unternehmern und den genialen Intellektuellen nicht gleich, aber sie sollten sich schließlich damit trösten, daß sie als Angehörige der deutschen (englischen, französischen) Nation schon durch die Geburt weit über den Angehörigen anderer Nationen stünden. Und da das bei den verwickelten innereuropäischen Verhältnissen nicht ausreichte, gab man ihnen als leckerstes Zuckerbrot den Rassendünkel. Anderen Rassen gegenüber sei der deutsche Arbeiter unendlich viel höher entwickelt und begabter. Hierbei tat sich insbesondere Cecil Rhodes hervor, dem Rhodesien seinen Namen, Südafrika sein Weltdiamanten-Monopol und England sein schlechtes Gewissen verdankt. Er und Joseph Chamberlain, um die Jahrhundertwende britischer Kolonialminister, wurden nicht müde, den aufbegehrenden Arbeitern zu bestätigen, was für tüchtige Kerle sie seien, schon allein durch die Tatsache, britisch und weiß zu sein. Die soziale Frage zu Hause sollte in Übersee gelöst werden. Das war übrigens ein sehr ansteckendes Rezept; selbst einige Sozialisten ließen sich davon anstecken. 1905 glaubte selbst der Sozialdemokrat August Bebel, als er von der Idee hörte, Persien unter England und Deutschland aufzuteilen: »Eine Annahme dieses Vorschlages und eine kluge sachgemäße Durchführung dieses Gedankens, hätte die ganze soziale Frage bei uns in Deutschland zu mindestens zwei Dritteln gelöst[1].«

In den dreißiger Jahren, als durch die Wirtschaftskrise die soziale Frage von Kommunisten und Sozialisten wieder auf die Straße getragen wurde, gab es in Deutschland das Ventil des Rassendünkels nach innen. Nicht die Eigentums- und Einkommensverhältnisse, sondern der innere Feind, die Juden, waren schuld an allerlei Miseren. Auch der Antisemitismus gehört in die Skala der Märchen, mit denen die Gleichheitsforderung erfolgreich bekämpft wurde.

Es geht um soziale Gleichheit, um die weitgehend gleichmäßige Verteilung der nationalen Ressourcen, der staatlichen Einrichtungen, der Lebenschancen. Die westliche Wirtschaft hat sich bis heute unter dem Zeichen der Ungleichheit entwickelt. Ja, sie brüstet sich ihrer Erfolge unter Hinweis auf diese Ungleichheit. Die Geschichte hat zwar für gewisse Nivellierung der bestehenden Ungleichheiten gesorgt. Die letzten zehn Jahre haben jedoch viel von den frommen Gleichheitsflunkereien in allen Industriestaaten entlarvt.

[1] Helmut Bley, Bebel und das Foreign Office 1910–1913, zitiert aus dem Manuskript.

Die westliche Entwicklungstheorie geht – vereinfacht – von der Überlegung aus: Die Ungleichheit hat so schöne Erfolge bei uns gezeigt, übertragen wir sie auf die Entwicklungsländer. Kurbeln wir das Wachstum da und mit denen an, wo sich am schnellsten Profite machen lassen. Der Schaden, so ging die Theorie weiter, den der Neid der Besitzlosen anrichtet, ist wesentlich geringer als der Nutzen, den das Gewinnstreben der Reichen mit sich bringt. Und umgekehrt: Der wirtschaftliche Ertrag, den eine Gleichmacherei mit sich brächte, ist geringer als der Verlust, der durch das Nachlassen des Profitstrebens der Reichen entsteht. Die Angst der amerikanischen »schweigenden Mehrheit« vor den Black Panthers, die kaum noch einzudämmende gewaltsame Landnahme der besitzlosen Inder zeigen es anders: Wirtschaftliche Entwicklung ohne Gleichheitsgrundsatz staut den Druck der Revolution für eine gewisse Zeit, verhindert sie aber nicht.

Zur sozialen Gleichheit gehört auch die *regional gleichgewichtige Entwicklung*. Die regionalen Ungleichgewichte haben nicht nur politische, sondern vor allem natürliche Gründe. Fruchtbares Land wirft mehr ab als Sandboden. Ein Fluß eignet sich besser zum Transport von Lasten als das unwegsame Gebirge, eine ruhige Bucht besser zur Anlage eines Hafens als die Steilküste. Aber die ungleiche Entwicklung der Regionen hat auch politische Gründe. In wenigen Jahren haben die Briten im südlichen Afrika Eisenbahnen angelegt, Tausende von Kilometern durch den Busch. Nicht um das Land wirtschaftlich zu entwickeln – Infrastrukturpolitik also für die Bevölkerung zu betreiben –, sondern um die Rohstoffe billiger abtransportieren zu können.

Die Entwicklungswelt ist gekennzeichnet durch diese natürlichen und die aus der Kolonialpolitik stammenden regionalen Ungleichgewichte. Durch »Regionalpolitik« versuchen die Staaten ihnen zu begegnen. Auch in der Bundesrepublik muß der Staat durch Hilfen für die wirtschaftlich uninteressanten Gebiete eingreifen. Seine Maßnahmen stehen unter einem zweifachen Dilemma. In der freien Wirtschaft werden alle Förderungsmaßnahmen des Staates, mit denen er regionale Ungerechtigkeiten ausgleichen will, zu Bereicherungsaktionen für wenige. Der Wunsch, durch staatlichen Eingriff krasse regionale Unterschiede auszugleichen, führt in der kapitalistischen Wirtschaft stets zur Förderung der sozialen Ungleichheit und schwächt langfristig die Kraft des Staates, für alle zu sorgen. Ein Beispiel: In Berlin investierte das Privatkapital nur ungern. Bei jedem Berlin-Wörtchen aus Moskau wanderten Firmen ab. Die Bundesrepublik erlaubt daher allen, die in Berlin investieren, große Steuernachlässe für ihr gesamtes Einkommen. Daran beteiligt sich nur, wer Geld hat. Der Staat nimmt ihm weniger Steuern ab, er wird schneller und schneller reich. Das ist das Dilemma der staatlichen Wirtschaftspolitik im kapitalistischen System. Zum Ausgleich der regionalen Unterschiede verstärkt sie die sozialen. Hinzu kommt, daß die Verwaltungen der reicheren Gebiete ihrerseits nicht müßig sind und versuchen, mit ihren höheren Steuereinnahmen der Regionalpolitik entgegenzuwirken: Sie locken die Firmen ihrerseits mit Vergünstigungen, bei ihnen zu bleiben oder neu zu investieren. Auch sie verwandeln hier die öffentlichen Vergünstigungen in privaten Reichtum.

Gleiches gilt für die Ungleichheiten der einzelnen Wirtschaftszweige. Als in Deutschland nach dem Krieg die Häuser zerstört, die Schiffe versenkt waren, gab es für alle, die Häuser und Schiffe bauen oder kaufen wollten, staatliche Subventionen. Daraus sind riesige Privatvermögen geworden. So ist die soziale Ungleichheit staatlich gefördert worden. Die Wirtschaftspolitik ist jedoch gezwungen, die Entwicklung der einzelnen Wirtschaftszweige zu lenken, sie muß »sektorale Strukturpolitik« betreiben. Auch sie führt zur Bildung von staatlich gefördertem Privatvermögen in den Händen weniger. 1950 besaß die Gruppe der Unternehmer und Selbständigen 53,3 Prozent des westdeutschen Privatvermögens, 1967 hatten sie schon 72,5 Prozent. Der Anteil, den die Arbeitnehmer, Rentner und Pensionäre am Privatvermögen hatten, war in diesen 17 Jahren also von 46,5 auf 27,5 Prozent gesunken. Diese klaffende Schere zwischen dem Vermögen der immer weniger werdenden Selbständigen und dem der immer größeren Zahl der Arbeitnehmer wurde weit mehr durch Planungsziele, wie Förderung des Wohnbaus, Schiffahrtspolitik, regionale und sektorale Strukturpolitik als durch das »freie Spiel der Kräfte« erzeugt.

Das war möglich in einem Staat, der über die geschlossenste und damit stärkste Gewerkschaftsbewegung der westlichen Welt verfügt, in dem alle politischen Parteien die soziale Gleichheit auf ihre Fahnen geschrieben haben. Hier wird deutlich, wie viel rascher sich diese Schere öffnen muß in armen Staaten, deren Gewerkschaftsbewegung unterentwickelt, deren Planung noch sehr viel intensiver ist, als im an sich planungsfeindlichen Staat der CDU zwischen 1948 und 1969.

Soziale, regionale und sektorale Strukturpolitik sind die drei Ziele der Entwicklungsstaaten. Dabei können sie nicht vermeiden, daß die regionale und sektorale Politik die soziale verhindert, solange sie kapitalistisch organisiert sind.

Entwicklungspolitik heißt, hier wie in den armen Ländern, daß der Staat festsetzt, was gefördert werden soll und was nicht, wo gefördert werden muß, und wo es nicht mehr nötig ist. Seine Ziele setzt der Staat mit Hilfe der Wirtschaft durch.

Glaubt die Regierung des Industriestaates, die Lehrmittel an den Schulen seien veraltet und müßten durch neue technische ersetzt werden, so wird sie entweder die Produktion solcher Lehrmaschinen oder, wie in diesem Fall, den Absatz fördern, sie wird die Schulen mit Geld ausstatten, sie zu kaufen. Das staatliche Ziel: »Modernisierung des Bildungswesens«, wird also automatisch zu einem Profit derjenigen führen, die die Lehrmittel herstellen. Wenige verdienen an einem Bedürfnis der Gesamtgesellschaft.

Auch einem starken, nicht von der Wirtschaft unterwanderten Staat gelingt es kaum, durch Besteuerung dieses Profitungleichgewicht wieder einzuebnen. In den meisten Fällen muß er seine Ziel gerade durch eine Senkung der Steuern für diejenigen, deren Produkte er braucht oder deren Standort er begünstigen will, erreichen. Auch zahlt der Staat zunehmend an den Forschungen mit, die zu den gewünschten Produkten führen sollen. Braucht der Staat Flugzeuge, dann garantiert er nicht nur den Absatz, sondern fördert auch die Konstruktion der Maschinen. Und sollte er einmal eine geplante Maschine nicht übernehmen wollen, werden die Arbeiter des Werkes ihn daran erinnern, daß ihre Arbeitsplätze gefährdet seien und das Werk eigentlich ein nationales, kein privates Unternehmen darstellt.

Bei dieser Förderungsverflechtung von Staat und Privatwirtschaft bleibt es nicht aus, daß auch die Planungsziele nicht nur von »der Wissenschaft«, sondern von den »Praktikern«, von den interessierten Unternehmern, mitbestimmt werden. Welche Industrie gefördert werden soll, wo eine Brücke gebaut werden soll, das rechnet nicht die Wissenschaft allein aus. Die Interessenten sind schon am Zustandekommen des wissenschaftlichen Vorschlages beteiligt. Es wird dem Staat eingeredet, daß er unbedingt neue Flugzeuge braucht.

Also schon die Planung wird unterwandert von privaten Wirtschaftsinteressen.

Im Westen wird dies akzeptiert, weil immer noch vorausgesetzt wird, daß die Summe aller Profite beste Garantie für die Wohlfahrt aller ist.

Im Entwicklungsstaat ist – wie wir sahen – diese Annahme ein noch weit größerer Trugschluß als bei uns. Denn im Entwicklungsstaat ist jede wirtschaftliche Aktivität Strukturpolitik im weitesten Sinne.

Strukturpolitik denkt und plant langfristig, Unternehmenspolitik kurzfristig. Bildungsinvestitionen, Sozialeinrichtungen, Straßen-, Brücken- und Eisenbahnbau, sie alle können nicht der kurzen Gewinn- und Verlustrechnung unterliegen, die die Privatwirtschaft anstellt. Der Entwicklungsstaat ist schwach, er wird unterwandert von den Interessenten: In Südamerika sind viele Präsidenten zumeist die größten Nutznießer ihrer eigenen »Entwicklungspolitik«. Die Profite, die sie dabei machten, haben sie ins Ausland abgeschoben. Die Theorie vom automatischen Wachstum, nach der sie Politik machten, haben sie so durch ihre kriminellen Privattransaktionen selbst widerlegt.

Wirtschaftliches Wachstum, ob es nun in kapitalistischen Gesellschaften oder in sozialistischen Gesellschaften erfolgt, bewirkt Ungleichheit, soziale wie regionale. Eine Fabrik am Hafen kann billiger exportieren als eine im Landesinnern. Wer unter Menschen mit guter Schulbildung produziert, stellt billiger her als bei einer Bevölkerung von Analphabeten.

So wird der Gleichheitsgrundsatz durch die Rentabilitätsforderung täglich gefährdet: Die wenig entwickelte Gesellschaft Malawis hatte bei Beginn der Unabhängigkeit eine größere Gleichheit als zehn Jahre später, sobald die immer noch wenigen Ingenieure, die Handwerker, die Händler in der Stadt über ein besseres Einkommen verfügen. Solange man dieses nur wirtschaftlich betrachtet, scheint es unproblematisch: »Besser als gar nichts«, sagen die Ökonomen.

Sobald man den Prozeß politisch betrachtet, schwindet dieser Optimismus:

1. Die am geringen Wohlstand des Landes Teilhabenden werden zu Privilegierten, die ihren Vorsprung nicht freiwillig aufgeben. Sie können und wollen keine gleichmachende Sozialgesetzgebung befürworten.
2. Die durch wirtschaftliches Wachstum vermögend Gewordenen können sich direkt oder indirekt des Staates bemächtigen. Direkt, indem sie selbst Politiker werden oder schlecht verdienende Politiker bestechen, indirekt, indem sie mit einem Nachlassen ihrer Aktivität drohen, sobald eine Sozialpolitik eingeleitet wird, die sie nicht wollen können. In Südamerika wird jedes Vorgehen gegen Unrecht an Arbeitern als »Subversion«, als kommunistische Propaganda bekämpft.
3. Die so Privilegierten nehmen für sich in Anspruch, als Garanten des Wachstums auch Führer der Nation zu sein: Sie identifizieren sich mit dem nationalen Schicksal: Alle Aktivitäten der Armen, des »Pöbels«, der »Straße«, werden als »antinational« diffamiert, zumal die Armen oft nur mit solidarischer Hilfe von außen solche Aktionen durchführen können.
4. Je mehr der Entwicklungsstaat plant und zur Durchführung

der Planung private Firmen einsetzt, um so mehr entfernt er sich selbst vom Grundsatz der Gleichheit. Je mehr er sich von diesem entfernt, um so mehr korrumpiert er die Planung. Denn immer stärker wird die Festsetzung der Ziele von denen beeinflußt, die ein gutes Geschäft erwarten können.

Ganz deutlich muß hierbei gemacht werden, daß im armen Staat jede Neuankurbelung wirtschaftlicher Betätigung über die unmittelbaren Nutznießer hinaus dem Ganzen zugute kommen muß. Die Errichtung einer Fabrik, in der hundert Menschen Arbeit finden, wäre sonst eine zynische Selektion von Privilegierten, wenn dreißig Millionen am Existenzminimum vegetieren.

Das hier geschilderte Problem der sozialen und regionalen Ungleichheit trifft in verschiedener Schärfe auf alle Entwicklungsstaaten zu. Für die Staaten mit einer relativ starken Industrie natürlich krasser als für jene armen Staaten, in denen außer Rohstoffgewinnung bislang noch kaum moderne Wirtschaft stattfand. Auch sie steuern auf die lateinamerikanische Tragödie zu. Wenn sie nicht ebenso radikal die Macht des privaten Unternehmertums eindämmen, wie es Algerien und Tansania getan haben.

Dritter Zwischenbericht von der deutschen Hilfe

Die Hauptstraße war nicht gepflastert. In den Seitengassen das indische Elend, das Gruselklischee unserer Wohlstandswelt. Lehmhütten, keine Kanalisation, kein Strom, Schlafende im Straßenschmutz. Ein festes mannshohes Eisentor wird geöffnet. Drinnen ein kleiner gepflegter Garten, ein zweistöckiger Steinbau, ein kleines Klosterspital der Schwestern vom Heiligen Kreuz. Drei Schweizer Nonnen. Eine deutsche Hebamme arbeitet hier als Entwicklungshelferin, hilft zum Leben bringen, was Indiens Entwicklung gefährdet, Kinder. Die vier Frauen haben lange in den Hungergebieten im Norden Bihars gearbeitet, in Lehmhütten ohne Strom und Klo gelebt.

Bei der Hungersnot 1967 hat die Deutsche geholfen, die Kinder mit den geschwollenen Bäuchen zu begraben. Nun hilft sie, neue zur Welt zu bringen. Ich frage nach der Pille. Die Nonnen lachen. Sie sei viel zu teuer und zu kompliziert. Nein, kostenlos verteilt werde sie nicht.

Sie haben Angst in ihrer kleinen idyllischen Klosterburg am Rande der Stadt. Nie ist ihnen etwas geschehen, nie sind sie belästigt worden, und doch haben sie Angst. Das Eisentor ist fest verriegelt. Am Eingang zwei Wächter. Der Leiterin folgt auf Schritt und Tritt ein Riesenhund. Sie sind von der Welt abgeschnitten, verbunden nur mit dem Elend von Geburt, Krankheit und Tod, das täglich durchs Eisentor in die Sprechstunden quillt. Seit neunzehn Jahren ist Schwester Waltraud in Indien, ich seit zehn Tagen. Sie hat mehr Fragen als ich, sie hat Angst: »Sie kennen sich da aus in der Welt, wie soll das hier weitergehen? Sind wir in Gefahr? Manchmal denk ich, die Vielen da draußen werden das Spital stürmen.« Als ich mich verabschiede, schenken mir die Nonnen drei Briefmarken, indische Sondermarken mit dem Kopf Lenins: »Glauben Sie, daß er kommt, der Kommunismus?«

Die »Menschenlawine«

Lenin hat einen unheimlichen Verbündeten, den weder Karl Marx noch er vorausahnen konnten: Die Bevölkerungsexplosion. Denn das blinde Vertrauen auf die langfristig positiven Wirkungen der Wachstumszonen wird durch keinen Faktor so zerstört wie durch die Zunahme der Bevölkerung in den armen Staaten. Geburtenkontrolle ist daher auch zum wichtigsten Thema der Entwicklungsdiskussion geworden. Der globale Furchtkomplex der »Weißen« im Westen wurde schon dargestellt. Die innere Entwicklungspolitik der armen Staaten ist in der Tat durch die Bevölkerungsexplosion gefährdet. Das läßt sich in einer einfachen Gleichung darstellen: Je mehr die armen Staaten Wachstumspolitik nach westlichem Muster betreiben, um so stärker ist ihre Wirtschaftspolitik durch die Vermehrung gefährdet; je mehr sie eine gesamtgesellschaftliche Mobilisierung anstreben, um so weniger Nöte haben sie. China und Kuba sind von der »Menschenlawine« weniger bedroht als Venezuela und Kolumbien, denn China und Kuba haben einen Konsensus der Mitarbeit aller erreicht, Venezuela und Kolumbien haben sich in »zwei Nationen« gespalten, die »Privilegierten« und das »Volk«. Das »Volk« vermehrt sich rascher als die »Privilegierten«. Das Wachstum der Bevölkerung gefährdet nicht nur das Wachstum der Wirtschaft, sondern seine Nutznießer. Während Kolumbien eine Wachstumsrate seiner Bevölkerung von über drei Prozent erreicht hat, ist es China nach Schätzungen gelungen, sie auf 1,6 Prozent zu reduzieren. Damit steht es zwanzig Jahre nach Beginn seiner Entwicklungspolitik am unteren Ende der Skala der von der Menschenlawine bedrohten Staaten[1].

In jüngster Zeit mehren sich die Stimmen von Wissenschaftlern, die lobend das Verhalten von Lemmingen, Gnus und anderen Tierarten hervorheben, an denen die Menschen sich ein Bei-

[1] International Herald Tribune, 6. 2. 1970.

spiel nehmen sollten. Alle Tierarten haben, so meinen sie herausgefunden zu haben, natürliche Instinkte, die verhindern, daß sie sich über ihren Nahrungsmittelspielraum hinaus vermehren. Sie töten ihre Jungen, sie lassen »unwertes« Leben in der Gruppe zugrunde gehen, ja, zuweilen töten sie sich selbst. Solche Vergleiche sind zwar blanker Unsinn, aber leider treffen sie auf Menschen, denen Angst gemacht wurde. Seit Beginn der Wirtschaftsgeschichte hat der Mensch seinen »natürlichen Nahrungsmittelspielraum« durchbrochen: Als die kleinen Horden sich nicht mehr von der Jagd ernähren konnten, haben sie nicht ihre Kinder umgebracht, sondern sind seßhaft geworden und haben aus Gräsern Getreide gezüchtet. Später haben sie durch Werkzeuge ihren Nahrungsmittelspielraum erweitert, den Boden gepflügt. Wenn durch nichts anderes, so durch seine Fähigkeit, diesen Nahrungsmittelspielraum stetig auszudehnen, unterscheidet sich der Mensch vom Tier. Nun plötzlich, da die Bevölkerungsvermehrung in den armen Staaten die kapitalistische Wirtschaftsweise zur kriminellen Sorglosigkeit werden läßt, mahnt man die Armen, es den Tieren gleichzutun.

Denn die Nutzung und Ausdehnung des Nahrungsmittelspielraums, ein zynisches Wort, wo es um Leben und Tod geht, wird nicht durch die Unfähigkeit der Menschen, sondern durch die politischen Machtverhältnisse unmöglich gemacht.

Vor einigen Jahren kauften zwei amerikanische Missionare in Guatemala einen Lastwagen, damit die Indios ihre Waren zu den Märkten des Tales fahren konnten. Die Großgrundbesitzer der Umgebung sorgten für rasche Beseitigung der möglichen Konkurrenz, sie ließen bei einer der ersten Fahrten von gedungenen Saboteuren die Reifen beschießen, so daß der Lastwagen in die Schlucht stürzte. »Greift zu den Waffen«, rieten die amerikanischen Missionare ihren Schützlingen, »erzwingt euer Recht mit Gewalt.«

Die systematische Verarmung und physische wie geistige Verelendung der Menschen in Nordbrasilien durch die Herrschaft der Grundbesitzer hat auch ohne Bevölkerungsvermehrung dazu geführt, daß für die Nahrung kein Spielraum mehr ist. Nicht die Vermehrung der Menschen engt den Nahrungsmittelspielraum ein, sondern das feudalkapitalistische Wirtschaftssystem vieler Entwicklungsstaaten.

Die sprunghafte Vermehrung der Bevölkerung bringt die Wachstumsstatistik durcheinander und die Wachstumstheoretiker aus der Fassung. Zwischen 1960 und 1967 gab es in Afrika ein Wirtschaftswachstum (Bruttosozialprodukt) von durchschnittlich 2,3 %, aber ein reales Wachstum des Prokopfeinkommens von nur 1,7 %. »Die vielen Kinder essen das ganze Wachstum wieder auf«, so geht der Schreckensruf durch die Welt. Auch hier muß der Statistik etwas auf den Grund gegangen werden. Bei weniger starkem Bevölkerungswachstum und ungleichgewichtigem Wachstum hätten auch die wenigen Kinder das Wachstum nicht aufessen können, es wäre ebenso an ihnen vorbeigewachsen wie jetzt. Venezuela hat mit fast 4 000 Mark das höchste Prokopfeinkommen Lateinamerikas, es gehört dank seines Ölreichtums zu den Staaten mit dem schnellsten Wachstum. Die über eine Million verlassener Kinder haben ebensowenig am Wachstum mitgegessen wie die zwei Millionen, die in einigen Jahren die Slums übervölkern, das Wachstum der Wohlstandszonen beeinträchtigen werden. Auch sie werden es nur in der Jahresstatistik tun. Auch den Tausenden von heimatlosen Kindern, die durch Kolumbiens Städte streunen, hat das Wachstum nichts zu bieten. Es ist völlig belanglos, ob sie die Statistik beeinträchtigen oder nicht. Zwar vermehren sich die Hungrigen, aber der Hunger des einzelnen war ebensogroß, als sich die Menschen noch nicht so schnell vermehrten. Das Wachstum São Paulos hat die hungrigen hundert Bewohner eines Dorfes in Nordbrasilien ebensowenig erreicht wie die hundertfünfzig Bewohner, die zehn Jahre später dort leben. Die Nahrungsmittel der »Selbstversorgungswirtschaft« sind allerdings knapper geworden. Mehr verhungern schneller. Und immer mehr sorgen für ein »natürliches Zusammenwachsen« der beiden Wirtschaftsbereiche. Sie fliehen in die Stadt, wo niemand sie will.

Angesichts der Bevölkerungsvermehrung fällt die Wachstumshoffnung wie ein Kartenhaus in sich zusammen.

Darum wird von eben denen, die so sehr auf die Privatinitiative bei der Entwicklungspolitik vertraut haben, nun plötzlich nach dem Staat gerufen. Die Angst vor staatlichen Eingriffen in die Privatsphäre des einzelnen, die den Entwicklungsstaaten immer warnend vor Augen geführt wird, hat sich bei dem doch sehr privaten Vorgang von Zeugung und Geburt sehr schnell verflüchtigt. Nicht staatliche Kontrolle der Banken, der Industrieunternehmen, des Außenhandels und des Kapitalflusses, nicht die Vergesellschaftung des Bodens sollen die Staaten in ihrer Notsituation vornehmen, sondern die des Schlafzimmers. Die westlichen Industriestaaten reagieren allergisch auf die Verstaatlichung der Produktion von Fahrrädern in Afrika, fordern jedoch die Verstaatlichung der Produktion von Kindern.

Das, wie es heißt, »generative« Verhalten einer Bevölkerung ist nur sehr langsam und sehr kompliziert zu ändern, sicher sehr viel komplizierter als das Wirtschafts- und Sozialverhalten. Kurzfristig, nur aufs zwanzigste Jahrhundert bezogen, vermehren sich die Menschen in den Entwicklungsstaaten sehr viel rascher als in den Industriestaaten. Europas Geschichte hat gezeigt, daß sich mit der Veränderung des Wirtschafts- und Sozialverhaltens, mit einer Veränderung der Rolle der Familie und Ehe auch die Geburtenrate senkt. Staatliche Eingriffe werden bei diesen Änderungen jedenfalls sehr viel leichter ansetzen können als bei der Kontrolle des Schlafzimmers. Wenn Tausende von elternlosen Kindern, die keine Schule hatten und keine Arbeit haben werden, mit fünfzehn wieder anfangen, Kinder in die Welt zu setzen, dann ist unsere Schelte ihrer Gebärfreudigkeit zynisch. Schon wenn nur diese aus der Gesellschaft Verbannten von einer staatlichen Sozialpolitik erfaßt werden, würde sich die Vermehrung drastisch senken.

Das Problem kann und darf nicht verniedlicht werden. Aber es ist zu brennend, als daß viel Zeit damit vertan werden kann, es am falschen Ende anzupacken. Es nützt nichts, einem Wagen ohne Bremse, der rollt, immer wieder einen Stein vors Rad zu werfen, man muß irgendwann eine Bremse einbauen. Die Bremse ist nicht die Pille, sondern der Wunsch und die Fähigkeit, sie zu nehmen.

In seinem Buch über die »menschliche Springflut« klagt der Schreckensprophet Claus Jacobi, die »Vermassung« habe auch in der Bundesrepublik schon dazu geführt, daß kaum noch jemand »seinen eigenen Badestrand« habe. Dieser Zynismus trifft das Problem: Private Badestrände, privater Grund und Boden, privater Handel mit Nahrungsmitteln, private Vergeudung von landwirtschaftlichen Nutzungsflächen sind für die jetzt und künftig Lebenden weit gefährlicher als die private Zeugung von Kindern. Nur der Staat, der seine Massen auch wirklich zu mobilisieren in der Lage ist, kann sie zur Änderung ihres sozialen und damit auch ihres »generativen« Verhaltens bringen.

Algeriens Staatspräsident sagt zu diesem Problem: »Alle von Europa vorgeschlagenen Verhütungsmittel sind in den armen Ländern fehlgeschlagen. Wir müssen bescheiden werden. Ich wette, daß wir den Wettlauf mit der Fruchtbarkeit gewinnen werden. Wir können die weiten Steppen unseres Landes durch moderne Techniken fruchtbar machen, wir müssen sie und unsere Bodenschätze systematisch erfassen. Ich glaube, daß es in unserem Land nicht nur Platz für 15 Millionen, sondern für sehr viel mehr Algerier geben wird. Dafür müssen wir hart arbeiten und zu Opfern bereit sein. Da wir keine andere Wahl haben, werden wir es schaffen[1].«

Nichts macht die Verhinderung von Wachstumszonen so dringend wie die Bevölkerungsvermehrung, nichts sie so unmöglich wie die Privatwirtschaft.

[1] *Nouvel Observateur*, 7. 6. 1970

Kurven, Schluchten, Steigungen, Geröllgefahr. Einen Panther, so sagt der Fahrer, habe er vor einiger Zeit hier über die Straße springen sehen. Die Fahrt durch die Vorgebirge des Himalaya zeigt dem Europäer eine weniger fremde Welt als die Fahrt durch die heiße Ebene, durch den reichen Pandschab, das moderne Chandigarh.

Der Wagen? Ein älterer Mercedes aus Deutschland. Der Fahrer? Ein jüngerer Bauhandwerker aus Niedersachsen. Meine Mitreisenden: zwei kleine Kinder und die junge Frau, Landfrau aus einem niedersächsischen Dorf. Das Ziel: Mandi, größter Distrikt im indischen Bundesstaat Himachal Pradesh, zugleich Deutschlands erfolgreichstes und bekanntestes Entwicklungsprojekt: Die landwirtschaftliche Erschließung und die Verbesserung der Lebensbedingungen der Bergbewohner.

Es ist unmöglich, von Mandi nicht begeistert zu sein. Nach der ersten Kurve, die ins bewohnte Tal führt: Fast alle Häuser zeigen frische Verbesserungen, ein neues Dach, ein kleiner Anbau. Ich zähle, jedes vierte Haus ist ein Neubau, gerade bezogen oder noch im Bau. Bläuliche Schieferdächer, moderne Türen, das mag ein schweizer, ein italienisches Bergdorf sein. Das »Elend Indiens« ist nicht zu sehen.

»Kennen Sie Mandi?« hatte mich mein Nachbar auf dem Flug nach Kalkutta gefragt, als er erfuhr, ich komme aus Deutschland. Es war ein Landwirtschaftsbeamter aus Nagaland. Ich hatte ihn für einen Japaner gehalten. Der kleine mongoloide Volksstamm im fernen Nordosten der indischen Union kämpft seit Jahren um seine Unabhängigkeit von Delhi. Mein Nachbar arbeitet mit der Regierung zusammen. »Wenn wir Mandi bei uns hätten, dann wäre der unselige Kampf bald zu Ende. Mit Mandi könnten wir unsere eigene Entwicklung forcieren. Aber ihr Deutschen dürft ja Nagaland nicht besuchen, und ausländische Entwicklungsprojekte werden bei uns nicht geduldet.« Ich hatte ihn nicht trösten können, den bekümmerten Mann aus Nagaland. Indien ist der zweitgrößte Staat der Erde, Deutschland hat im riesigen Land drei größere landwirtschaftliche Projekte. Schon ein viertes gleichzeitig wäre zuviel.

Es ist dunkel, als wir in Sunda Nagar ankommen. Der Chef des Projektes, Dr. von Samson, erwartet uns vor seinem Haus. Es gehört zum Komplex der Gebäude des Maharadschas. Ein schöner Park, eine große Terrasse, ein heiteres junges deutsches Ehepaar. Ein paar Autostunden von der chinesischen Grenze entfernt. Sie sind seit sechs Jahren in Indien, seit zwei Jahren leitet Dr. von Samson das Indo-German Agricultural Pilot Project im Mandi-Distrikt. Technische Hilfe, unter dieser Bezeichnung werden solche Projekte und ähnliche in aller Welt von der Bundesrepublik gefördert. Die Experten werden von Deutschland bezahlt, sie sind Angestellte der GAWI, einer staatlich kontrollierten Dachorganisation für Entwicklungsexperten im Ausland.

Vor acht Jahren, 1962, kannte außerhalb des Himalaya-Territoriums kaum jemand Mandi. Mit sieben Mann hatte es angefangen. Einer von ihnen ist in Indien geblieben, auf der Straße tödlich verunglückt. 1970 sind noch sechs Deutsche in Mandi, drei im Nachbardistrikt Kangra, dazu kommt ein einsamer Techniker. Weit oben in den Bergen, im Distrikt Sirmur, bohrt er Brunnen.

Sie beraten und bauen in ihren Fachgebieten, einer bohrt nach Wasser und baut Bewässerungsanlagen, ein anderer legt im ganzen Distrikt Obstgärten an. Das Land ist fruchtbar, das Klima dem Obst günstig. Die Äpfel reifen zweimal im Jahr. Die Experten helfen bei der Terrassierung der steilen Hänge, sie unterweisen in landtechnischen Methoden, sie schmieden Pflüge, sie fahren oder gehen durch den Distrikt. Sie veranstalten Schaupflügen. Sechzig Rupien kostet der von den Deutschen in der eigenen Schmiede hergestellte Wendepflug. Sie führen Pflanzenschutzmittel ein, sie haben deutsche Rinder geholt und sie mit den heiligen Kühen gekreuzt. Sie haben Milchsammelstellen in den Bergdörfern eingerichtet. Die Lastwagen des Projektes fahren die Milch ins Tal. Sie bauen eine Molkerei. Sie waren so erfolgreich, daß 1969 schon mehrere tausend Liter Milch weggeschüttet werden mußten, für die keine Absatzmöglichkeit gefunden wurde. Milchschwemme im armen Indien.

Sie haben Sorgen. Die Produktion und der Transport der Milch werden zu teuer. Schon jetzt haben sie errechnet, daß allein die Transport- und die Abfüllkosten dem gegenwärtigen indischen Milchpreis entsprechen. Sie müssen die Produktion steigern, um die Kosten zu senken. Sonst bliebe die Entwicklungshilfemilch Vorzugsmilch für Reiche. Schon bald werden Äpfel ins Tal verkauft werden können.

In acht Jahren ist das alles entstanden. Deutschland zahlt die Gehälter und die Betriebsmittel, Lastwagen, Traktoren, Pumpen und Bohrgeräte. Deutschland schickt Düngemittel, Pflanzenschutz und Pflanzengeräte. Das wird von der indischen Verwaltung an die Bauern zum Landespreis verkauft. So entsteht ein Geldfonds – »Gegenwertmittel« –, mit dem auf dem indischen Markt Bewässerungsröhren, Baumaterialien gekauft werden. Die Bewässerung wird genossenschaftlich genutzt, Wassergeld von den Nutzern an die indische Verwaltung bezahlt.

Denn es ist ein indisches, kein deutsches Projekt. Immer wieder: »Wir sind hier nur Berater, Inder machen das Projekt mit uns zusammen.«

Aber in Delhi, aber in Bonn im Ministerium war es doch »unser Projekt«, unser deutsches Musterstück? Es ist beides. Für jeden deutschen Berater gibt es auch einen indischen. Die Büroverwaltung des gesamten Komplexes wird von Indern in der Distriktshauptstadt geleitet. Inder fahren die Lastwagen, reparieren die Traktoren, verlegen die Bewässerungsrohre. Keine Entscheidung wird nur von Deutschen, keine nur von Indern getroffen. Es ist nicht nur das deutsche Renommierstück der Entwicklungshilfe, es ist auch Kristallisationszentrum der Entwicklungspolitik der Regierung von Himachal Pradesh. Es ist ein Politikum. Der Ministerpräsident dieses Bundesterritoriums kommt, wann immer er Zeit hat, aus der Hauptstadt Simal herüber. Der Gouverneur ist über die wesentlichen Vorgänge laufend informiert, der Distriktskommissar ein enger Freund des deutschen Teamleiters. Der wesentliche Eindruck des Besuchers: Nicht die »Deutschen« treiben dort oben im hohen Norden Indiens die Entwicklungspolitik des Landes, sondern Indien, seine Bundesstaaten, seine Distrikstverwaltungen sind die Träger, Planer und Durchführer der Entwicklungspolitik. Das Ausland, hier die Bundesrepublik, hilft mit Menschen und Materialien, mit Wissen und Willen zur sichtbaren Leistung. Das Territorium Himachal Pradesh ist der strategisch gefährdetste Teil Indiens. Es grenzt an Pakistan und China. Straßen- und Dammbau, Bewältigung der Wasserenergie werden vorrangig forciert. Hier baut Indien, ohne ausländische Hilfe, eines der riskantesten und imposantesten Flußregulierungsvorhaben in Mandi. Es will zwei Flüsse, den Beas mit dem Sutley, durch zwei acht Kilometer lange Tunnel verbinden. Die zehntausend Bauarbeiter sind in riesigen Siedlungen untergebracht. Die Gebirgsflüsse müssen zur Bewässerung der fruchtbaren Ebene des Pandschab reguliert und kanalisiert werden. Himachal Pradesh ist bevorzugte Entwicklungsregion im Norden Indiens. So bevorzugt, daß sein Ministerpräsident sich genötigt sah, in der Großanzeige einer Zeitschrift in Delhi einen Vergleich der ihm zugestandenen Gelder der Zentralregierung zu veröffentlichen. Das Berggebiet wird beneidet. Mandi ist Musterprojekt. Deutschland schickt Journalisten zur Bewunderung. Es ist unmöglich, vom sichtbaren Erfolg nicht begeistert zu sein. Es ist aber auch unmöglich festzustellen, was hier deutsche Hilfe, was indische Entwicklungspolitik ist.

Und keine Probleme? Immer richtige Planung? Also Beispiel für Indien? Nachzuahmen im ganzen Land? In der Generalformel des Ministeriums für wirtschaftliche Zusammenarbeit heißt es: »Entwicklungspolitik macht politische Kräfte, wirtschaftliche Interessen und solidarische Hilfsbereitschaft dem sozialen und politischen Ausgleich dienstbar und bringt sie zu optimaler Wirksamkeit.« Das ist global gemeint. Wie sieht das lokal, wie in Mandi aus?

Als das Projekt Anfang 1962 begonnen wurde, gab es diese Formel noch nicht. Es gab kaum sozialpolitische Überlegungen.

Es galt die Besserung des Vorhandenen nach Zielen der eigenen Vorstellung. Das ist in Mandi geschehen. Stärkung der vorhandenen Groß- und Kleinbauern. Deutsches Bauernideal: jeder auf seiner eigenen Hofstelle, allenfalls Nutzungs- und Verkaufs-, keinesfalls Produktionsgenossenschaften. Geschichte und Eigentumsverhältnisse der Bauernschaft waren den Experten nicht bekannt. Sie fanden, was sie suchten: Einzelbauernstellen, einige klein, andere größer.

Die kleinen saßen zumeist erst seit wenigen Jahren auf ihren Stellen. Denn erst Mitte der fünfziger Jahre waren sie ihnen im Zuge der Landreform zu einem staatlich festgesetzten Niedrigpreis zugeteilt worden. Der Mandi-Distrikt war vor Ankunft der Deutschen arm, aber kein Elendsgebiet. Den Inhabern von Bauernstellen ist geholfen worden. Es ist ein reicher Distrikt geworden. Mit etwa 25 Millionen Mark, die eine Hälfte kam von deutscher, die andere von indischer Seite, ist 60 000 Bauern zu einem guten Einkommen und zu hoffnungsvoller Zukunft verholfen worden. Bald wird der Distrikt landwirtschaftliches Überschußgebiet sein. Neue Probleme der Vermarktung, des Transports und des Absatzes werden entstehen. 1974 werden die Deutschen den Himalaya verlassen, hinter sich eine schweizerisch anmutende Bauernidylle. Schon heute gibt es reiche Bauern, die sich die Hilfe weit besser zunutze machen konnten als die Kleinbauern. So konnte der reiche und gebildete Raja Amp, Großbauer in einem entfernten Bergtal, mit deutschen Düngemitteln und deutschen Pflügen den Ertrag seiner hundert eigenen und mehrerer hundert angepachteter Morgen weit mehr steigern als seine kleineren Nachbarn. Wie Tausende der wohlhabenden Bauern hat er die Bestimmung der Landreform, jeder dürfe nur 30 Morgen besitzen, umgangen.

Grenzen deutscher Einflußmöglichkeiten oder Ergebnis deutscher Bauernidylle? Ich frage die deutschen Experten nach dem Kastenwesen. Wie hoch ist die Verschuldung des einzelnen, wie wird das Entstehen eines neuen Pachtsystems – jahrhundertelang die Geißel der indischen Landwirtschaft – verhindert? Es ist ein Agrarprojekt, keines der Sozialstrukturhilfe. Produziert es mit der Milch Probleme? In einem indischen Bericht über die bedrohlich zunehmenden Bauernunruhen der letzten Jahre heißt es: »Die neue indische Landwirtschaftspolitik basiert zum Teil erstens auf einer überholten und unmodernen agrarischen Sozialstruktur; zweitens wird die neue Landwirtschaftstechnik und Agrarstrategie der Regierung allzu einseitig nach Produktionszielen und erst in zweiter Linie nach sozialen Gesichtspunkten durchgeführt. Folglich werden Ungleichheit, Instabilität, Unruhe immer rascher zunehmen. Das führt möglicherweise zu erhöhten Spannungen im ganzen Land.«

Dem Besucher muß Mandi als Bergparadies erscheinen. Aber auf den Straßen trifft er arbeitslose Bergbewohner, sieht er Wanderer aus der Ebene, Flüchtlinge, die der heißen Dürre in den Hungergebieten Rajastans entfliehen, um sich bei den mit deutscher Hilfe wohlhabend gewordenen Bauern Mandis zu verdingen.

Revolution und Mobilisierung

Wie können die Entwicklungsstaaten ihre »soziale Frage« lösen ohne die imperialen Hilfsmittel, die Cecil Rhodes zur Verfügung standen? Wie können sie den durch die in den Wohlstandsinseln wachsende Wirtschaft und die in den Elendsgebieten wachsende Bevölkerung sich verschärfenden Dualismus überwinden? Alle Entwicklungspolitik und alle Entwicklungshilfe, die sich an dieser Frage vorbeimogelt, verstärkt das Elend, mindert es nicht.

Zwischen 1790 und 1820, der ersten wichtigen Periode der Industrialisierung, hatte Großbritannien eine wirtschaftliche Wachstumsrate von jährlich 2 %, Deutschland zwischen 1850 und 1880 eine Rate von 2,7 %, die USA verzeichneten zwischen 1820 und 1850 eine Rate von 4 %, ebensoviel wie Japan zwischen 1876 und 1900. Die Gruppe der am wenigsten entwickelten armen Staaten hatte jedoch zwischen 1960 und 1969 eine Zuwachsrate von 4,8 %. Da in der gleichen Zeit die Bevölkerung erheblich schneller wuchs als in den europäischen Industriestaaten des neunzehnten Jahrhunderts, öffnet sich die tödliche Schere zwischen entwickelten und unterentwickelten Gebieten innerhalb der Entwicklungsstaaten wesentlich rascher und dramatischer als seinerzeit in Europa. Wenn der Iran in den letzten Jahren eine Zuwachsrate von fast zehn Prozent verzeichnete, so ist die statistische Aussage, durch das Bevölkerungswachstum sei diese Zuwachsrate wieder auf 5 % geschrumpft, ohne jede Bedeutung. Viel wichtiger ist die Aussage, daß damit die Kluft zwischen beiden Bevölkerungs- und Wirtschaftsteilen entsprechend gewachsen ist. Die Statistik verschleiert die politischen Probleme. Dem Iran ist es zur Zeit noch möglich, die Kluft durch eine aufwendige kaiserliche Glanzoperette zu verdecken, die dem Bewußtsein einer in Armut und Unwissenheit lebenden Bevölkerung entspricht. Andere Länder haben diese Möglichkeit nicht.

Bei den rechten Diktaturen der Dritten Welt haben sich westliche Beobachter stets mit dem beschönigenden Wort von der »Entwicklungsdiktatur« zufriedengegeben. Es sind keine Entwicklungsdiktaturen, sondern Machtapparate zur Aufrechterhaltung des Dualismus. Sie schützen die Entwicklungszonen durch Terror, sorgen dort auch für Entwicklung und Wachstum. Selbst die indische und pakistanische Entwicklungspolitik geben hierfür die schlechtesten Beispiele. Denn auch die Verstärkung der Landwirtschaft, auch die Besserung der Saatgüter und der Anbaumethoden erfolgt unter Marktbedingungen, die den Schwachen schwächer und den Reichen reicher machen. Der kleine Landwirt verschuldet sich rasch, der Grundbesitzer kann sich schneller modernes Gerät kaufen, seine Familie hat einen höheren Bildungsstand, er kann sich die modernen Methoden rascher aneignen, wie das Beispiel des Großbauern in Mandi zeigt. Trotz der Agrargesetze, mit denen die Größe der Höfe begrenzt ist, kaufen und pachten die Großbauern rasch neues Land hinzu: Gerade die Moderne schafft neue Abhängigkeiten verschuldeter oder landloser Bauernbevölkerung. Auch die Forcierung der Landwirtschaft macht die Reichen reicher, die Armen ärmer, die Landflucht in die Städte dramatischer. Landwirtschaftspolitik ohne gleichzeitige Industrialisierung wäre daher sinnlos. Auch die private Industrialisierung nach staatlichem Plan fördert jedoch die soziale Ungleichheit, beschleunigt den Prozeß der dualistischen Wirtschaft. Fünf Familien beherrschen die Industrie Pakistans, des sechstgrößten Staates der Welt, in Indien sind es kaum mehr. Die Ford-Stiftung hat für Indien das Programm einer dezentralisierten Entwicklung von »agrarischen Wachstumszentren« entworfen, um »weitere Kalkuttas zu verhindern«. Da auch sie von einer privatwirtschaftlichen Konzeption ausgehen, würden sie die indische Kastenstruktur und den Dualismus der Gesellschaft nur festigen, nicht durchbrechen. Größere Landbesitzer kämen schnell in den Genuß der neuen Strategie; die Unterschichten blieben ein sich rasch vermehrendes, machtloses Proletariat. Die Vermehrung der Menschen zerstört alle Ansätze einer marktwirtschaftlichen Entwicklung. Die Biologie hilft der Revolution.

Auch die *Bildungspolitik,* deren Bedeutung zwar spät erkannt, nun jedoch überall forciert wird, vermag den Dualismus nicht zu überwinden. Sie ist flankierende Maßnahme der Wachstumspolitik. In Madras baut die Bundesrepublik eine technische Hochschule, in Kalkutta bereitet sie die Einführung des Berufsschulwesens vor. Aber der indische Bundesstaat Mysore legt 1970 einen Plan zur Umschulung arbeitsloser Ingenieure vor: »Hilfe für die gebildeten Arbeitslosen mit Ingenieurdiplom«. Unter Punkt sechs und sieben heißt es: »Parzellen kultivierbaren Landes sollen für die arbeitslosen Ingenieure reserviert werden; es sollen ihnen bevorzugt Regierungsautos zur Verfügung gestellt werden, damit sie als Taxichauffeure arbeiten können.« Und Punkt neun will ihnen den erleichterten Eintritt in Fachschulen für »Milchwirtschaft und Gartenbau« verschaffen[1].

Bildungspolitik, so problematisch das Wort, so schwierig der Tatbestand. Abgesehen von der Belastung, die das deutsche Wort Bildung durch das Bürgertum des vorigen Jahrhunderts auch heute noch hat, Bildung als Klassenmerkmal. Gebildet sein als Gegensatz zur ungebildeten Masse ist als Gesamtkomplex der europäischen Schulung und Ausbildung schwer übertragbar auf die armen Länder.

In Kalkutta führte mich ein Bekannter frühmorgens zu einem Schuhputzer, er konnte Englisch und hatte ein Magisterexamen in Volkswirtschaft an der Universität abgelegt. Er war seit langem arbeitslos und ernährte sich mit schwarzer Creme und Bürste. Das bringt nicht viel ein in einem Land, in dem 70 % der Bevölkerung barfuß und 25 % in Sandalen gehen. Im Staate Uttar Pradesh traf ich einen ehemaligen Sanitätsinspektor. Er hatte einen wirtschaftlich-akademischen Grad (B. Sc. Honours), hat als städtischer Beamter 300 Rupien verdient (ca. DM 150,–). Das war zu wenig für seine große Familie, er kaufte sich ein Pferd und einen einachsigen Wagen. Nun leistet er Fuhrdienste und kommt auf etwa 500 Rupien im Monat.

[1] The States, New Delhi, 18. 4. 1970, S. 11

Beim Zoll in Neu-Delhi arbeitet ein ehemaliger Universitätsassistent für Forstwirtschaft. Dort ist der Verdienst niedrig, an der Universität war er noch niedriger. Die Zahl der Taxichauffeure mit akademischem Grad in Indien geht in die Hunderttausende. In Patna (Bundesstaat Bihar) demonstrierten bei meinem Aufenthalt die arbeitslosen mit den unterbezahlten Ingenieuren zusammen.

Und China? Das volkreichste Land der Erde ist nicht Mitglied der Vereinten Nationen. Das volkreichste Land der Erde ist das interessanteste Land der Erde. Es hat den Hunger abgeschafft. Als es noch nicht genug Getreide selbst produzierte, hatte es genug Devisen, Weizen in Kanada und Australien zu kaufen. Es hat die Ungleichheit, ja selbst die neue Klasse der Partei-Bonzen wieder abgeschafft, bürgerliche Berufsdünkel durch brutale Gleichmacherei zerbrochen: Der Professor wird aufs Feld geschickt, die Ernte zu bestellen. Es hat das Analphabetentum weitgehend abgeschafft, hat eine Bevölkerung von bald 800 Millionen mit einem einzigen Buch vertraut gemacht. Es hat versucht, die Arbeitsentfremdung auch in der Industrie zu durchbrechen: Der chinesische Arbeiter verrichtet seine Arbeit mit Slogans aus der Mao-Bibel. Seiner Fließbandarbeit, seiner »Ameisenfunktion« im anonymen Wirtschaftsprozeß wird Sinn gegeben durch Sätze wie diese: »Niemals dürfen wir die hochmütige Haltung von Großmacht-Chauvinisten annehmen und wegen des Sieges unserer Revolution und einiger Erfolge bei unserem Aufbau überheblich werden. Jedes Land, ob groß oder klein, hat seine Vorzüge und Mängel.« Wie die alten »Hauruck«-Lieder der Handwerker und Arbeiter begleiten solche Mao-Sprüche die tägliche Arbeit der Chinesen. Jeder weiß, wofür er arbeitet. China hat den Dualismus der Wirtschaftsentwicklung überwunden. Soziale, sektorale und regionale Strukturpolitik bilden eine Einheit. Vielleicht werden die Atomingenieure in Sinkiang vom Staat verhätschelt, wahrscheinlich haben sie erhebliche Vergünstigungen vor ihren Landsleuten, aber sie können mit der »sektoralen Strukturmaßnahme« Atomenergie nicht persönlich Vermögen bilden. Der Arbeitsantrieb wurde vom Motiv Profit verlagert auf das Motiv Aufbau des modernen China. Sinngebung bedeutet, daß mit dem Mao-Satz: »Mit Fleiß und Genügsamkeit müssen die Fabriken und des Geschäftslebens, alle staatlichen genossenschaftlichen und sonstigen Unternehmungen betrieben werden«, auch der Landarbeiter weiß, wofür er arbeitet.

Wir lächeln, und unsere Karikaturisten haben ein neues Thema, seit wir hören, daß die chinesischen Arbeiter ihre Aufgaben mit solchen Mao-Sprüchen aus dem roten Buch beginnen. Der Lokomotivführer, die Krankenschwester, der Arzt, der Matrose, der Professor, der Politiker, der Straßenkehrer, daß sie alle unter Weisung von Maos Sprüchen arbeiten. Wir sollten nicht lächeln, sondern uns wundern und bewundern. Zunächst sind Maos Lehren so dumm nicht, als daß sie abgetan werden könnten. Wichtiger ist aber ein ganz anderer Vorgang. In ein Buch gedruckte Gedanken, aufgeschrieben und gebunden, wurden gekoppelt mit dem wirtschaftlichen und sozialen Entwicklungsprozeß eines ganzen Landes. Wenn achthundert Millionen Menschen innerhalb eines Jahrzehnts mit einem Buch vertraut gemacht werden, daß sie lesen lernen, dessen Gedanken sie nachvollziehen müssen, und wenn diese Gedanken sie bei jeder Verrichtung begleiten, dann ist hier ein Literarisierungsprozeß vorgenommen worden, der in der Weltgeschichte ohne Beispiel ist.

Das stille Gelehrtenkämmerlein, in das sich der englische Rentenempfänger des vorigen Jahrhunderts zurückziehen konnte, um großen Gedanken nachzuhängen, war nur möglich durch eine Wirtschaftsverfassung, in der die, die nicht lesen konnten, für die mitarbeiteten, die zur Universität gegangen waren. Man lese nur einen der großen Romane des englischen Bürgertums, die Hauptfiguren, zumeist gebildet und »hochgeistig«, empfingen durch Erbschaft oder ein »kleines Gütlein« genug, um sorgenfrei leben zu können.

Europäische Bildung in den drei Ländern Frankreich, Deutschland und England ist entstanden als Bildung der vermögenden Bürger, die entweder neben ihrer Arbeit genug Muße hatten, sich

»weiterzubilden«, oder von »Haus aus« genug Geld. Das hat zu jener fatalen Bildungssituation der Konsumgesellschaft geführt, in der zwar 90 Prozent der Bevölkerung die Worte »Fewa wäscht weißer« oder »Sicher in die Zukunft mit CDU« auf Anhieb entziffern können, in der die meisten von ihnen jedoch mit dem Abschluß der Berufsausbildung praktisch von der Bildung auf die Bild-Zeitung zurückfallen, wo Nachdenken, das Verarbeiten von geschriebenen Gedanken durch Schlagwörter und Schlagbilder wieder aufgehoben wird.

Einem Chinesen mögen deutsche Werbe- oder Wahlfeldzüge ebenso ungeheuerlich antihuman erscheinen wie uns Gebildeten die Mao-Bibel in den Händen von Millionen. Die Leitsätze des Christentums, die Verhaltensanweisungen des Koran haben Jahrhunderte die Gesellschaft begleitet. Die »gebildeten« Schichten haben sich nach ihnen verhalten, den »Ungebildeten« hat der Pfarrer früher gar noch lateinisch (bzw. klassisch-arabisch) daraus vorgelesen. Mit Maos Buch gibt es keine exklusive Weisheit für die Vornehmen, das ganze Volk hat ein Buch.

»Ko-Ming« heißt im Chinesischen Revolution. Joachim Schickel, der sich vor allem mit der chinesischen Kulturrevolution beschäftigt hat, übersetzt exakter: »Den Auftrag ändern«, und weist nach, daß es die Tradition zur Änderung jenes Auftrags, »den der Himmel den Mächtigen erteilt«, seit alters her gegeben hat: »Die chinesische Staatslehre schloß daher die Legalität eines Umsturzes nicht aus[1].«

Seit bald zwanzig Jahren gibt es Entwicklungspolitik, als äußere Hilfe und als innere Strukturpolitik, bislang haben die Industriestaaten des Westens diese »Auftragsänderung«, die Revolution, mit Erfolg verhindern können. Aber nur sie könnte jenes durch einseitige Wachstumspolitik geförderte Auseinanderklaffen der Entwicklungsstaaten in »zwei (oder mehr) Nationen« rückgängig machen. So ist Entwicklungspolitik politisch, ökonomisch und sozial überall in eine Sackgasse geraten: Die Ausmer-

[1] Joachim Schickel, Dialektik in China, Mao Tse Tung und die Große Kulturrevolution, Kursbuch 9, 1967, S. 46.

zung des Analphabetentums in Kuba, die Reduzierung des Bevölkerungswachstums in China, die militärischen und wirtschaftlichen Erfolge Nordvietnams, der Aufschwung Algeriens, die politische Aktivität Tansanias zeigen, daß der Dualismus nur durch die revolutionäre Mobilisierung der Massen überwunden werden kann.

Dualismus ist ein wissenschaftlicher Begriff. In der politischen Wirklichkeit der Dritten Welt ist dieser Dualismus Ausbeutung der Menschen, die am Wachstum nicht teilhaben, durch jene, die teilhaben. Schon 1961 beschrieb der sozialdemokratische Bundestagsabgeordnete Helmut Kalbitzer seinen Standpunkt gegenüber den Entwicklungsstaaten: »Wir gehen von der Voraussetzung aus, daß die Ausbeutung von Menschen durch andere Menschen mit Hilfe überlegener wirtschaftlicher, kultureller oder staatspolitischer Machtmittel ein Unrecht ist, das es zu überwinden gilt ... Das Ziel einer ausbeutungsfreien Gesellschaft für den einzelnen wie für die Völker nennen wir Sozialismus[1].«

Mit dem Unrecht ganz behaglich zu leben, haben die Menschen seit Beginn ihrer Geschichte gelernt. Zehn Jahre nach dieser moralischen Begründung des Sozialismus in der Dritten Welt ist es mit dem Hinweis auf Unrecht und auf die Menschenrechte nicht mehr getan, die Welt ist zynischer, aber auch ängstlicher geworden. Heute läßt sich nachweisen, daß die kapitalistisch organisierten Entwicklungsstaaten zwar durchaus zu raschem statistischem Wirtschaftswachstum fähig sind und zunächst vermögen, die sozialistischen zu überrunden, daß sie sich aber durch den in ihrem System angelegten Dualismus, durch die unmittelbar wirksam werdenden Ausbeutungsmechanismen selbst blockieren. Indien, Brasilien, aber auch Argentinien und die Elfenbeinküste sind dafür beredte Beispiele. Die Elfenbeinküste hat gegenwärtig ein erstaunlich hohes Wirtschaftswachstum von über sechs Prozent und gilt dem Westen als Musterstaat. Das war Argentinien in den vierziger und frühen fünfziger Jahren auch. Heute

[1] Helmuth Kalbitzer, Entwicklungsländer und Weltmächte, Frankfurt 1961, S. 17 f.

liegt sein Wachstum unter drei Prozent. Denn in beiden so unterschiedlichen Staaten führt die Schaffung privaten Reichtums gerade durch das Wachstum zu Ungleichheiten, die der Staat unfähig ist auszugleichen. Der Dualismus erzeugt Elend, das Elend erzeugt Unfrieden, der Unfrieden verstärkt die Unterdrückung und mindert das Wachstum. Schon heute läßt sich voraussagen, daß die Elfenbeinküste trotz ihrer großen Attraktion für westliches Kapital in wenigen Jahren ähnlich zurückfallen wird wie die lateinamerikanischen Staaten. Es sei denn, sie »ändere den Auftrag«, revolutioniere die Gesellschaft, sozialisiere die wichtigsten Wirtschaftszweige.

Revolution ist nicht notwendig der Sturm auf die Bastille, der Lange Marsch durch Chinas Berge, geschieht nicht nur mit Maschinenpistole und Molotowcocktail. Chiles neuer Präsident Allende versucht die friedliche Revolution, Perus Generäle suchen zumindest die Loslösung von der amerikanischen Vorherrschaft. Der tansanische Sozialismus des Julius Nyerere ist das Ergebnis der Dekolonisation, nicht blutiger Aufstände.

Sie alle können für ihre Politik einen neuen der Moskauhörigkeit unverdächtigen Zeugen nennen:

Ende April 1970 fand in Punta del Este, jenem uruguayischen Badeort, in dem sich die amerikanischen Staatsoberhäupter zu treffen pflegen, die jährliche Sitzung der Gouverneure der Interamerikanischen Entwicklungsbank statt. Hauptthema der Besprechungen: Ein Bericht des ehemaligen Generalsekretärs der UNCTAD, Raoul Prebisch. Die erstaunten Herren wurden mit einem Plan zur sozialen Revolution konfrontiert. Wäre sein Autor nicht der bekannteste Ökonom Lateinamerikas, der sich stets zur Privatwirtschaft bekannt hatte, nie als Gegner des Kapitalismus aufgetreten ist, hätte den Bericht ein junger Universitätsdozent verfaßt, er wäre des Landes verwiesen oder gar ins Gefängnis gesteckt worden.

Prebisch rechnete den prominenten Hütern des Kapitals und des Kapitalismus vor: 40 % der lateinamerikanischen arbeitsfähigen Bevölkerung sind praktisch arbeitslos. Die Zahl steigt.

Der Anteil der Beschäftigten gegenüber dem der Arbeitslosen ist in den vergangenen zwanzig Jahren stetig gefallen. Die Zahl der Unproduktiven, der Bettler, Schuhputzer, Losverkäufer und Parkplatzwächter steigt zwar und vermehrt den Anteil der im »Dienstleistungssektor Arbeitenden«. Diese tragen jedoch nichts zur Entwicklung des Landes, kaum zur Ernährung ihrer Kinder bei. »Nur eine soziale Revolution«, sagt Prebisch, »kann die Katastrophe abwenden.« Bis zum Ende des Jahrzehnts muß eine Wachstumsrate von acht Prozent erreicht werden. Anstatt wie bislang 18 Prozent des Bruttosozialprodukts müßten bis 1980 jährlich 26 Prozent investiert werden. Das bedeutet: Der private Konsum der oberen Zehntausend (2 Prozent) muß drastisch reduziert werden, der Mittelstand darf seinen gegenwärtigen Lebensstandard nicht verbessern. Jeder durch das Wachstum entstehende Zugewinn muß den Unterprivilegierten zugute kommen. Es dürfen nur noch Kapitalgüter eingeführt werden. Privatinvestitionen des Auslandes lehnt der Bericht ab, mit Ausnahme solcher Investitionen, die unmittelbar dem Export zugute kommen. Dies alles, so Raoul Prebisch in seinem Bericht, könne nur mit »sozialistischen Methoden der Wirtschaftsorganisation« erreicht werden (*The Financial Times* 23. 6. 70). So zieht der prominente Entwicklungsexperte eine negative Bilanz des vergangenen Entwicklungsjahrzehnts und bekennt sich zu Zielen, die der bisherigen westlichen Entwicklungspolitik diametral entgegenstehen. Er fordert nicht mehr nur die staatliche Planung bei freier Privatwirtschaft, er will Sozialismus, nicht als Marxist, sondern als konsequenter Entwicklungspolitiker.

Mit Recht wird eingewendet, daß sozialistische Wirtschaftsordnung im Entwicklungsstaat Gefahr läuft, nur den unbeweglichen aufgeblähten Beamtenstaat zu vergrößern, der weit uneffizienter arbeite als die am Profit orientierte Privatindustrie. In der Tat heißt revolutionäre Mobilisierung nicht Verstärkung der staatlichen Suprastruktur, eher das Gegenteil: Selbsthilfe und Beteiligung des ganzen Volkes an der Entwicklungsarbeit.

Denn die staatliche Großorganisation in den Entwicklungsstaaten ist für ihre Entwicklungsaufgabe schlecht gerüstet. Sie ist in der verunsicherten Gesamtgesellschaft ebenso unterwandert von alten Strukturen wie jede andere Organisation des Landes. Der Staat und seine Unterorganisationen bieten bei einer sozial verunsicherten Bevölkerung noch die relativ größten Sicherungen. Folglich wird er überschwemmt mit Mitarbeitern, für die er kaum Verwendung hat. Die schwelenden Krisen im Senegal 1968 und 1969 waren Beamtenkrisen einer Gesellschaft, die zehntausend Beamte zuviel bezahlen muß. Die Dauerkrise Uruguays wird durch die unnatürliche Aufblähung des Beamtenapparates in diesem ehemals »vorbildlichen Wohlfahrtsstaat« (Einführung der 48-Stunden-Woche schon 1915) verschärft, nicht behoben.

Die tansanische und die algerische Führung haben gezeigt, daß es nicht um Verstaatlichung im traditionellen Sinne, bei einer weiteren Aufblähung einer vormals nicht für produktive Aufgaben eingesetzten Verwaltung gehen kann, sondern um eine im Grundsatz neue entwicklungspolitisch orientierte Mitarbeit an der Gesellschaft. Das auf Konservierung und Sicherung des Bestehenden eingerichtete europäische Beamtentum wäre besonders dann fehl am Platze, wenn der Staat selbst produktive Aufgaben übernehmen muß.

Wird selbst im Industriestaat das Wort des deutschen Wirtschaftsministers Schiller fragwürdig: »Soviel Staat wie nötig, soviel Freiheit wie möglich«, im Entwicklungsstaat muß die Devise umgekehrt werden: »Soviel Staat wie möglich, soviel Freiheit wie nötig.«

Freiheit, dies am Rande, mag Ziel aller Politik sein, im armen, nicht entwickelten Land bedeutet das abstrakte Ziel Freiheit die Unfreiheit der vielen Ungleichen gegenüber den Macht- und Konsumfreiheiten der Wenigen.

Fünfter Zwischenbericht von der deutschen Hilfe

In Tansania, am Fuße des Usambara, begannen 1964 zwei deutsche Wissenschaftler mit Reihenuntersuchungen an Schulkindern des Dorfes Bumbuli. Sie untersuchten den Gesundheitszustand von hundert Arbeitern einer Teeplantage, sie prüften die Zähne der Bevölkerung und beugten sich regelmäßig über die Töpfe der afrikanischen Hausfrauen, um den Nährgehalt der heimischen Küche festzustellen.

Sie forschten nicht nur, sie verbesserten die Ernährung der Landbevölkerung von Bumbuli. Denn was hat, so fragten sie sich, Forschung für einen Sinn, die nicht unmittelbar auch Besserung ist. Sie errichteten Kinderzentren und Mütterberatungsstätten in sechs Außendörfern. Sie versuchten alle Kinder unter fünf Jahren und deren Mütter zu beobachten und gegen Ernährungsschäden zu behandeln. Auf durch Zeichensymbole auch von Analphabeten lesbaren Karten mußten die Mütter Körpergröße, Wachstum und Gewicht der Kinder laufend eintragen.

Dann machten sie sich an die Verbesserung der Landwirtschaft. Anstatt Getreidelieferungen aus dem Ausland anzufordern, rieten sie den Bauern, zwischen die heimischen Maispflanzen eine neue Bohnensorte zu pflanzen. In den Maisbrei mischten die Frauen fortan Bohnen. In Deutschland ließen die beiden Wissenschaftler das neue Gericht auf seinen Nährwert prüfen. Ergebnis der Prüfung: günstigerer Gehalt am lebenswichtigen Protein als bei Milch. Ergebnis der neuen Kost: Nach anderthalb Jahren waren bei den Kindern die Zeichen der Unterernährung verschwunden.

Für Kinder mit sehr schweren Ernährungsschäden richteten sie ein Kindertagesheim im Hauptort Soni ein. Dort führte eine Kindergärtnerin vom Deutschen Entwicklungsdienst über Ernährung und gesundheitliche Fortschritte der Kinder sorgfältig Buch. Neben dem Kindertagesheim bauten die Deutschen eine Bäckerei. Ihr Gewinn finanzierte das Tagesheim mit. Die Bäckerei hat einen anspruchsvollen Namen: »Bäckerei zur Hilfe für das Kind«. Die Brotpackung wirbt nicht für sich, sondern für die neuen Bohnen. Der Werbesatz »Mutter, gib deinem Kind Bohnen« ist jedem Brotpaket aufgedruckt.

In einem der Dörfer gingen die Wissenschaftler über diese Arbeiten hinaus. Sechs Meilen von Bumbuli entfernt liegt das 500-Seelen-Dorf Mayo. Amerikanische Lebensmittellieferungen nutzten sie zur Einrichtung einer Schulspeisung. Die Dörfler holten das Getreide vom Küstenhafen Tanga selbst ab. Sie bauten zur Schule eine Küche und einen Eßraum, sammelten Geld für den Koch. Die Schulkinder wurden bei Beginn der Arbeit und nach einem Jahr fotografiert. Dann wurden die Eltern eingeladen, an den Fotografien konnten sie den Erfolg sehen. Die Kinder hatten keine Ernährungsschäden mehr.

Auch hier begann man die Bohnen zwischen den Mais zu pflanzen. Als die amerikanischen Lebensmittellieferungen ausblieben, versorgte das Dorf seine Schulkinder selbst. Die Dörfler richteten den Schülern einen Garten und eine kleine Hühnerfarm ein. Jedes Kind bringt einmal im Jahr von zu Hause ein Huhn mit. Diese Schulhühner werden auf dem Markt der Gegend verkauft, und für den Erlös werden Küken einer besseren Qualität erworben. An die Eltern gehen deren Eier als neue, verbesserte Bruteier zurück. Die Qualität des dörflichen Hühnerbestandes verbesserte sich in kurzer Zeit.

Zwei Kilometer von Mayo entfernt gibt es eine kleine Wasserquelle. 1966 beschloß die Dorfversammlung auf Vorschlag der beiden Deutschen, eine Wasserleitung zur Schule zu bauen. Die Deutschen gaben 280,–, die Regierung 2 800,– Mark, und das Dorf brachte selbst 950,– Mark auf. Die Wasserleitung wurde gebaut. Die Schule und die Entbindungsstation wurden angeschlossen und acht weitere Zapfstellen verlegt. Eine private Organisation stiftete noch einmal 2 000,– Mark. Inzwischen bauen sich einige Bauern Zuleitungen an die dafür freigelassenen Anschlußstellen. Das Dorf hat sich für ca. 6 000,– Mark selbst mit fließendem Wasser versorgt. Bei einem Bauunternehmer aus der Stadt hätte die Leitung 25 000,– Mark gekostet. Die Entwicklung geht weiter, inzwischen ist eine Maismühle in Betrieb genommen worden.

Die graduelle Verbesserung der Ernährung der Bevölkerung wird laufend wissenschaftlich untersucht. Erfahrungen werden mit holländischen, schwedischen und kenianischen Forschungsgruppen ausgetauscht.

Die beiden Deutschen waren von ihrem Professor nach Tansania für die Untersuchung des Max-Planck-Instituts für Ernährungsphysiologie geschickt worden. Sie erhalten etwa halb soviel Lohn wie die sonst von Deutschland als Entwicklungsexperten nach Übersee geschickten Fachleute. Bis 1969 hat das Projekt Bumbuli etwa 800 000,– Mark gekostet. Davon haben die Robert-Bosch- und Fritz-Thyssen-Stiftung 80 %, die kirchliche Aktion ›Brot für die Welt‹ und die Evangelische Zentralstelle für Entwicklungshilfe (Bundesgelder) 10 %, die Bundesregierung 3 % bezahlt, der Rest kommt von deutschen Spenden. Im Jahr 1968 betrugen die Betriebskosten 126 000,– Mark, einschließlich 55 000,– Mark Gehälter für die Deutschen. Inzwischen ist das Projekt von der privaten Stiftung eines Möbelfabrikanten aus dem Hessischen übernommen worden (Kübel-Stiftung). Die beiden Deutschen identifizieren sich mit den sozialistischen Entwicklungsideen des tansanischen Ministerpräsidenten Nyerere: »Entwicklungsprojekte sollen sich immer in die politischen Ziele des jeweiligen Landes einordnen; wo die politischen Ziele den eigenen Vorstellungen von der wirtschaftlichen und gesellschaftlichen Ordnung zuwiderlaufen, dürfen keine nur ›technischen‹ Projekte bei politischer Distanzierung gefördert werden. In einem solchen Fall soll gar kein Projekt aufgebaut werden«. So sehen die beiden Wissenschaftler ihre »entwicklungspolitische Generalformel«.

Noch kann die Außen- und Entwicklungspolitik des Westens sich diese Formel der beiden Deutschen nicht zu eigen machen. Gesamtgesellschaftliche Mobilisierung, an der Basis praktische Selbsthilfe und in der Staatsführung konsequente sozialistische Zielsetzung zur Überwindung des Dualismus finden jedoch auch im Westen immer mehr Befürworter. Hierbei hat die Entwicklungspolitik der Bundesrepublik eine zentrale Rolle inne. Betrachten wir ihre kurze Geschichte, bevor wir zur Schlußbetrachtung kommen, zu Fazit und Ausblick auf die Chancen der Zukunft.

V
Die deutsche Hilfe

Wir sahen, deutsche Entwicklungshilfe hat viele Gesichter. Sie spiegelt, wo immer sie stattfindet, das Klima und die Gesellchaft der dortigen Umgebung wider. Entwicklungspolitik aus einem Guß? Generalformel für alle Vorhaben?

Sie spiegelt aber nicht nur die ungeheure Vielfalt der Entwicklungsländer, sondern auch die Vielfalt der Gesellschaft, die Hilfe gibt. Die bundesrepublikanische pluralistische Gesellschaft trifft auf eine pluralistische Situation der Entwicklungsländer. Wo ist das einigende Band? Entwickeln sie alle? Der promovierte Agrarfachmann im Himalaja, der dort ein Bauernideal verwirklichen hilft, das es in Deutschland kaum noch gibt? Die Hebamme, die nicht hilft, um Indiens Kinderreichtum zu vergrößern, sondern der Frau, die in Not an die Tür klopft? Der junge Deutsche, der gegen eine heruntergekommene Verwaltung anschuftet. Der Wissenschaftler, der den Afrikanern zeigt, wie man sich besser ernährt? Der Schulleiter, der im hektischen Industrieviertel Techniker für Volkswagen und Mercedes ausbildet? Der Direktor des Volkswagenwerks, der die Verkehrsmisere Europas und Amerikas in ein Land trägt, das noch kaum Straßen hat, das Traktoren vielleicht mehr braucht als Limousinen fürs Weekend an der See.

Die in den vorigen Kapiteln geschilderten Projekte sind einseitig ausgewählt und von mir zunächst subjektiv betrachtet worden. Es gibt andere Projekte in Pakistan, in Ekuador, in Saudi-Arabien, in Afghanistan, größere wie kleinere. In Brasilien gibt es eine zweite technische Schule, sie ist eine Art privater Firmenschule eines deutschstämmigen Unternehmers. In Kalkutta versuchen deutsche Experten, ein neues Berufsschulwesen zu entwickeln, in Madras entsteht eine technische Hochschule – Deutschlands größtes Projekt der Bildungshilfe. In Costa Rica sind Deutsche an einem Bildungsprogramm für die erwachsene analphabetische Bevölkerung beteiligt. Es gibt nicht nur Entwicklungshelfer des offiziellen Deutschen Entwicklungsdienstes, sondern auch kirchliche Organisationen – etwa Dienst in Übersee. Es gibt mißlungene oder falsch geplante Landwirtschaftsprojekte, etwa die Genossenschaft in Pindorama/Nordbrasilien. Im Hochland des indischen Bundesstaates Tamil Nadu arbeitet eine deutsche Helferin mutterseelenallein als Krankenschwester – sieben Jeepstunden von der nächsten Stadt entfernt. Es gibt junge Deutsche, die in Großstädten an Slumsanierungsprogrammen mitarbeiten, deutsche Firmen, die Dämme bauen.

Diesen Entwicklungsexperten da »draußen« an ihrem Projekt ist oft nur schwer verständlich, daß in der Heimat Studenten die Entwicklungshilfe pauschal als »Ausbeutung« verurteilen. Beuten die beiden Lehrer an der dörflichen Handwerksschule in Awasa (Äthiopien, Gesamtkosten des Projektes: 4,2 Millionen DM) die Äthiopier aus, oder die beiden Tierärzte, die im südafrikanischen Botswana durchs Land fahren, um die Maul- und Klauenseuche zu bekämpfen (Gesamtkosten 405 000 DM)? Arbeiten die vier Wasserbauer, die im Tal des Rio Clara de Rengo in Chile die Grundwasservorräte prüfen, im Dienste des internationalen Kapitalismus (Kosten 1,5 Millionen DM)? Oder der Mineraloge, der im Labor des staatlichen Bergbaudienstes in Cotonou (Dahomey) Gesteinsproben untersucht, ist er Neokolonialist (Kosten 470 000 DM)?

Alle diese Experten arbeiten im Rahmen der deutschen Technischen Hilfe, Ende März 1970 waren es 1550 Experten, die über die staatliche Firma GAWI in nahezu allen Entwicklungsstaaten arbeiten. In der Gesamtbilanz der deutschen Entwicklungshilfe ist der Betrag, den die Technische Hilfe für ihre Projekte ausgegeben hat, relativ bescheiden, 1,6 Mrd. Mark. Aber sie prägt das Bild der deutschen Hilfe: Der Landwirtschaftsexperte in den Anden und am Himalaja, der Lehrer auf Madagaskar und in Saudi-Arabien, die Ärztin in Nigeria, der Düngemittelsachverständige in Malawi, der Straßenbauer in Obervolta. Sie alle arbeiten an Projekten, die der Gaststaat selbst verwaltet, zumindest fördert, sie stellen technisches Wissen in den Dienst des armen Staates, sind eingegliedert in seine Entwicklungspolitik. Sie sind keine Ausbeuter, denn für ihren Einsatz kann es keine globale Planung, keine zentrale Absicht der Bundesrepublik gegenüber der Dritten Welt geben. Sie sind in den Hauptstädten ebenso zu finden wie im unwegsamen Dschungel, sie fördern als Lehrer die städtischen Oberschichten wie die Analphabeten auf dem Dorfe. Ihre Rolle beim Aufbau ist umstritten. Die Projekte sind Zufallsprodukte der Zusammenarbeit zwischen deutscher Botschaft und Regierung des Gastlandes, sie sind nicht nach Gesichtspunkten einer deutschen globalen Hilfsstrategie ausgewählt, und können es ihrer Natur nach auch nicht sein. »Die Projekte der deutschen Entwicklungshilfe sind nicht die Produkte einer Politik, sondern die Politik ist ein Produkt der Rechtfertigung laufender Projekte.« So kritisiert Stefan A. Musto, ein Berliner Entwicklungsexperte, den Mangel an Konzeption der Bonner Hilfspolitik. Damit nimmt er zugleich den Kritikern von links den Wind aus den Segeln. Denn wenn es keine Konzeption gibt, dann kann es auch kein einheitliches Ziel der Ausbeutung geben.

Zweifellos ist die Bundesrepublik für viele Entwicklungsstaaten der interessanteste Partner: Sie hat ihre Kolonien schon nach dem Ende des Ersten Weltkrieges verloren, sie stellt als wirtschaftliche Führungsmacht Westeuropas zumindest potentiell ein Gegengewicht zu den Vereinigten Staaten dar, sie hat sich aus ernsthaften außenpolitischen Engagements außerhalb Europas vollständig herausgehalten. Am Koreakrieg, an der Invasion in Ägypten 1956 war sie nicht beteiligt. Sie hat versucht, diese positive Ausgangsstellung durch braves Wohlverhalten gegenüber den Entwicklungsstaaten zu nutzen. Heute steht sie ebenso wie die Vereinigten Staaten im Feuer der Kritik der Entrechteten der Dritten Welt, heute wird sie mit dem »Gesamtsystem des Imperialismus« identifiziert. Wie konnte dies geschehen?

Meine Großtante schenkte zu Weihnachten allen Familienmitgliedern jedes Jahr eine kleine in der Form kaum variierende Kristallvase. Alljährlich ihre gleichen Worte: „Ich dachte, das ist mal etwas anderes.« Sie mochte die Vasen sehr gern, sie hatte die gleichen zu Hause, sie entsprachen ihrem Geschmack und ihrem Lebensstil. Für uns waren sie Kitsch aus vergangener Zeit, der leider noch immer hergestellt wurde. Aber wir dankten herzlich. Dem geschenkten Gaul ins Maul schauen ist seit alters her unfein.

Hilfe und Geschenk sind stets so, wie es der Geber am liebsten hat. Er gibt seine Welt. So war auch die Entwicklungshilfe der Bundesrepublik, Hilfe nach eigenem Maß und Ziel, angelegt, dort in der armen Welt das erzeugen zu helfen, was man für die eigene Wirklichkeit hielt.

Die eigene Welt war noch in Ordnung, als man Anfang der sechziger Jahre in den Verlautbarungen der Entwicklungspolitik über Entwicklungshilfe sprach: „Unsere Aufgabe muß es sein, an der Entstehung einer leistungsfähigen und selbstverantwortlichen Mittelschicht mitzuwirken«, erklärte etwa der damalige Außenminister von Brentano im deutschen Bundestag 1961. Daß die im modernen Industrie- und Konsumstaat von allen Seiten bedrängte deutsche Mittelschicht auch damals von keiner Partei eine befriedigende Auskunft über ihre wirtschaftliche und soziale Zukunft erhalten konnte, daß Mittelstandspolitik der Regierung im wesentlichen »Subventionspolitik«, Erhaltung gefährdeter Wirtschaftsbereiche war, klingt in den Worten Brentanos nicht durch.

Brentano weiter: »... Die Entwicklungsländer mit den Lebensformen der Freien Welt vertraut machen.« Was konnte das heißen? Weihnachten als wichtiges Konjunkturerlebnis mit Kerzenschimmer und elektrischer Eisenbahn? Mallorcareise und abgestottertes Auto? Vierzigstundenwoche und Arbeitslosenversicherung? Finanzimperien der Wenigen, Konsumrausch der Vielen? Bildungskatastrophe, Verteidigungsmisere, die notorischen 5 Prozent Arbeiterkinder an den allzu wenigen Universitäten? Wie gesagt, gesagt 1961, damals wurde über all dies noch nicht nachgedacht, die Bundesrepublik war mit sich selbst im reinen. Sie hatte es leicht; fest durch Beton eingemauert lag auf der anderen Seite eine unreine, unfreie falsche Welt, der alle Unzulänglichkeiten zugeschrieben werden konnten, je trüber die DDR dargestellt wurde, um so leuchtender der eigene Staat.

Wie oft haben wir als Kinder das Wunder im Märchen gehört. Sein halbes Reich gab der reiche König dem armen Schafhirten, oft auch die Tochter obendrein. Und dann lebten sie glücklich und in Frieden. Daß des Schafhirten Vorstellung von Glück und Frieden anders sein mochte als die des Königs, daß Reichtum auch gar nicht so mir nichts dir nichts teilbar ist, die Märchen kümmert es nicht. Alle Königreiche der Welt waren gleich, alle waren teilbar – wurden in der europäischen Geschichte unter den Fürsten auch dauernd geteilt. Alle hatten einen König, der hatte Krone, Tochter und Untertanen. Auch die Geschichte vom Sankt Martin, der seinen Mantel zerschnitt und dem Frierenden die Hälfte gab, geht von der simplen Teilbarkeit von Wohlstand und Reichtum aus.

Die Übertragbarkeit von Wirtschafts- und Lebensformen darf aus zwei Gründen nicht vorausgesetzt werden: Erstens könnte es immerhin sein, daß man über den eigenen Wohlstand und Zustand nicht genau informiert ist, und zweitens können die Schafhirten dieser Welt mit einem Königreich westlicher Prägung kaum etwas anfangen. Beides traf für die Bundesrepublik 1961 zu. – Entwicklungshilfe setzt also sowohl voraus eine Kenntnis über das spezifische Vermögen und Unvermögen des Reichen, von seinen Ideen und Mitteln abzugeben, wie das spezifische Vermögen und Unvermögen des Armen, das ihm Gebotene in seine Welt einzubauen.

Davon konnte Anfang der sechziger Jahre, als Entwicklungspolitik größeren Stils in Deutschland begann, nicht die Rede sein. Sowohl die Kenntnis der eigenen als die der fremden Wirklichkeit war minimal und entscheidend getrübt durch die bornierte Brille der betonierten Teilung. Kritische Fragen nach der eigenen Wirklichkeit stellten sich nicht, der Gegensatz von böse und gut, von richtig und falsch war zu offenkundig. Kritische Fragen nach der Zukunft der armen Länder stellten sich ebensowenig; auch hier war die richtige und falsche Zukunft eindeutig entschieden.

Dies waren die unumstößlichen Wahrheiten:

1. Die bundesrepublikanische Wirtschaft ist eine Marktwirtschaft. Es ging zu nach den Gesetzen von Angebot und Nachfrage. Das Beste für die armen Länder also: Marktwirtschaft.
2. Die Bundesrepublik überläßt Privaten das Eigentum an Produktionsmitteln. Das Beste für die armen Länder also: Privatwirtschaft.
3. Die Bundesrepublik ist eine pluralistische Gesellschaft, d. h., alle Gruppen und ihre Anschauungen haben auf die Gestaltung des öffentlichen Lebens Einfluß. Also sollten sich auch die armen Länder zu solchen pluralistischen Staaten entwickeln. Mit Parteien und Verbänden, mit Handelskammern und Spitzenorganisationen der Wirtschaft.
4. Es gibt weder einen verbindlichen Plan für die wirtschaftliche noch einen für die gesellschaftliche Zukunft, beides hatte man ja endgültig erreicht. Zukunft hieß vermehrter Wohlstand unter unveränderten gesellschaftlichen Bedingungen, also auch die Entwicklungsländer brauchten Mehrung des Wohlstandes, keine Veränderung der sozialen Organisation.

Vom ehemaligen Staatssekretär im Wirtschaftsministerium Ludwig Erhards, Prof. Müller-Armack, ist aus dem Anfang der fünfziger Jahre das Wort überliefert: »Das Wirtschaftsministerium ist ein Amt zur Verhinderung von Wirtschaftspolitik.« Die Planungsfeindlichkeit kam also nicht aus der Wirtschaft, sie ist die Lebensphilosophie des CDU-Staates gewesen. Die Krise im Steinkohlenbergbau, die Bildungskatastrophe, die verschleppte Universitätsreform, die unerträglich angeschwollenen Agrarsubventionen, alles sind die Resultate der Planungsfeindlichkeit einer markt- und konjunkturgläubigen Regierung und Verwaltung, die vor lauter Glücksgefühl, das Land so schnell, so weit gebracht zu haben, unfähig war, die eigene Wirklichkeit kritisch unter die Lupe zu nehmen.

So wurde die eigene Entwicklung nicht geplant, sondern verwaltet. Im Warenexport wurde der Wirtschaftswunderstaat zweiter, in der Abiturientenproduktion letzter unter den Industriestaaten. All das kennzeichnet auch die Entwicklungspolitik der ersten Stunde, das prägt sie bis zum Ende der sechziger Jahre. Das schöne und glänzende Wirtschaftswunderauto, das sich die Bundesdeutschen da in zwanzig Jahren mit vielen Extras aus Amerika gebastelt hatten, war munter in die Zukunft kutschiert ohne größere Sorgen, ohne bestimmtes Ziel, immer in gebührendem Abstand zum Leitfahrzeug Amerika. Aber, »wer vom Ziel nicht weiß, kann den Weg nicht haben«, sagt Christian Morgenstern. Etwa 1967 entdeckten viele, daß das Auto vom Wege abgekommen war. Zudem wurde das Benzin plötzlich knapp, der Lack rostig. Der Katalog der Selbstverständlichkeiten, mit denen man gelebt hatte, stand plötzlich zur Diskussion: »Es geht immer bergauf, extreme Meinungen haben keine Chance, Sozialismus und Faschismus sind überlebt, wir gehören unverbrüchlich zum Westen; die Richtung wird von Amerika bestimmt.« Plötzlich stand all das in Frage: Die Rezession zwang zum Verlassen des Wagens und zu mühsamer Fußwanderung durch die Talsohle, im Schnellmarsch zogen die Rechtsradikalen in die deutschen Landtage, die Linke formierte sich und forderte doch tatsächlich im Paradies den Sozialismus.

Daß sich die Studentenkritik mit dem Besuch des Schah von Persien im Juni 1967 zur Studentenbewegung im ganzen Land ausweitete, hat für unser Thema nicht nur symbolische Bedeutung. Die Studenten machten die entwicklungs- und außenpolitischen Beziehungen des Westens zu den armen überseeischen Ländern deutlich, um auch die Selbstverständlichkeiten der Bundesrepublik in Frage stellen zu können.

Als es wieder aufwärtsging, fragte man sich allenthalben nach Ziel und Richtung. Die Studenten haben den Deutschen kein neues Ziel gezeigt, sie haben sie die Fragen gelehrt. Reform wurde zum wichtigsten Modewort der Jahre. Von den Studenten ermahnt, machten die Politiker die Zukunft zur neuen Kategorie ihrer Politik. Für die Entwicklungspolitik hatte der politisch so wichtige Einschnitt der Jahre 1967/68 zwei Konsequenzen, mit denen sie sich notgedrungen zwischen zwei Stühle setzen mußte.

Gegenüber den neuen und – alten Rechten mußte verstärkt betont werden, daß Entwicklungspolitik vor allem den eigenen Interessen diente: Märkte von morgen (und von heute), wichtiger Kapitalexport, politische Freunde in der Welt. Eindringlich wurde dargestellt, daß jedes Projekt bis ins Detail geprüft würde, daß es zumeist mit deutschen Erzeugnissen ausgestattet würde (Lieferbindung), daß nahezu alle Kredite mit Zinsen zurückgezahlt werden müßten. Diese Rechtfertigung nach rechts wurde zur Blöße nach links. Die Argumente für linke Kritik lieferten die Entwicklungspolitiker unfreiwillig selbst. Den Rechten mußte bewiesen werden, daß Entwicklungshilfe kein Faß ohne, den Linken, daß sie keins mit doppeltem Boden sei.

So gab es in der deutschen Entwicklungspolitik drei Phasen, die auch den drei Hauptmotiven entsprechen. Zunächst eine wenig durchdachte Phase des Exports unserer Wirklichkeit, das hieß zugleich Export unserer Produkte, unseres Geldes und unserer Ideen von Wirtschafts- und Gesellschaftsordnung. Sie setzte ein 1956, als das Auswärtige Amt mit technischer Hilfe zur außenpolitischen Stützung der deutschen Position begann; sie verstärkte sich zu Beginn der sechziger Jahre, als, angeregt durch eine Veränderung der amerikanischen Politik gegenüber den Entwicklungsländern, der Entwicklungswind durch Deutschland pfiff. Sie dauerte bis Ende 1966, etwa bis zum Beginn der Regierung der Großen Koalition und der Übernahme des Entwicklungsministeriums durch Hans-Jürgen Wischnewski.

Die Afrikabegeisterung (1960 waren sechzehn afrikanische Staaten unabhängig geworden), die, wie es vielen schien, außergewöhnlich gute Ausgangsstellung der Bundesrepublik: Sie hatte keine Kolonien, ihr Aufstieg nach dem Kriege wurde überall in der Welt bewundert, aber auch ihre hohe Exportabhängigkeit, ihre geringen Kapitalinvestitionen in Übersee machten sie zum unbelasteten Newcomer in der Entwicklungswelt. Die deutsche Öffentlichkeit traf diese neue Weltläufigkeit unvorbereitet, sie durchschaute kaum, was da geschah. – Entwicklungshilfe galt als großer Geschenkregen und Segen, den das Wirtschaftswunderland über die Steppen Afrikas, die Dschungel Asiens regnen ließ. Man hatte soviel damit zu tun, die Aufgabenbereiche abzugrenzen, die Formen der Kreditgewährung auszuarbeiten, mögliche Experten ausfindig zu machen und auszubilden, daß an eine Information der Öffentlichkeit kaum gedacht wurde.

So griff der allgemeine Unabhängigkeitsrausch auch auf Deutschland über. Über Nacht hatte Deutschland die Welt entdeckt und die Welt Deutschland. Das neue Gefühl, nach zwölfjähriger provinzieller Abgeschlossenheit während des Dritten Reiches, nach 15jährigem Wiederaufbau plötzlich Besucherland für farbige Politiker aus allen Weltgegenden geworden zu sein, hatte Bonn berauscht. Die Besuche des Präsidenten Heinrich Lübke in Afrika und der schwarzen Präsidenten in Bonn, die fast wöchentlich stereotyp und ohne differenzierende Erklärung herausgegebenen Verlautbarungen über Geldzusagen an afrikanische und asiatische Länder trafen auf dafür nicht ausgebildete Journalisten.

Als wichtigster, »multiplikatorisch« wirkender Meinungsmacher wurde »Der Spiegel« zum stärksten Kritiker der Entwicklungspolitik. »Milliarden in den Busch«, »Mit der Gießkanne« hießen seine Titelgeschichten zur Entwicklungspolitik.

»Über Busch, Steppe und tropischen Urwald tröpfelt die Bonner Gießkanne ihren Geldsegen, niemand wird vergessen, wenig wird erreicht.« Mit solchen Formulierungen zeigte »Der Spiegel« unfreiwillig weniger die tatsächlichen Bedürfnisse der überseeischen Länder als die seiner Redaktion. Jahrelang als durchaus patriotischer Kritiker innerdeutscher Politik, wurde nun auch Entwicklungspolitik als neue Bonner Unfähigkeit, Politik zu machen, abgetan.

Daß sich das linksliberale Blatt dabei kaum von der konservativen Kritik unterschied, diese sogar in überseefeindlichen Formulierungen übertraf, hatte auf die Stimmung im Lande ungute Folgen: Das goldene Bett, privat von einer ghanaischen Ministergattin bestellt, aber nie gekauft, wurde zum Symbol für deutsche Entwicklungshilfekritik, von nahezu allen Zeitungen wieder und wieder beschrieben. Die Kritik am vermeintlichen Bettkauf enthüllte die Gefahr, die mit einer wenig durchdachten und überschwenglich dargestellten Kapitalhilfe verbunden war. Das »Wir müssen die ›Entwicklungsländer‹ entwickeln« verdichtete sich zu der Vorstellung, »wir« entwickelten diese Länder tatsächlich. Die geringen Anteile der Hilfe am Gesamthaushalt eines Staates, die oft bescheidenen Einzelprojekte stellen nur einen kleinen Teil der Entwicklungstätigkeiten im Lande dar, zumal keinem von ausschließlich einem Geberland des Westens oder Ostens »geholfen« wurde. Der Kauf des Bettes war unstatthaft, weil es in der Vorstellung der Kritik ja nur deutsches Geld im armen Ghana gab, mit dem sich die Ministergattin ihre Wohnung einrichten konnte. Dies war um so paradoxer, als deutsche Entwicklungshilfe ja gerade zur Bildung von Privatwirtschaft und damit Privatvermögen beitragen wollte. Die amerikanischen Straßenkreuzer in Brasilien waren dem deutschen Kritiker Beweis für die Wirtschaftskraft des Landes, die Mercedeswagen in Afrika – beide für die Devisenbilanz gleich schädlich – von »unserem Geld« bezahlt.

Die Geschichte des goldenen Bettes enthüllt, daß Afrika für die Europäer der von ihnen abhängige Kontinent geblieben ist. Über Luxus in Lateinamerika regten sie sich nicht auf.

Der Kauf eines Luxusgegenstandes durch einen vermögenden Bürger des Empfängerlandes gehörte sehr viel mehr in die Leitvorstellungen deutscher Entwicklungshilfe als die Kritik daran. Denn diese Kritik setzte ja all das voraus, was deutsche Wirtschaftsordnung ablehnt: Behinderung der Einfuhr von Konsumgütern durch hohe Importzölle, strikte Devisenbewirtschaftung, Bedarfswirtschaft, in der jeder nach seinen, staatlich festgelegten Bedürfnissen und nicht nach persönlichen Wünschen einkaufen darf. Wenn Kenia bei den Verhandlungen mit der Europäischen Wirtschaftsgemeinschaft eine Zollsenkung für westeuropäische Konsumgüter vorgeschrieben wurde, dann war damit auch die Möglichkeit gegeben, in Paris oder Frankfurt ein vergoldetes Bett, Tonbandgeräte, Parfüms und ähnliches zu kaufen.

Und hier zeigt sich das Dilemma deutscher Entwicklungspolitik der ersten Phase, sie gewährte Entwicklungshilfe nicht zur Verstärkung des Planungsdenkens, das allein solche Käufe verhindern kann, sondern als Gegengewicht gegen die staatlich gelenkte Wirtschaft.

Bei dem goldenen Bett kam noch hinzu, daß Ghana sich unter Nkrumah einem afrikanischen Sozialismus verschrieben hatte, der in Deutschland auf Ablehnung stieß. Verhielt sich aber dort jemand betont antisozialistisch, wurde er verurteilt.

Für diese erste naive Phase deutscher Entwicklungshilfe steht Walter Scheel, der zwar für die Kapitalzusagen nicht verantwortlich war. Indem es ihm jedoch zunehmend gelang, Kompetenzen für sein junges Ministerium den anderen abzutrotzen, wurde der »Entwicklungsminister« in den Augen der Öffentlichkeit für deutsche Entwicklungspolitik hauptverantwortlich.

Die zweite Phase ist gekennzeichnet durch die rasch anwachsende Kritik von rechts, die, nun konzentriert bei der NPD, jegliche Hilfe als Verschwendung ansah: »Die ständige Prozession afrikanischer Staatsmänner in die Bundesrepublik wird langsam grotesk. Sie vergießen an der Berliner Mauer einige Tränen, und je mehr sie dort heulen, um so höher sind dann die Schecks, die sie in Bonn kassieren« (NPD-Musterrede). In dieser Zeit war Hans-Jürgen Wischnewski für Entwicklungspolitik zuständig. Er wurde nicht müde, den Nutzen der Hilfe auch für die Bundesrepublik aufzuweisen. Märkte und Freunde würde die Hilfe bringen, als langfristige Außenwirtschaftspolitik wurde sie dargestellt.

Für die dritte Phase, die sich zunehmend der Kritik von links ausgesetzt sah, steht der derzeitige Minister Erhard Eppler. Zweifel an jener Fähigkeit der Demokratie, Politiker an die Spitze zu bringen, deren Überzeugungen und Naturell den Zeitströmungen entsprechen, werden durch diese drei Minister widerlegt: Der von Zweifeln an sich und die Welt nie beeinträchtigte Walter Scheel, der pragmatische Taktiker Hans-Jürgen Wischnewski, der nachdenkliche Intellektuelle Erhard Eppler.

Die drei Phasen entsprechen dem Selbstverständnis der Entwicklungspolitik, nicht ihrer Durchführung. Sie hat sich bis zur neuen, von der Bundesregierung Anfang 1970 vorgelegten Konzeption für die zweite Entwicklungsdekade kaum geändert, sie war geblieben, was sie in der ersten Stunde gewesen war, das unschuldige, selbstverständliche Kind einer allzu romantisch aufgeflammten Liebe.

Ohne eigenes Haus und Dienstwagen war das Ministerium für wirtschaftliche Zusammenarbeit im November 1961 gegründet worden. Im Vorjahr war der »wind of change« (der damalige britische Premier Macmillan) durch Afrika gefegt und hatte den Kontinent (16 Staaten) bis auf den Süden von kolonialer Verwaltung befreit. Präsident John F. Kennedy hatte für die Welt das »Entwicklungsjahrzehnt«, für Lateinamerika die Allianz für den Fortschritt und für die amerikanische Jugend das Peace Corps angeregt. Es gab ein Ministerium, doch kaum Kompetenzen. Denn, was es gab an Entwicklungshilfe, war schon aufgeteilt unter anderen Ministerien, die sich für die Zielsetzung dieser Politik zuständig fühlten. Am Anfang stand das Wirtschaftsministerium, das schon 1954 in der »technischen Hilfeleistung« für weniger entwickelte Gebiete ein wesentliches »Mittel langfristiger Handels- und Exportförderung« gesehen hatte: »Es läßt sich heute schon der Zeitpunkt absehen, da die traditionellen, weitgehend kolonialpolitisch bedingten Außenhandelsbindungen durch ebenso traditionelle Wirtschaftsbeziehungen abgelöst werden, die nicht zuletzt auf der Basis technischer Hilfeleistungen gewachsen sind[1].« Entwicklungshilfe also als Festigung bestehender und Vorbereitung künftiger Außenhandelsbeziehungen. Politische Beweggründe gab es nur am Rande.

1956 bekam auch das Auswärtige Amt im Bundeshaushalt seinen Platz für Entwicklungshilfe mit einem Betrag von 50 Millionen Mark.

Es wollte nun seinerseits »die Förderung wirtschaftlich unter-

[1] Jürgen Dennert, Entwicklungshilfe geplant oder verwaltet?, Bielefeld 1968, S. 12.

entwickelter Länder« betreiben, wußte jedoch zunächst nicht so recht, was darunter verstanden werden konnte. Aus den rasch angefertigten Studien schälte sich, wie der verstorbene Politologiedozent Jürgen Dennert darstellt, die Grundfrage heraus: »Wie können wir der Politik des Kommunismus in der neutralen Welt begegnen?« Das hatte für die Bundesrepublik einen besonderen Aspekt, denn sie hatte ja ihren spezifischen Ost-West-Konflikt: die deutsche Teilung und die Abwehr des Einflusses der DDR in der überseeischen Welt. Aber darüber hinaus waren die in den USA so verbreiteten Angstmythen auch 1956 beim Auswärtigen Amt schon vorhanden: Revolution der Farbigen Welt, gefährdete Existenz des Westens durch die Revolution des Südens. Fazit des Auswärtigen Amtes: Die westliche Außenpolitik müsse Mittel und Wege finden, die Umwälzungen in diesen Staaten als Evolutionen und positive Einstellung zum Westen ablaufen zu lassen. Die Außenpolitik müsse sich ideologischer, psychologischer, entwicklungspolitischer, technischer und anderer Mittel bedienen, um die Zusammenarbeit zu ermöglichen.

Man brauche ein konstruktives Programm, das sowohl »den westlichen Leitideen als auch den Zielsetzungen der Entwicklungsländer gerecht werde« (J. Dennert, a.a.O. S. 16). In diesem Programm stand die Förderung der privatwirtschaftlichen Initiative an erster Stelle. Von den einzelnen Zielsetzungen des in diesen ersten Studien des Auswärtigen Amtes entwickelten Programms ist die Bundesrepublik bis 1969 nicht mehr abgewichen: Mittelstandsförderung, Ausbildungshilfe, Musterwerkstätten, Mustergüter, Musterbezirke. Das Einzelprojekt stand im Vordergrund. Dazu Stipendiaten und Praktikanten, denen Studienaufenthalt in der Bundesrepublik bezahlt wird. Die Vorstellungen des Wirtschaftsministeriums deckten sich weitgehend mit denen des Auswärtigen Amtes.

So war Entwicklungshilfe seit 1956 halb Außenhandels-, halb Außenpolitik. In den Formen gleich, in den Prioritäten und nach Empfängern verschieden. Eine vom handels- und außenpolitischen Interesse freie, dritte, entwicklungspolitische Konzeption bildete sich erst im Entwicklungsjahrzehnt außerhalb der Ministerien im Bundestag. Das parlamentarische Forum, die Notwendigkeit, vor der Öffentlichkeit in größeren Zusammenhängen zu argumentieren, trug dazu bei, daß vor allem die Abgeordneten der Sozialdemokraten nicht nur auf die Gefahren des Kommunismus, sondern auch auf die Not der armen Länder hinwiesen. »Da wir der kleinere Teil der Menschheit sind, gilt es jetzt, das Elend als Völker- und Massenschicksal in der ganzen Welt zu lindern. Was wir für die industrielle Welt erreicht haben, das gilt es nun auf die ganze Welt zu übertragen; nach Linderung des im größten Teil der Welt herrschenden Hungers gilt es zur Überwindung der Not zu kommen.«

So faßte der Abgeordnete Helmut Kalbitzer 1961 die Notwendigkeit zusammen, den armen Ländern zu helfen. Er verwahrte sich dagegen, daß die Hilfe als Abwehr gegen den Kommunismus verstanden werden könnte, ihm ging es um Linderung von Not und Elend in der Dritten Welt, um die drohende Gefahr des »Nord-Süd-Gegensatzes«, um die langfristige »zukünftige, persönliche Sicherheit« (Dennert, a.a.O. S. 21). So entstand mit der Bildung des Entwicklungsministeriums eine eigenartige Situation.

Es gab drei grundsätzlich verschiedene Motive für Entwicklungspolitik: Abwehr des Kommunismus (Auswärtiges Amt), Förderung der deutschen Wirtschaft (Wirtschaftsministerium), Förderung der Entwicklungsstaaten (Entwicklungsministerium).

Solange die Wirtschaftsordnung der Bundesrepublik nicht in Frage gestellt wurde, solange die Handelsbeziehungen unbesehen als entwicklungsfördernd und solange sozialistische Tendenzen von vorneherein als fragwürdig angesehen wurden, kamen diese drei Motive, mit wenigen Einschränkungen, voll zur Deckung. Alle drei Ministerien waren an der Entwicklungspolitik beteiligt, stritten sich bei der Durchführung um Kompetenzen, erreichten Einigung in interministeriellen Gremien. So beanspruchte auch jedes Ministerium – in anderer Reihenfolge – durchaus alle drei Motive für sich. Wollte sich etwa ein Attaché im Auswärtigen Amt gegen das Eigeninteresse des Entwicklungslandes, ein Referent des Wirtschaftsministeriums gegen die außenpolitischen Interessen, ein Mitarbeiter des Entwicklungsministeriums gegen die Wirtschaftsinteressen der Bundesrepublik wenden?

Das war alles relativ einfach in einer Zeit, in der alle drei Interessen klar und eindeutig formuliert und auch von allen akzeptiert wurden. Angesichts der bedrohlicher werdenden Elendssituation in den armen Ländern, der veränderten Haltung gegenüber der DDR und Osteuropa und der fragwürdig werdenden eigenen Wirtschaftsverfassung, sind die drei Motive nicht mehr zur Deckung zu bringen, notgedrungen verschärfen sich die Differenzen zwischen den Ministerien.

Das Wirtschaftsministerium ist für die Kapitalhilfe und für den Außenhandel verantwortlich. Es muß – das ist sein Auftrag – im eigenen Lande gute Wirtschaftspolitik treiben, denn wie nie zuvor in der Geschichte wird Politik danach bewertet, ob sie gute Wirtschaftspolitik ist. Was aber heißt dies? Sie muß dafür sorgen, daß jedermann Arbeit findet, daß die Preise und damit die Währung stabil bleiben, sie muß für ein kontinuierliches Wachstum des Bruttosozialprodukts sorgen. Alle diese Ziele müssen abgesichert sein gegenüber negativen Einflüssen von außerhalb der staatlichen Grenzen. Sobald Entwicklungshilfe eines dieser Ziele beeinträchtigen würde, wäre sie nicht mehr durchführbar. Auch Appelle an die Solidarität mit den Hungernden würden da nichts nützen. Von daher sind der deutschen Entwicklungshilfe absolute Grenzen gesetzt, sofern sich nicht die Wirtschaftsverfassung ändert. Die Bundesrepublik hat eine regional verhältnismäßig ausgewogene Wirtschaftsstruktur. Das heißt, im ganzen Land wird, mit Ausnahme des Saarlands, Schleswig-Holsteins und Bayerns, etwa gleich gut verdient, aber auch diese Wohlstandsunterschiede werden ausgeglichen durch den internen Finanzausgleich der Länder untereinander. Aber die junge Geschichte der Bundesrepublik hat trotz dieser geringen Unterschiede gezeigt, daß selbst, wie es heißt, »Regionale Strukturpolitik« – nur schwer durchzuführen ist. Nach wie vor hinken Schleswig-Holstein und

Teile Bayerns hinter der allgemeinen Entwicklung her. Die reichen Wirtschaftszentren sind in der Lage, den staatlichen Hilfen an ärmere Gegenden mit versteckten Subventionen zu begegnen.

Noch schwieriger ist es mit der »sektoralen Strukturpolitik«. Bei ihr geht es um die Förderung der verschiedenen Wirtschaftsbereiche. Sie ist für eine gezielte, die gesamte Wirtschaft erfassende Entwicklungspolitik wichtigste Voraussetzung. Denn nur wenn die Textilarbeiter nicht von Arbeitslosigkeit bedroht sind, kann es sich die Bundesregierung leisten, bei der EWG die Einfuhr billiger Textilwaren aus Entwicklungsländern durch Zollsenkungen zu fördern.

Bei der Wirtschaftskrise 1966/67 gab es Arbeitslosigkeit von durchschnittlich 3,5 %, aber bei der Lederindustrie in Neumünster (Schleswig-Holstein) waren es bis zu 50 %! Das heißt, eine Zollsenkung für Lederwaren aus Argentinien würde unmittelbar Arbeitsplätze in Schleswig-Holstein gefährden, sofern diese Arbeiter nicht in anderen Industriezweigen, die durch überseeische Konkurrenz weniger gefährdet sind, untergebracht werden könnten. Das bedeutet aber zumeist eine berufliche Umbildung, für deren Kosten der Staat aufkommen müßte. Bislang sind die Instrumente solcher umfassenden Strukturpolitik sehr dürftig, und angesichts der vollen Entscheidungsfreiheit der Firmen sind auch sie nur sehr schwer anzuwenden.

Bei allen internationalen Verhandlungen über Einfuhrerleichterungen überseeischer Waren lädt die Bundesregierung die beteiligten und betroffenen Wirtschaftszweige ein. Im Palais des Nations in Genf, wo im Winter 1968 über ein Weltkakaoabkommen zugunsten der Kakaoproduzenten (vor allem Ghana, Kamerun, Brasilien) verhandelt wurde, gab es in der deutschen Delegation nicht nur Beamte des Wirtschaftsministeriums und Landwirtschaftsministeriums, sondern es saßen im internationalen Gremium auch die Schokoladenhersteller, die so unmittelbar ihre Interessen anmelden konnten.

Ist schon die innere Strukturpolitik in einer privat organisierten Wirtschaft für das Wirtschaftsministerium nur sehr schwer durchzuführen, die Absicherung der Währung gegen inflatorische Einflüsse von außen ist es erst recht. Durch Handel und Kapital sind die westlichen Industrienationen eng miteinander verflochten, nicht einmal im anscheinend so eng verknüpften sozialistischen Comecon wirkten die Volkswirtschaften der Nachbarländer so unmittelbar aufeinander wie im Westen. Wenn es dem Pfund schlechtgeht, springt Deutschland mit guter Mark ein, nicht nur aus Liebe zu London, sondern um sich selbst zu schützen. Inflationen in Italien und Frankreich beeinflussen unmittelbar den Wert der D-Mark. Der internationale westliche Kapitalismus stellt ein Mobilesystem gegenseitiger Gefährdungen dar. Wo immer das Mobile berührt wird, zittert das Ganze. Darum wachen die zehn reichsten Nationen auch sorgsam über die Stabilität ihrer Währungen und helfen aus, wo sie können. Über den internationalen Währungsfonds (IWF) haben sie ein Instrument, mit dem sie sich Sonderrechte auf Notzuteilungen von harter Währung zugedacht haben. An all dem ist das Wirtschaftsministerium unmittelbar beteiligt.

Solange der internationale Kapitalmarkt so organisiert ist wie in der Gegenwart, wird die Wirtschaftspolitik als Außenhandels- und Außenwährungspolitik stets unmittelbar in die Entwicklungspolitik eingreifen und die eigenen Interessen mit Erfolg ins Spiel bringen können. Da helfen auch keine dramatischen Darstellungen der Schwierigkeiten der Entwicklungsstaaten. Das Wirtschaftssystem des Westens – als Weltsystem – kann nirgends über seinen Schatten springen, auch wenn dieser Schatten immer bedrohlicher über das Elend der Dritten Welt fällt.

Ist es also schon schwer, das Außenwirtschaftsinteresse der Bundesrepublik aus der Entwicklungspolitik herauszuhalten, so wird es vollends problematisch bei der Außenpolitik, denn hier steht nicht nur der Amtsauftrag, zumeist vage formuliert, hier steht auch die Institution selbst im Wege.

Die Belastung einer rationalen Entwicklungspolitik durch die Hallsteindoktrin mag sich mit einer gewissen Annäherung der DDR und der Bundesrepublik totlaufen. Der Gegensatz von Außen- und Entwicklungspolitik wäre damit nicht behoben. Zwar läßt sich durch die Unterscheidung zwischen »kurzfristigen und langfristigen« Interessen eine gewisse Abgrenzung vornehmen. Sie wird jedoch zumeist theoretisch bleiben müssen. Die Beispiele, in denen der Entwicklungsminister sich gegen das Auswärtige Amt für eine Beibehaltung der Entwicklungsbeziehungen ausgesprochen hat, liegen vor. In Kambodscha sind nach Anerkennung der DDR durch den inzwischen gestürzten Prinzen Sihanouk nicht nur die außenpolitischen, sondern auch die entwicklungspolitischen Beziehungen eingefroren worden. Erst nachdem sich auch die Außenpolitik in Frühjahr 1970 gewandelt hatte, wurde Ceylon nicht mehr so hart bestraft, als seine Ministerpräsidentin ankündigte, die DDR anzuerkennen. Aber auch die Nichtbestrafung war außenpolitisch motiviert.

Entscheidender aber als die Formel von den kurz- und langfristigen Interessen sind die Botschaften selbst. Selbst bei gutem Willen sind ihre an Modellen der Staaten- und Völkerwelt des neunzehnten Jahrhunderts ausgebildeten Juristen zu einer Entwicklungs- und Wachstumsanalyse ihrer Gaststaaten nur sehr schwer fähig, wären auch überfordert. Sie leben nicht in der Entwicklungswelt. Sie leben in einer kleinen durch Air Condition und zollfreiem Mercedes angenehmen Sonderwelt, die weder ihrer eigenen Wirklichkeit zu Hause noch der ihres Gastlandes entspricht. (Das trifft mit Ausnahmen natürlich auch auf die Verwaltungen der Entwicklungsländer selbst zu.) Das diplomatische Partyleben in Delhi und Rio de Janeiro, in Tunis und Rangoon ist ein aus sich selbst existierender Lebensstil, den sich in Europa und den USA nur die wirklich Superreichen leisten können.

Durch einen Mythos, der durch nichts außer durch die Wünsche der Beteiligten selbst gerechtfertigt wird, ist es Brauch geworden, den Diplomaten in den goldenen Käfig eines überhöhten Lebensstandards zu setzen, aus dem er seine Umwelt nur schemenhaft wahrnimmt (Auslandszulage, zollfreie Wareneinfuhr).

Ich habe viele Diplomaten in der Dritten Welt darauf angesprochen, nur von einem, dem Vertreter des Generalkonsuls in Kalkutta, bekam ich eine verblüffende Antwort, die zeigte, wie ernst es ihm war. Ich unterhielt mich mit ihm in seiner Wohnung. Parterre eines Mehrfamilienhauses, verglichen mit anderen war sie bescheiden. Die Wohnung hatte, bis auf das kleine Arbeitszimmer des Gastgebers, kein Air Condition: »Ich kann hier nicht leben wie ein Fürst. Meine Gesprächspartner gerade hier in West-Bengalen sind zunehmend Gewerkschaftsführer und Parteichefs, die sich selbst nur einen bescheidenen Lebensstil leisten können. Sie würden mich auch nicht wieder zu sich einladen, weil ihr eigenes Heim ihnen dann zu kärglich vorkäme.«

Dieser Diplomat lebte nicht in jener sterilen Welt der internationalen Diplomatie, sondern in den für menschliches Maß nicht mehr vorstellbaren Problemen der dantesken Höllenstadt Kalkutta. Er ist Ausnahme. Die deutsche Diplomatie in Lateinamerika ist eng mit Lebensstil, aber auch Weltanschauung ihrer Umwelt, der Oberklasse, verbunden. Entwicklungspolitik ist für sie Wirtschaftspolitik, und das bedeutet Pflege der bestehenden Handelsbeziehungen, Kontakte zu deutschen Industriellen und Grundbesitzern – Nicaragua und Guatemala sind dafür die schlechten Beispiele. Der Diplomat gehört in allen Ländern der Welt zur Gruppe mit dem höchsten Sozialstatus. Er bewegt sich in den Klubs der Reichen – selbst nur Reicher auf Zeit. Kontakte »zum Volk« sind wie die der Reichen auf Chauffeur und Dienstboten beschränkt. Not und Elend ist ihm, wie den Reichen, ein statistisches, kein persönlich erfahrbares Phänomen. Selbst wenn er wollte, könnte der Diplomat dieses luxuriöse Gefängnis nicht durchbrechen. Kontakte zu den Gewerkschaften werden von den zumeist rechts stehenden Regierungen mit Mißtrauen gesehen. In der etablierten südamerikanischen Welt haben Armut und Hunger ihren festen Platz, man spricht kaum darüber, allenfalls über die Unbotmäßigkeit der Slumbewohner, darüber, daß man sich nicht mehr allein auf die Straße trauen dürfe. So ist der deutsche Diplomat gezwungen, rasch aus seiner heimischen Welt der relativen Gleichheit, seines in Deutschland nicht gerade hohen Einkommens in jene feudale Welt des neunzehnten Jahrhunderts zurückzukehren, in der diese Welt der internationalen Beziehungen fußt.

All das prägt die entwicklungspolitische Orientierung. Die unmittelbaren Sorgen deutscher Industrieller, für die er zuständig ist, die auch räumliche Entfernung von den eigentlichen Entwicklungszonen, die allgemeine Wohlstandsstimmung seiner gesellschaftlichen Umgebung lassen ihn Entwicklung so sehen, wie sie das jeweilige Wirtschaftszentrum sieht. Hinzu kommt, daß die eigentlichen Informationsträger der Wirtschaftsabteilungen der Botschaften in vielen Entwicklungsländern deutsch-einheimische Handelskammern sind (Brasilien, Peru, Argentinien, Paraguay, Uruguay, Chile, Guatemala, Mexiko, Venezuela, Ägypten, Griechenland, Indien, Thailand). Sie sind unmittelbar von den am Wirtschaftsverkehr mit Deutschland beteiligten Unternehmen getragen und deren Sprachrohr.

An all dem hat das für die Formulierung deutscher Entwicklungspolitik zuständige Ministerium nur geringen Anteil. Auch die Entsendung von Entwicklungsattachés ändert an dieser Situation nichts. Der neue Entwicklungsattaché in Indien ist fest in die Botschaft und den internen Behördenverkehr des Auswärtigen Amtes eingefügt. Amtlich darf er nicht direkt mit dem Entwicklungsministerium korrespondieren. Die Botschaften sind zuständig für die laufenden Projekte, sind Adressat für neue Projektanträge der Länder selbst. In der Botschaft konkretisiert sich zunächst der eigentliche Projektgedanke. So wurden etwa im Frühjahr 1970 im Landwirtschaftsreferat der Botschaft in Delhi Überlegungen angestellt, ein Projekt in einem der ärmsten Staaten, in Bihar, zu fördern. Die Idee dazu kam nicht so sehr aus einer theoretischen Analyse der indischen Wirtschaft als durch Kontakt dieses Attachés mit einem höheren indischen Beamten, der aus Bihar stammte und seinen deutschen Gesprächspartner für die Idee begeisterte. Schon in der Botschaft selbst gab es gegen das Projekt Widerstände, genährt vor allem durch die

Sorgen des Leiters des schon lange laufenden Projektes im Mandi-Distrikt (siehe oben), der eine Beeinträchtigung seiner Mittel fürchtete. Sein Argument: »Mit Mandi haben wir für Deutschland einen großartigen Erfolg errungen, in Bihar müssen wir scheitern, die Region ist allzu schlecht entwickelt.« Solche Argumente müssen natürlich den für die Wahrung des deutschen Interesses und Ansehens in Indien tätigen Diplomaten einleuchten. Sollte es zu einer weiteren Prüfung dieses Projektvorhabens kommen, diejenige Instanz, die sich zunächst damit befaßt hat, die deutsche Botschaft, wird darauf entscheidenden Einfluß nehmen.

»Entwicklungspolitik macht politische Kräfte, wirtschaftliche Interessen und solidarische Hilfsbereitschaft dem sozialen und politischen Ausgleich dienstbar und bringt sie zu optimaler Wirksamkeit«, heißt es in der Grundformel des Entwicklungsministeriums. Vor Ort, wo Diplomaten zu entscheiden haben, werden solche Formeln gern für die Ansprachen des Botschafters genutzt, sonst jedoch eher belächelt.

Im Falle des Landwirtschaftsprojektes Bihar wird sie jedenfalls weniger zu seiner Verwirklichung beitragen als die interne Diskussion der verschiedenen Beteiligten mit ihren unterschiedlichen Anschauungen und Interessen.

So haben die sechziger Jahre die deutsche Entwicklungspolitik in ein Dilemma gebracht. Je mehr sie sich des Vorwurfs enger Interessenpolitik erwehren mußte, um so idealistischer und allgemeiner wurden ihre öffentlichen Verlautbarungen und Ziele, um so leichter wurde es zwar, die nach Hunderten zählenden Projekte in diesen allgemeinen Zielen unterzubringen, um so leichter wurde aber auch das Gegenteil, den Widerspruch des einzelnen Projektes zu diesen Zielen aufzuweisen. »Diese Ziele sind Weltfrieden, Solidarität, Partnerschaft, Fortschritt, Selbstdarstellung. Sie sind emotional positiv geladen, politisch sind sie unfaßbar und nichtssagend. Sie dienen keineswegs, wie einige Vertreter der Imperialismustheorie behaupten, der Verschleierung einer neo-kolonialistischen Politik[1].« Der Leiter der Technischen Schule in São Paulo mag in der Tat überzeugt sein, mit seiner Arbeit den »Weltfrieden« zu sichern, »Solidarität und Partnerschaft, den Fortschritt zu fördern und zu einer positiven Selbstdarstellung der Bundesrepublik« beizutragen. Eine politische und ökonomische Analyse weist das Gegenteil nach. Es wird schwer sein, ihn davon zu überzeugen, kann er doch nachweisen, daß seine Arbeit dem Volkswagenwerk hilft und daß dieses der Devisenbilanz und dem wirtschaftlichen Wachstum Brasiliens zugute kommt.

Die entwicklungspolitische Diskussion der Bundesrepublik ist in den letzten Jahren über diese einfache Gleichsetzung von Entwicklungspolitik mit wirtschaftlichem Wachstum hinausgegangen, die politische Praxis soll ihr nach dem Willen des derzeitigen Bundesministers für wirtschaftliche Zusammenarbeit folgen. Der Berater des Entwicklungsministeriums und Präsident des Deutschen Forums für Entwicklungshilfe, der Freiburger Ökonom Theodor Dams, hat dafür eine Strategie zur Überwindung des Dualismus entwickelt. Sie will durch Selbsthilfeprojekte an der Basis, ähnlich dem der beiden Wissenschaftler in Tansania, die nicht zur Wachstumswirtschaft gehörenden Bevölkerungsgruppen mobilisieren. Aus der lateinamerikanischen Sozialwissenschaft hat Dams den Begriff der »Marginalität« übernommen, mit dem die Menschen der Subsistenzwirtschaft, die im vorigen Abschnitt geschildert wurden, bezeichnet werden. Immer mehr gehen die Organisationen der Entwicklungshilfe dazu über, solche Selbsthilfeprojekte zu fördern, und zwar besonders in solchen Staaten, deren Regierungen sich aus Revolutionsfurcht am wenigsten um die Außenstehenden gekümmert haben.

Dams geht hierbei von der Vorstellung aus, daß solche Projekte, sofern sie in genügender Zahl vom Ausland – von Regierungen, Kirchen oder Privatinstitutionen – gefördert werden, geeignet sind, auch die »Rahmenbedingungen« des Landes, also die Grundorganisation der Wirtschaft und Gesellschaft zu ver-

[1] Stefan A. Musto in »Entwicklungshilfe zwischen Restauration und Revolution«, Bensheim 1970, S. 43.

ändern. So wichtig solche Projekte als karitative Hilfe für die unmittelbar von ihnen Betroffenen auch sein mögen, einen Umsturz der Verhältnisse, die Überwindung des Dualismus können sie nicht leisten. Überall dort, wo sie nicht in die von der staatlichen Führung gewollten Ziele passen, werden sie, sobald sie erfolgreich arbeiten, zu Störfaktoren, gegen die sich der kapitalistisch organisierte Entwicklungsstaat wehren wird. Mag ein Selbsthilfeprojekt für gewisse Zeit die »Reformbereitschaft« des Regimes dokumentieren, sobald die Betroffenen Forderungen stellen oder Verhaltensweisen zeigen, die der herrschenden Klasse zuwiderlaufen, wird diese zurückschlagen.

Lateinamerika bietet hier Beispiele des staatlichen Gegenterrors gegen die Selbsthilfeaktionen von Missionen oder Gewerkschaften. So hatte sich im Sommer 1968 in Pindaré Mirim, im Nordosten Brasiliens (Bundesstaat Maranho), eine bäuerliche Genossenschaft geweigert, die Reisernte ihrer Mitglieder wie üblich an die örtlichen Händler und Großgrundbesitzer zu verkaufen. Sie mieteten einen Wagen und transportierten ihre Ernte selbst in die dreihundert Kilometer entfernte Hauptstadt São Luis, wo sie das Zweieinhalbfache des zu Hause erzwungenen Preises erzielten. Händler und Grundbesitzer klagten die Bauern und ihre Gewerkschaftsführer der politischen »Subversion« an. Die Polizei erschien – sieben Mann mit Maschinenpistolen – vor der Zentrale der Genossenschaft. Der Vorsitzende, Manuel da Conceicao, wurde auf die Straße gezerrt und von den Polizisten zur Abschreckung auf offener Straße zum Krüppel geschossen. Ironie westlicher Entwicklungshilfe: Der Polizeiwagen, in dem der Mißhandelte dann ins Gefängnis gebracht wurde, war ein Geschenk der USAID, der amerikanischen Entwicklungsbehörde! Conceicao blieb mit seinen durchschossenen Beinen mehrere Tage ohne ärztliche Behandlung: Das rechte Bein mußte amputiert werden.

Natürlich bietet die Unterstützung durch ausländische Hilfe einen gewissen Schutz gegen solche Brutalität. Gefeit sind aber auch die Projekte der Entwicklungshilfe nicht vor diesem Terror:

Im Sommer 1970 verhaftete die brasilianische Bundespolizei zwei italienische Missionare und elf Bauern. Auch sie wurden der Subversion angeklagt. Sie hatten ein Selbsthilfeprojekt im Sinne der Marginalitätslehre organisiert, hatten mit den Bauern eine Schule gebaut, eine Straße planiert. Die Polizei zwang die Bauern, Schule und Straße wieder zu zerstören; die von den Italienern geschenkten Werkzeuge wurden konfisziert[1].

Die grundlegende Kritik an dieser neuen Marginalitätsstrategie gegenüber der rein ökonomischen Wachstumslehre muß sich jedoch gegen ihre Grundziele richten. Zweischneidig ist das neue Bestreben der westlichen Entwicklungsorganisationen, sich mehr »den sozialen Fragen« zuzuwenden. Wird hiermit eine Strategie zur Vermeidung von Konflikten angestrebt, deren wichtigstes Ziel es ist, die armen Gesellschaften ohne Revolution in die westlich-kapitalistische Moderne zu überführen, dann unterliegt sie dem gleichen Trugschluß wie die Wachstumslehre vor einem Jahrzehnt. Sie geht an den fundamentalen geschichtlichen Erkenntnissen aus der Industrialisierung Europas vorbei: Die Überwindung des Dualismus zwischen Herrschenden und Entrechteten ist nur durch Revolution möglich. Westeuropa und Amerika haben diese Revolution vermieden durch gewaltsame Expansion, durch übersteigerte Nationalismen. Mit beiden konnten die inneren Widersprüche der Gesellschaft verschleiert werden.

Solange die Befürworter der Marginalitätsstrategie nicht erkennen, daß die »Marginalen« keine Randgruppe sind, sondern die Mehrheit der Bevölkerung, um deren Schicksal als eigentliche Träger der Nation es geht, solange müssen sie sich den Vorwurf gefallen lassen, ihnen ginge es nur um die Eindämmung der Revolution[2]. »Marginale«, Randgruppen also, sind nicht die

1 Michel de Certeaux, »La politique brésilienne et les mouvement chrètiens«, in Politique d'Aujourd'hui, No. 11, Paris, November 1969.

2 Vgl. zur Kritik an der Marginalitätsstrategie: Ida Paz, Una Nueva Maniobra Imperialista en la Cultura: El Proyecto Marginalidad. In Casa de las Americas, Habana, Cuba, Nr. 61, Juli 1970, S. 33 ff.; und Norbert Lechner, Sozialwissenschaftliches Krisenmanagement in Lateinamerika, in: Danckwerts u. a., Die Sozialwissenschaften in der Strategie der Entwicklungspolitik, edition suhrkamp 1970, S. 111 ff.

Armen, sondern die dünnen Herrschaftsschichten, deren Interesse an ihrer Heimat gerade soweit reicht, wie ihr Kapital gesichert scheint. Die Kapitalflucht aus Chile bei Amtsantritt Allendes zeigt deutlich: Jene Schichten, die sich durch Generationen als mit der »Nation« identisch ausgaben, ziehen sich und ihr Kapital sofort aus dem Land zurück, sobald sich die Profitbedingungen zu ändern drohen. Sie sind die eigentlichen »Marginalen«, die eigentlichen Außenseiter der Gesellschaft.

Zu warnen ist also vor der blinden Begeisterung, mit der die Neuentdeckung sozialer Strategien propagiert und akzeptiert wird. Tragen jedoch die Selbsthilfeprojekte tatsächlich dazu bei, eine revolutionäre Situation zu schaffen oder die Mehrheitsverhältnisse bei – zuweilen noch durchgeführten – Parlamentswahlen zugunsten sozialistischer Parteien zu verändern, so sind sie nach Kräften zu fördern.

Der deutsche Entwicklungsminister Eppler befürwortet darum ein ganzes Arsenal möglicher Verhaltensformen. »Wir müssen also flexibel, pluralistisch, vielleicht sogar durchaus widersprüchlich ansetzen, z. B. gleichzeitig an die Einsicht bei den herrschenden Kräften appellieren, etwa beim jüngeren, sachorientierten Management, gleichzeitig reformistische Gruppen ermutigen und fördern und mit den revolutionären Elementen im Gespräch bleiben. Entscheidend ist die Chance, tatsächlich Strukturen zu dynamisieren.« (E. Eppler am 28. 1. 70 in Montreux) Dieser Strategie ist zuzustimmen. Wenn allerdings der Erfolg der revolutionären »Elemente« zu einer unnachgiebigen Haltung Bonns gegenüber einer neuen, sozialistischen Politik führt, wodurch dann womöglich die bürgerliche Reaktion gestärkt würde, dann wäre die Flexibilität der Epplerschen Strategie verfehlt. Die abwartend wohlwollende Haltung der Bundesrepublik gegenüber der neuen sozialistischen Führung Chiles ist ermutigend. Kann sie doch Ansporn für sozialistische Parteien und Gruppen in anderen lateinamerikanischen Staaten sein, die ebenso an einer neutralen Politik interessiert sind wie Chiles Präsident Allende.

Wichtigstes Leitmotiv für eine künftige entwicklungspolitisch orientierte Außenpolitik muß hier die Erkenntnis sein, daß keinerlei Anlaß besteht, vor einer sozialistischen Regierung in Übersee Furcht zu haben – langfristig wird sie den realen Interessen gerade der Bevölkerung der Bundesrepublik mehr dienen können als die sich selbst blockierenden rechten Terrorstaaten der dualistischen Gesellschaften.

VI
Die Chancen der zweiten Dekade

Die zerschossenen Leiber der Frauen und Kinder von My Lai, hingemäht am Straßenrand, Blutlachen und Todeskrampf. Die drei Farbfotos dieses Massakers, sorgfältig aus der Zeitschrift »LIFE« ausgeschnitten, schmücken – sagt man auch hier schmükken? – den Eingang eines kleinen weißen Hauses irgendwo im Norden Indiens. Einer der beiden Bewohner, Mitarbeiter des Deutschen Entwicklungsdienstes, hatte sie an den Eingang gepinnt. Seine Arbeit, die Unterweisung künftiger indischer Agrarhelfer im Schmieden, sah er als Teil der weltweiten Bewegung gegen die Grausamkeit, mit der amerikanische Soldaten angeblich in Vietnam die Freiheit verteidigen. Leider, so klagte er, hätten die Inder für die Bilder wenig Verständnis, niemand habe ihn darauf angesprochen, ehrfürchtig gingen seine Besucher an den Schreckfotos vorbei. Der junge Deutsche fühlte sich mit dem leidenden vietnamesischen Volk solidarisch, bei den indischen Bauern fand es wenig Verständnis.

Unverständig sahen auch die deutschen Bürger durch ihre Scheiben, als vor einigen Jahren die Studenten mit Hoho-Rufen und Großfotos von Che Guevara durch Deutschlands Städte zogen. Die neue internationale Solidarität ihrer Söhne war ihnen fremd und unverständlich. Unverständlich war sie auch den Arbeitern, auf deren Hilfe die Studenten am ehesten gehofft hatten. Arbeiter waren es, die sich in den belagerten Zeitungshäusern des Axel-Springer-Konzerns gegen die Studenten mit Knüppeln bewaffneten, Arbeiter, die in New York Vietnam-Demonstranten brutal niederschlugen. Und als der Schah von Persien in einer Hamburger Flugzeugfabrik ein Privatflugzeug erprobte, da hofften die Arbeiter mit ihren Direktoren, daß er es kaufen möge. Und sie zürnten, als der hohe Gast in der Stadt von Studenten lauthals auf die Mißstände in seinem Land aufmerksam gemacht wurde.

Die Arbeiter der westlichen Industriewelt sind nicht solidarisch mit den Hungernden in der Armen Welt; ja auch in Moskau wurden die vor ihrer Botschaft gegen den Feudalismus in Persien protestierenden Studenten mit dem Zornruf »Parasiten« von Arbeitern zurückgetrieben.

Wirksame Entwicklungshilfe kann sich auf die Hoffnung auf weltweite Solidarität nicht verlassen: Globale Ziele sind allzu abstrakt, als daß sie für eine langfristige Politik Solidarität mobilisieren könnten. Globale Ängste können weit eher Verteidigungs- als Hilfsbereitschaft mobilisieren. Die Angst vor den Chinesen löst auch beim einzelnen Furchtkomplexe aus, während der Verhungernde in Kalkutta kaum Hilfsgefühle erwarten kann. Zwar haben die großen Ängste die Entwicklungshilfe in Gang gebracht, zwar treibt das Bewußtsein von der großen Armut heute die Hilfe weiter, aber nach wie vor ist es Hilfe, die auf Vermeidung von gewaltsamen sozialen Umstürzen zielt. Vermieden soll werden, was nur durch Anwendung von Gewalt vermieden werden kann.

Aber die Entwicklungspolitik hat sich verselbständigt. Und hat damit die Chance, Ziele zu entwickeln, die über die Vermeidungsstrategie hinausgehen. Wie die Geschichte des deutschen Entwicklungsministeriums zeigt, war an seiner Verselbständigung nicht nur die Sache, sondern auch der Selbstbehauptungswille der Institutionen und ihrer Menschen beteiligt. Vielleicht gäbe es die Vereinten Nationen nicht mehr, wenn es kein Sekretariat gäbe, das immer wieder Vollversammlungen einberuft, Berichte veröffentlicht, geschäftig ist. Vielleicht wäre auch Entwicklungspolitik irgendwann Mitte der sechziger Jahre eines natürlichen Todes gestorben, wenn die Welt inzwischen nicht übersät wäre mit Entwicklungsinstitutionen. Was einmal ist, bleibt, wie die Kirche, wie die Königin von England, wie die Vertriebenenverbände. Was aber bleibt, betätigt sich, wandelt sein Selbstverständnis, sucht neue Aufgabenbereiche. Entwicklungspolitik kann nicht mehr zurück, sie hat, aus welchen Motiven auch immer – und es waren nicht stets die schlechtesten – eine neue Dimension in die internationale Politik gebracht: Die Unehrlichkeit, mit der die Vereinigten Staaten in Ostasien und Lateinamerika staatliche Entwicklungspolitik betrieben haben, ihre wohltönenden Motive auf der einen und die sengenden Napalmbomben auf der anderen Seite, die Kluft zwischen Hilfe und Bombe, haben die Solidarität der amerikanischen Jugend mit den Entrechteten in Gang gesetzt: Das verbrannte Reisfeld in Vietnam hat vielen Amerikanern die Augen für die Not in den Negerslums von Manhattan geöffnet. So vollzieht sich Geschichte: Durch die weite Kluft zwischen Wort und Tat ziehen die Demonstranten und zwingen die Mächtigen, die Taten den Worten anzugleichen. Das geht nicht in glatten Schüben. Das Pochen auf Wahrhaftigkeit erzeugt wahrhaftig plötzlich Wahrhaftigkeit: Die schweigende Mehrheit prügelt auf die Demonstranten ein und macht deutlich, sie hat wirklich die Bombe gemeint.

Das gleiche geschieht bei der Entwicklungspolitik. Erst die Kritiker der westlichen Entwicklungshilfe haben klare Antworten erzwungen. Was ist wortreiche Hilfe, was versteckte Einflußnahme, was kühles Geschäft? So sind auch die Entwicklungspolitiker in ihren Worten zurückhaltender und in ihren Taten realistischer geworden. Die Geschichte der deutschen Entwicklungspolitik ist durchaus so eine Überbaugeschichte, wie Karl Marx sie in seiner Ideologiekritik gemeint hat. Viele der nur scheinbar neuen Wirtschafts- und Außenbeziehungen zu den Staaten der Dritten Welt wurden in das gewaltige Paket einer wunderschönen Entwicklungsideologie gepackt.

Nun ist sie vorhanden, diese Ideologie, und wird beim Wort genommen, von den Kritikern hier und von den Entwicklungsstaaten selbst. Das erzwingt eine Angleichung der Taten an die Worte. Denn wo immer der Überbau zu einem wirklichen Bau geführt hat, zu Büros oder Kirchen, zu Planstellen, Titeln und Tätigkeitsmerkmalen, da hört das Augenzwinkern nach einer Weile auf. Dann wird das schöne Wort beim Wort genommen. Präsident Kennedy hat vielleicht wirklich an seine missionarische Entwicklungsideologie geglaubt, politisch hat er sich nicht nach ihr verhalten.

Irgendwann hat sich die Bundesrepublik ein Entwicklungsministerium zugelegt. »Damit wir die afrikanischen Delegationen netter empfangen können«, wie ein Beamter des Wirtschaftsministeriums es einmal sagte. Heute baut sich die deutsche Hilfe, keineswegs zur Freude aller Beamten des Außen- und Wirtschaftsministeriums, in den internationalen Rahmen der Entwicklungshilfe ein, selbst gegen die Interessen der Vereinigten Staaten.

Ende Februar 1970 stand auf der Tagesordnung des Bundeskabinetts in Bonn der Punkt: Zweites Entwicklungsjahrzehnt. Bundesminister Eppler hatte eine Vorlage eingebracht, in der er die von der Vollversammlung der Vereinten Nationen verabschiedeten Richtlinien für die zweite Entwicklungsdekade unterstützte. Sie soll unter dem Zeichen einer »konzertierten internationalen Aktion für die beschleunigte gesellschaftliche und wirtschaftliche Entwicklung der Entwicklungsländer« stehen. In den vorbereitenden Ausschuß für dieses Entwicklungsjahrzehnt wurde auch die Bundesrepublik berufen, obwohl selbst nicht Mitglied der Weltorganisation.

Das von Minister Eppler vorgelegte und vom Kabinett akzeptierte Papier betont vor allem den »engen Zusammenhang zwischen wirtschaftlichem Wachstum und sozialer Entwicklung«, es stellt fest, daß der »wirtschaftliche und soziale Fortschritt nicht ausschließlich am Wachstum des Bruttosozialprodukts gemessen werden kann«. Damit ist eine Abkehr von der reinen Wachstumslehre des ersten Jahrzehnts eingeleitet. Nähere Aussagen darüber, was unter »sozialem Fortschritt« zu verstehen sei, konnte naturgemäß die Bundesregierung nicht machen, in einer Erklärung, die das breite Spektrum aller untereinander so verschiedenen Entwicklungsstaaten betrifft.

Die von der UNO-Vollversammlung verabschiedete Präambel zur 2. Entwicklungsdekade liest sich wie der Eröffnungstext zum Beginn eines neuen glücklichen Zeitalters der Menschen, in dem alle gelernt haben, eigene Interessen hinter denen der Weltgemeinschaft zurückzustellen: die große Schwelle zur Weltinnenpolitik, wie sie unter dem Schreckbild des Atompilzes seit einiger Zeit gefordert wird.

Von Krieg und Blut, von Revolution und Unterdrückung, von Botschafterentführung, von Ausbeutung und Kapitalabfluß ist nicht die Rede. Es ist die von jedem akzeptierbare Plattform unverbindlicher pathetischer Gemeinplätze.

Wie leicht läßt sich die Kluft zwischen pathetischer Deklamation und Wirklichkeit an solchen Sätzen aufzeigen: »In der Überzeugung, daß Entwicklung der wahre Weg zum Frieden ist, bekräftigen die Regierungen erneut ihre gemeinsame und unerschütterliche Entschlossenheit, eine bessere und wirksamere Form der internationalen Zusammenarbeit anzustreben und damit die bestehenden Ungleichheiten in der Welt zu überwinden und Wohlstand für alle zu erreichen« (Paragraph fünf der Präambel). Aber einmal verkündet, wird auch dieses Pathos wieder beim Wort genommen, entsteht eine neue Dimension der Auseinandersetzung. Das ist die historische und damit dialektische Rolle solcher Erklärungen: Es finden sich stets diejenigen, die auf die zynische Kluft zwischen Wirklichkeit und Wortschwall aufmerksam machen. Gleiches gilt auch für die Hilfe selbst. In ihr den Inbegriff moralischer Anstrengungen der reichen Staaten für die armen zu sehen, ist ebenso falsch wie die pauschale Verdammung als Ausbeutungsinstrument.

Da ihre Befürworter behaupten, sie sei das erstere, und ihre Kritiker nachweisen, sie sei das zweite, schafft sie Verhältnisse und Bewußtsein, die stets über sie selbst hinausführen: Als die Kritiker von rechts behaupteten, die Hilfe sei ein Faß ohne Boden, ist sie in vielem effizierter geworden; als die Kritiker von links behaupteten, sie sei ein Faß mit doppeltem Boden, ist sie notgedrungen in vielen Dingen wahrhaftiger geworden.

Wie wird sich künftig das Verhältnis zwischen Industrie- und Entwicklungsstaaten gestalten? Überwiegen die Gründe zur Hoffnung diejenigen zur Panik? Als großes Weltabitur wird von professionellen Zukunftsdeutern das runde glatte Jahr zweitausend anvisiert. Die einen sprechen von der Dreißigstundenwoche, die anderen von der globalen Elendsanarchie. Mir scheint, die sechziger Jahre – das erste Entwicklungsjahrzehnt – haben weit mehr Aufschluß über die mögliche Zukunft dieser Welt gegeben, als die zwischen futuristischer Spielerei und Weltuntergangstimmung schwankenden Futurologen sehen wollen:

1. Die inneren Spannungen in den USA, die nur zögernd aufgedeckte Armut innerhalb der reichen Gesellschaft, die Verarmung der öffentlichen Hand, die Unfähigkeit des westlichen Industriestaates, den Menschen eine humane Umwelt zu erhalten oder neu zu schaffen, die zunehmende Verunsicherung der Mittelklassen, alles das zeigt, daß trotz des kontinuierlichen Wirtschaftswachstums die reiche westliche Industriewelt ebenso Entwicklungswelt geblieben ist wie die Staaten der Dritten Welt. So wird in den USA wie in Westeuropa künftig Innenpolitik an erster Stelle aller staatlichen Politik stehen. Sie hat die Wahl zwischen Innenpolitik als Ruhe- und Ordnungspolitik oder als soziale Strukturpolitik. Die eine führt in faschistische Gewaltordnungen, die andere in einen demokratischen Sozialismus. Die Vereinigten Staaten scheinen auf das eine, die westeuropäischen Staaten auf das andere zuzusteuern.

Das so begeistert gelobte Zeitalter des Wachstums, in dem jedes Jahr scheinbar mehr und besser verdient wird, ohne daß mehr und besser gelernt, gelebt und Politik gemacht wird, nähert sich seinem Ende. Auch die Industriestaaten müssen eigene innere Entwicklungspolitik betreiben, nicht als quantitative Mehrung ihres Reichtums, sondern als qualitative Verbesserung ihrer Wohlstandsbedingungen. Obwohl eine solche Politik ihrer Natur nach den territorialen Nationalstaat stärkt, garantiert sie zugleich auch den Status quo bestehender Grenzen. Erfolgreiche innere Reformen setzen gesicherte Abgrenzung gegenüber den Nachbarn voraus. Die inneren Bedingungen der Reformpolitik erzwingen äußere Friedfertigkeit.

2. Das gilt für die kleineren Industrienationen wie für die Großmächte. Ihre Rolle als direkte Beherrscher ganzer Weltteile ist zu Ende. Die inneren Probleme der Großstaaten reduzieren ihre Möglichkeiten, sich außerpolitisch allzu stark zu engagieren. Die USA können Vietnam nicht besiegen und auch nicht »halten«, wenn sich in New York abends die Bürger nicht mehr auf die Straße trauen. Mit dieser Lehre aus den sechziger Jahren ist auch die Vision von der bi- oder tripolaren Welt, des auf zwei oder drei Großmächte aufgeteilten Globus nicht mehr zu halten: Die USA, die Sowjetunion und China sind zwar Großmächte, ihre tatsächliche Macht beschränkt sich jedoch zunehmend auf ihre unmittelbaren Randzonen. Der Vorrang der Innenpolitik zwingt jeden Staat dazu, nur soviel beherrschen zu wollen, wie er auch tatsächlich im Sinne einer sozialen – und demokratischen Strukturpolitik verwalten kann. Die größte Gefahr für die Staaten der Dritten Welt liegt darin, daß die Großmächte diesen fundamentalen Geschichtswandel, der sich in Vietnam erwiesen hat, für eine geraume Zeit noch nicht begreifen und immer wieder versuchen werden, globale Politik im Stil der nationalen Außenpolitik des neunzehnten Jahrhunderts zu treiben.

3. Trotz dieser Gefahr steigen die Chancen für revolutionäre Veränderungen in den armen Staaten. Denn Revolution, wie sehr sie auch immer von außen materiell oder ideell unterstützt werden mag, ist die konsequenteste Form der inneren sozialen Strukturpolitik – ihre Ultima ratio. Die Konflikte der gegenwärtig überschaubaren Epoche sind mit wenigen, allerdings gefährlichen Ausnahmen (China/UdSSR; Araber/Israel; Pakistan/Indien) innenpolitische Auseinandersetzungen um sozialen und wirtschaftlichen Fortschritt, oder sind Einmischung in innere Angelegenheiten wie in Vietnam. Alle theoretische Diskussion über die Ablösung des klassischen Krieges zwischen Staaten durch den modernen Guerillakrieg führt am Thema vorbei. Der Guerillakrieg hat nicht den klassischen Krieg abgelöst, sondern die inneren Auseinandersetzungen um eine bessere Wirtschafts-

und Sozialordnung haben die äußeren Auseinandersetzungen um Grenzverlauf, National-Prestige und Machtausdehnung abgelöst. Nicht weil es eine neue Kriegstechnik unterhalb der Atomschwelle gibt, sondern weil es ein gesteigertes Bewußtsein von Ausbeutung und Unterdrückung, von Ungleichheit und Unfreiheit gibt, kommt es zu Guerillakriegen.

So wird auch die Angst vor den sozialen Revolutionen in den westlichen Metropolen in dem Maße abnehmen, in dem sie ihre langfristigen Realinteressen in einer gewandelten Welt von ihren irrealen Ängsten zu trennen vermögen: Ein nachrevolutionäres Brasilien wird Handelspartner der USA bleiben. (Auch Chinesen und Russen können nicht allen brasilianischen Kaffee trinken.) Nach den Vietnamerfahrungen ernsthaft zu glauben, der Sowjetunion oder gar China würde es leichter als den USA fallen, Brasilien (oder Kuba, oder Ägypten) in ihrer »Einflußsphäre« zu halten, heißt geschichtliche Lehren mißachten. Daß sie auch in Moskau mißachtet werden, muß in Kauf genommen werden. Russische Soldaten hätten in Brasilien viel Urwald zu entlauben, wenn sie sich dort gegen antisowjetische Guerillas durchsetzen müßten. Nach Vietnam ist mit einer langfristigen machtpolitischen Festsetzung der Großmächte außerhalb ihrer Kernräume nicht zu rechnen.

4. Die weltweite Tendenz zur inneren Strukturpolitik im Rahmen des territorialen Status quo setzt zugleich eine zunehmende internationale Kooperation und Absprache voraus, auf die in Ansätzen die gegenwärtige Phase der Entwicklungspolitik schon hindeutet. Solange sie jedoch von Revolutionsfurcht im Westen oder Ausdehnung des Einflusses im Osten bestimmt wird, verfälscht sie die realen Interessen vor allem der armen Staaten. So wäre der Begriff der Weltinnenpolitik zu deuten: nicht als globale staatliche Suprastruktur, sondern als Innenpolitik von autonomen Territorialstaaten, die sich der Unantastbarkeit ihrer Grenzen durch internationale Wirtschaft-Verflechtungen und gemeinsame Aufgaben versichern. Die Ostpolitik der Bundes-

republik ist hier ein wichtiger Hinweis: Erst nach einer endgültigen Konsolidierung ihrer äußeren Grenzen können die inneren Reformen in Angriff genommen werden. Der Hauptgrund für das sowjetische Interesse am Gewaltsverzichtsabkommen mit der Bundesrepublik scheint die möglichst enge wirtschaftliche Zusammenarbeit gewesen zu sein.

5. Eine grundlegende strukturelle Veränderung des Entwicklungs-Industriestaates Bundesrepublik Deutschland, d. h. eine Veränderung seiner kapitalistischen Wirtschaftsverfassung wird auch die Formen seiner Entwicklungshilfe verändern. Diese Schrift hat deutlich zu machen versucht, daß der externe Kapitalismus mit seinen weltumspannenden Großfirmen als Staats- und Machtersatz realistische Entwicklungspolitik hemmt. Je bedeutsamer für die eigene Entwicklung die innere Reformpolitik wird, um so stärker muß die Industriegesellschaft auch die bislang unkontrollierten Machtballungen der Privatwirtschaft in demokratische Kontrolle bringen. Daß solche demokratische Kontrolle die internationale Kooperation nicht hemmt, sondern fördert, setzt Befreiung von Angstmythen, setzt Aufklärung voraus: Ein Rassenkrieg findet nicht statt, aber der Klassenkampf ist unvermeidbar.